MÉMENTO,

OUVRAGE PRATIQUE ET SUBSTANTIEL

A L'USAGE

DES EMPLOYÉS DES CONTRIBUTIONS INDIRECTES;

PAR J.-B. ADNET,

Contrôleur-Ambulant.

2e Édition.

La lettre tue,
L'esprit vivifie.
J.-C.

SE TROUVE,

A ORLÉANS, CHEZ M. SALLOU, ÉDITEUR,

Rue Bourgogne-Pomme-de-Pin,

Et dans toutes les Recettes buralistes de France.

1841.

ORLÉANS. — IMPRIMERIE D'ALEX. JACOB.

OBSERVATIONS DE L'AUTEUR.

Je me crois dans le vrai, quant aux principes; car je m'appuie ou sur la loi et les réglements, ou sur l'opinion de l'administration exprimée dans ses circulaires et sa correspondance périodique. Mon but est de rappeler ce qu'ils savent aux employés formés; mon but, surtout, est d'éclairer les débutants. Heureux si, leur aplanissant les premières difficultés, je leur inspire le goût des sciences sérieuses d'où le service actif tire sa principale force! En effet, sans ces connaissances positives, élémentaires si l'on veut, désarmé au milieu de plusieurs classes de contribuables aujourd'hui très-instruites, l'employé sent son impuissance, doute de lui-même, et peut, en agissant ou en n'agissant pas, compromettre les intérêts qui lui sont confiés. J'ai insisté à cet égard à l'article *Géométrie.*

AVIS DE L'ÉDITEUR.

Il a été ajouté à la seconde édition de cet ouvrage quarante nouveaux articles. L'auteur a préféré retarder la publication des deux tirages, compacte et in-8°, que de laisser à désirer des renseignements intéressants, tels que ceux sur la fabrication du sucre et sur le personnel et les intérim. Le retard s'explique aussi par la fonte de caractères neufs du tirage compacte.

BOISSONS EN CERCLES

Vendues à la bouteille à raison de

Contenance des bouteilles en centilitres.	10	13	15	18	20	25	30	35	40	45	50	55	60	65	70	75	80	85	90	95	100
64	16	20	23	28	31	39	47	55	63	70	78	86	94	102	109	117	125	133	141	148	156
65	15	20	23	27	30	38	46	54	61	68	76	83	91	98	106	114	121	129	136	144	152
66	15	20	22	27	30	38	45	53	61	68	76	85	91	98	106	114	121	129	136	144	152
67	15	19	22	27	30	37	45	52	60	67	75	82	90	97	104	112	119	127	134	142	149
68	15	19	22	26	29	37	44	51	59	66	74	81	89	96	103	110	118	125	132	140	147
69	14	19	22	26	29	36	43	51	58	65	72	80	87	94	101	109	116	123	130	138	145
70	14	19	21	26	29	36	43	50	57	64	71	79	86	93	100	107	114	121	129	136	143
71	14	18	21	25	28	35	42	49	56	63	70	77	85	92	99	106	113	120	127	134	141
72	14	18	21	25	28	35	42	49	56	63	69	76	83	90	97	104	111	118	125	132	139
73	14	18	21	25	27	34	41	48	55	62	68	75	82	89	96	103	110	116	123	130	137
74	14	18	20	24	27	34	41	47	54	61	68	74	81	88	95	101	108	115	122	128	135
75	13	17	20	24	27	33	40	47	53	60	67	73	80	87	93	100	107	113	120	127	133
76	13	17	20	24	26	33	39	46	53	59	66	72	79	86	92	99	105	112	118	125	132
77	13	17	19	23	26	32	39	45	52	58	65	71	78	84	91	97	104	110	117	123	130
78	13	17	19	23	26	32	38	45	51	58	64	71	77	83	90	96	103	109	115	122	128
79	13	16	19	23	25	32	38	44	51	57	63	70	76	82	89	95	101	108	114	120	127
80	13	16	19	23	25	31	38	44	50	56	63	69	75	81	88	94	100	106	113	119	125
81	12	16	19	22	25	31	37	43	49	56	62	68	74	80	86	93	99	105	111	117	123
82	12	16	18	22	24	30	37	43	49	55	61	67	73	79	85	91	98	104	110	116	122
83	12	16	18	22	24	30	36	42	48	54	60	66	72	78	84	90	96	102	108	114	120
84	12	15	18	21	24	30	36	42	48	54	60	65	71	77	83	89	95	101	107	113	119
85	12	15	18	21	24	29	35	41	47	53	59	65	71	76	83	88	94	100	106	112	118
86	12	15	17	21	23	29	35	41	47	52	58	64	70	76	81	87	93	99	105	111	116
87	11	15	17	21	23	29	34	40	46	52	57	63	69	75	80	86	92	98	103	109	115
88	11	15	17	20	23	28	34	40	45	51	57	63	68	74	80	85	91	97	102	108	114
89	11	15	17	20	22	28	34	39	45	51	56	62	67	73	79	84	90	96	101	107	112
90	11	14	17	20	22	28	33	39	44	50	56	61	67	72	78	83	89	94	100	106	111
91	11	14	16	20	22	27	33	38	44	49	55	60	66	71	77	82	88	93	99	104	110
92	11	14	16	20	22	27	33	38	43	49	54	60	65	71	76	82	87	92	98	103	109
93	11	14	16	19	22	27	32	38	43	48	54	59	65	70	75	81	86	91	97	102	108
94	11	14	16	19	21	27	32	37	43	48	53	59	64	69	74	80	85	90	96	101	106
95	11	14	16	19	21	26	32	37	42	47	53	58	63	68	74	79	84	89	95	100	105
96	10	14	16	19	21	26	31	36	42	47	52	57	63	68	73	78	83	89	94	99	104
97	10	13	15	19	21	26	31	36	41	46	52	57	62	67	72	77	82	88	93	98	103
98	10	13	15	18	20	26	31	36	41	46	51	56	61	66	71	77	82	88	92	97	102
99	10	13	15	18	20	25	30	35	40	45	51	56	61	66	71	76	81	86	91	96	101
100	10	13	15	18	20	25	30	35	40	45	50	55	60	65	70	75	80	85	90	95	100

OBSERVATIONS.

Une des difficultés de l'exercice, et que l'art. 32 de l'ordonnance du 17 avril 1839, sur les poids et mesures, n'a pas levée malheureusement, est la discussion des prix de vente. Lorsque les bouteilles ne tiennent pas le litre, on en cherche la moyenne avec le rapporteur en prenant une petite, une moyenne et une grande bouteille. Alors, *du consentement du débitant*, car rigoureusement on ne peut porter *que le prix résultant de la moyenne*, on arrondit les prix comme il suit :

18 et 19 c. pour 20 c., comme 21 et 22 ;
23 et 24 c. pour 25 c., comme 26 et 27 ;
28 et 29 c. pour 30 c., comme 31 et 32,

et ainsi de suite. De cette manière il s'établit une compensation aussi satisfaisante que possible, et on évite beaucoup d'écritures et même des difficultés dans la perception. Cette marche a reçu l'approbation de l'administration.

Le droit à percevoir, pour différence du litre à la bouteille, est fondé sur le décret du 8 mai 1813 ainsi conçu : « Lorsque le débit courant des boissons se fait à la bouteille, « la régie est autorisée à élever le prix de vente déclaré par le débitant dans une pro- « portion égale à la différence de capacité qui existe entre la bouteille et le litre. »

TARIF DU DROIT DE DÉTAIL.

Les receveurs ambulants reçoivent des à-comptes ; les commis à pieds laissent des avertissements dans le courant du trimestre : de là des calculs longs : ce tarif les évite. Le système décimal permet de trouver le droit pour toute quantité : pour 10 litres à 10 c., 11 c.; pour 1,000 lit., 10 f. 70 c. A 15 c. dix litres paient 17 c., et à 65 c., 70 c., etc., etc. — L'alcool a été poussé jusqu'à 100 litres. Toutes les liqueurs sont considérées comme alcool. (*Voir ci-après le tableau de la nomenclature des boissons.*)

QUANTITÉS ou FUTS (*).	Prix du Litre, vins, cidres, poirés et idromèles.																		
	10 centimes	15 cent.	20 cent.	25 cent.	30 cent.	35 cent.	40 cent.	45 cent.	50 cent.	55 cent.	60 cent.	65 cent.	70 cent.	75 cent.	80 cent.	85 cent.	90 cent.	95 cent.	1 franc.
hect. lit.	f. c.	f. c.	f. c.	f. c.	f. c.	f. c.	f. c.	f. c.	f. c.	f. c.	f. c.	f. c.	f. c.	f. c.	f. c.	f. c.	f. c.	f. c.	f. c.
1 00	1 07	1 61	2 14	2 68	3 21	3 74	4 27	4 81	5 34	5 88	6 41	6 95	7 47	8 01	8 54	9 08	9 61	10 15	10 67
1 10	1 18	1 78	2 36	2 94	3 54	4 12	4 70	5 30	5 88	6 46	7 06	7 64	8 22	8 82	9 40	9 98	10 58	11 16	11 74
1 14	1 23	1 83	2 45	3 05	3 66	4 27	4 88	5 48	6 09	6 70	7 31	7 91	8 53	9 13	9 74	10 34	10 96	11 57	12 17
1 15	1 24	1 85	2 47	3 08	3 69	4 31	4 92	5 54	6 14	6 77	7 37	7 99	8 60	9 22	9 83	10 44	11 05	11 68	12 28
1 18	1 27	1 90	2 52	3 16	3 79	4 42	5 04	5 68	6 31	6 93	7 56	8 20	8 83	9 45	10 08	10 71	11 35	11 97	12 60
1 20	1 29	1 93	2 57	3 21	3 85	4 49	5 13	5 77	6 41	7 06	7 69	8 33	8 97	9 61	10 26	10 89	11 53	12 18	12 81
1 36	1 46	2 18	2 91	3 63	4 36	5 09	5 81	6 54	7 26	7 99	8 72	9 44	10 17	10 89	11 62	12 35	13 07	13 80	14 52
1 40	1 50	2 25	3 00	3 74	4 49	5 24	5 99	6 74	7 47	8 22	8 97	9 72	10 47	11 21	11 96	12 71	13 46	14 21	14 94
2 00	2 14	3 21	4 27	5 34	6 41	7 47	8 54	9 61	10 67	11 74	12 81	13 88	14 94	16 01	17 08	18 14	19 21	20 28	21 34
2 20	2 36	3 54	4 70	5 88	7 06	8 22	9 40	10 58	11 74	12 92	14 10	15 27	16 44	17 62	18 79	19 96	21 14	22 31	23 48
2 25	2 41	3 61	4 81	6 02	7 21	8 42	9 61	10 82	12 02	13 22	14 41	15 62	16 81	18 02	19 21	20 42	21 62	22 82	24 02
2 28	2 45	3 66	4 88	6 69	7 31	8 53	9 74	10 96	12 17	13 39	14 60	15 82	17 04	18 14	19 47	20 68	21 91	23 13	24 34
2 30	2 47	3 69	4 92	6 14	7 37	8 60	9 83	11 05	12 28	13 51	14 73	15 97	17 19	18 42	19 64	20 87	22 09	23 32	24 55
2 36	2 52	3 79	5 04	6 31	7 56	8 83	10 08	11 35	12 60	13 86	15 12	16 37	17 64	18 89	20 16	21 41	22 68	23 93	25 19
2 40	2 57	3 85	5 13	6 41	7 69	8 97	10 26	11 53	12 81	14 10	15 37	16 66	17 93	19 21	20 50	21 77	23 06	24 34	25 61
2 45	2 62	3 93	5 24	6 55	7 85	9 17	10 47	11 77	13 08	14 39	15 69	17 01	18 31	19 62	20 93	22 24	23 53	24 85	26 15
2 50	2 68	4 01	5 34	6 68	8 01	9 34	10 67	12 02	13 35	14 68	16 01	17 35	18 68	20 01	21 34	22 69	24 02	25 35	26 68

(*) Voir ci-après le tableau de la jauge des vaisseaux.

ALCOOL (34 fr. l'hect.).

Litres.	DROIT avec déduction.	DROIT sans déduction.	Litres.	DROIT avec déduction.	DROIT sans déduction.	Litres.	DROIT avec déduction.	DROIT sans déduction.	Litres.	DROIT avec déduction.	DROIT sans déduction.	Litres.	DROIT avec déduction.	DROIT sans déduction.	Litres.	DROIT avec déduction.	DROIT sans déduction.	Litres.	DROIT avec déduction.	DROIT sans déduction.	Litres.	DROIT avec déduction.	DROIT sans déduction.	Litres.	DROIT avec déduction.	DROIT sans déduction.	Litres.	DROIT avec déduction.	DROIT sans déduction.
	f. c.	f. c.		f. c.	f. c.		f. c.	f. c.		f. c.	f. c.		f. c.	f. c.		f. c.	f. c.		f. c.	f. c.		f. c.	f. c.		f. c.	f. c.		f. c.	f. c.
1	» 37	» 38	11	4 00	4 12	21	7 63	7 86	31	11 26	11 60	41	14 89	15 34	51	18 51	19 08	61	22 14	22 82	71	25 77	26 56	81	29 40	30 30	91	33 03	34 04
2	» 73	» 75	12	4 36	4 49	22	7 99	8 23	32	11 62	11 97	42	15 25	15 71	52	18 87	19 45	62	22 50	23 19	72	26 13	26 93	82	29 76	30 67	92	33 39	34 41
3	1 09	1 13	13	4 72	4 87	23	8 35	8 61	33	11 98	12 35	43	15 61	16 09	53	19 23	19 83	63	22 86	23 57	73	26 49	27 31	83	30 12	31 05	93	33 75	34 79
4	1 46	1 50	14	5 09	5 24	24	8 72	8 98	34	12 35	12 72	44	15 98	16 46	54	19 60	20 20	64	23 23	23 94	74	26 86	27 68	84	30 49	31 42	94	34 12	35 16
5	1 82	1 87	15	5 45	5 61	25	9 08	9 35	35	12 71	13 09	45	16 34	16 83	55	19 96	20 57	65	23 59	24 31	75	27 22	28 05	85	30 85	31 79	95	34 48	35 53
6	2 18	2 25	16	5 81	5 99	26	9 44	9 73	36	13 07	13 47	46	16 70	17 21	56	20 32	20 95	66	23 95	24 69	76	27 58	28 43	86	31 21	32 17	96	34 84	35 91
7	2 55	2 62	17	6 18	6 36	27	9 81	10 10	37	13 44	13 84	47	17 07	17 58	57	20 68	21 32	67	24 31	25 06	77	27 94	28 80	87	31 57	32 54	97	35 20	36 28
8	2 91	3 00	18	6 54	6 74	28	10 17	10 48	38	13 80	14 22	48	17 43	17 96	58	21 05	21 70	68	24 68	25 44	78	28 31	29 18	88	31 94	32 92	98	35 57	36 66
9	3 27	3 37	19	6 90	7 11	29	10 53	10 85	39	14 16	14 59	49	17 79	18 33	59	21 41	22 07	69	25 04	25 81	79	28 67	29 55	89	32 30	33 29	99	35 93	37 03
10	3 63	3 74	20	7 26	7 48	30	10 89	11 22	40	14 52	14 96	50	18 14	18 70	60	21 77	22 44	70	25 40	26 18	80	29 03	29 92	90	32 66	33 66	100	36 28	37 40

MÉTHODE DE VÉRIFICATION DES ÉTATS DE PRODUITS N° 55.

COL. 11.	COL. 12.	COL. 13.	COL. 14.	COL. 15.	COL. 16.	COL. 17.	COL. 18.
VALEURS.	10 pour o/o.	CONSOMMATION 34 fr.	TOTAL.	DÉDUCTION de 3 p. 0/0.	NET.	DÉCIMES.	TOTAL général.
3740 11	374 02	40 84	414 86	12 44	402 42	40 25	442 67
2117 22	211 73	718 1	283 54	8 50	275 04	27 51	302 55
1245 75	124 58	70 83	195 41	5 86	189 55	18 96	208 51
612 50	61 25	44 68	105 93	3 17	102 76	10 28	113 14
583 14	58 32	48 15	106 47	3 19	103 28	10 33	113 61
8298 72	829 90	276 31	1106 21	33 16	1073 05	107 33	1180 38

Quantités.

Réunir toutes les quantités additionnées dans les colonnes de développement : le total devra être le même que celui de la colonne 6, pour les vins; et pour les cidres, le même que celui de la colonne 7.

Valeur des boissons.

Multiplier toutes les quantités additionnées dans les colonnes de développement par chaque prix : le total devra être conforme à celui de la colonne 9.

Dix pour cent.

Réunir toutes les différences qui se trouvent entre le dernier chiffre des centimes de la onzième colonne et le nombre DIX : la réunion de ces compléments ajoutée au total de cette colonne doit, après qu'on en a retranché le dernier chiffre, être égal au total de la colonne 12.

Les totaux réunis, des colonnes 12 et 13, devront former celui de la colonne 14.

Exemple :

TOTAL de la colonne 11..........			8,298 fr. 72 c.
Différence du dernier chiffre au nombre 10 (colonne 11).....	1re ligne....	9	
	2e *id*......	8	
	3e *id*......	5	..... » » 28
	4e *id*......	»	
	5e *id*......	6	
TOTAL égal à celui de la colonne 12..			8,299 » »

Déduction de trois pour cent.

La déduction de 3 p. o/o se vérifie de deux manières :

1°, (Celle-ci est la plus usitée.) On multiplie par 3, en reculant de deux chiffres, tous les francs qui figurent dans la colonne 14, et on ajoute 1 centime aux centimes qui dépassent 33, et 2 centimes à ceux qui dépassent 66.

2°, (Celle-là est plus courte et aussi sûre.) Il faut additionner les centimes de la colonne 14; ensuite multiplier la somme de ces centimes par 3 : soustraire autant de fois 1 et 2 qu'il y a de fois dans la colonne 14 les nombres 34 ou 67, c'est-à-dire un nombre qui dépasse 33 ou 66, et déduisant enfin le résultat de cette soustraction du produit que présentera le total de la colonne 14 multiplié par 3, on devra trouver le total de la colonne 15.

Exemple :

Total de la col. 14..	1,106 f. 21 c.		321	centimes multipliés par 3.
multiplié par..	3		3	
	3,318 63		963	
à déduire......	2 63		700	résultat des nombres 1 et 2 soustraits.
Reste...........	3,316 » »	Reste	263	à déduire de la multiplication par 3 du total de la colonne 14.

formant un total égal à la déduction accordée (col. 15). Dans le cas où le résultat résisterait à cette épreuve, on aurait recours à la manière précédente en opérant sur chaque article de la page erronée.

Principal (colonne 16).

Le principal ou restant net se justifie par l'addition de cette colonne et la soustraction du montant de la colonne 15 de la précédente.

Décimes (colonne 17).

L'opération est la même que pour le 10 p. o/o.

Les colonnes 16 et 17 réunies doivent former le montant de la colonne 18.

Chaque bas de page reconnu exact, il suffit de s'assurer s'ils sont bien reportés à la récapitulation.

PROCÈS - VERBAUX.

Pas de loi sans sanction, sans répression pas d'impôts. Mais la loi change comme les circonstances, et la forme du gouvernement indique la nature de l'impôt, et réciproquement. C'est ainsi que les aides sont l'image assez fidèle de l'ancien régime; les droits réunis, de l'empire; les contributions indirectes, du gouvernement représentatif. Arrivé là, l'impôt se modifie, se régularise et se modère.

L'intégrité de l'impôt, voilà le but; la fermeté unie à la modération, voilà le moyen.

L'équité, de la part de tous, employés et contribuables, doit être le contrepoids de cet axiôme de droit : tout ce que la loi ne défend pas est permis. La fraude ne se présume pas. Dans le doute s'abstenir. Ne pas confondre la fraude avec la contravention, la bonne foi avec l'ignorance. Complément du procès-verbal, le rapport du chef de service doit être consciencieux.

Le style d'un procès-verbal doit être clair, précis, rapide, et l'écriture lisible. Pour le fond, consulter le Manuel du contentieux ; pour la forme, le Manuel de Girard, où elle est suffisamment développée. Cet ouvrage, qui a rendu de grands services à l'administration, doit être entre les mains de tous les employés.

On se borne ici aux observations principales, et aux modèles indispensables dans l'exercice.

1°, Les procès-verbaux doivent être affirmés devant le juge de paix (ou son suppléant) du canton où la contravention a été *constatée,* au moins par deux saisissants, dans les trois jours de la clôture, et enregistrés dans les quatre jours. Pour le refus d'exercice, visa du maire dans les vingt-quatre heures.

2°, Mentionner les surcharges et altérations des expéditions, ou les différences entre les chargements et les expéditions.

3°, Les parapher NE VARIETUR; sommer le prévenu ou le délinquant de les parapher aussi, et consigner sa réponse.

4°, Si l'on prend des échantillons, mettre en marge du P. V. l'empreinte des cachets (de la régie et du contrevenant).

5°, Approuver les mots rayés, et parapher les renvois. Il est inutile d'en faire mention à la fin du procès-verbal.

6°, En cas de fraude aux droits d'entrée et d'octroi, il peut arriver qu'il y ait deux affirmations; l'une après vingt-quatre heures pour l'octroi, l'autre le troisième jour pour la régie.

7°, On n'est point tenu à donner lecture du P. V. lorsqu'il est notifié ou affiché. Autant que possible rédiger sur les lieux mêmes.

8°, L'affiche ou la notification est faite dans les vingt-quatre heures. On affiche à la porte de la mairie, l'autorité vise l'original. Cette formalité n'est pas de rigueur.

9°, Le réquisitoire doit être transcrit en tête du P. V. ainsi que l'autorisation du directeur. Cette autorisation, exhibée à l'autorité et au contrevenant, est inutile lorsque l'un des saisissants a le grade de contrôleur.

10°, Si le P. V. est rédigé sur les lieux mêmes ou au bureau de la régie, en présence ou en l'absence du commissaire de police et du prévenu, on l'exprime en faisant les distinctions convenables.

11°, Clôture. Il est essentiel de remarquer que rien ne doit figurer après que le mot clos est écrit, car il dit tout. Elle se fait ainsi : Clos le présent procès-verbal audit lieu, les susdits jour, mois et an, à. . . . heure, et remis copie au sieur. . . . (contrevenant), ainsi qu'au sieur. . . . (gardien ou caution), qui a ou qui n'ont pas signé avec nous.

Nota. La caution doit toujours signer. On peut se dispenser de délivrer copie à la caution, au gardien ou au dépositaire.

Liste des cas dont l'omission rend un P. V. nul.

1°, La date du protocole est celle où l'on commence la rédaction du P. V.; elle ne dispense pas d'énoncer le commencement de l'opération ni le moment de la clôture.

2°, Les noms, qualités et demeure du préposé chargé des poursuites, et l'élection de domicile, lorsqu'il ne réside pas dans l'arrondissement où s'opère la saisie.

3°, Même observation en ce qui concerne les saisissants.

4°, Cause de la saisie.

5°, Déclaration de saisie ou de procès-verbal.

6°, Espèce, poids ou mesure des objets saisis.

7°, La présence du prévenu à leur description ou la sommation qui lui aura été faite d'y assister.

8°, L'offre de la main-levée sous caution solvable ou consignation de la valeur des moyens de transport dont la confiscation n'est point prononcée par la loi, c'est-à-dire, de ceux dont la saisie n'est autorisée que pour garantie de l'amende.

9°, Le nom et la qualité du gardien, lorsqu'il y a saisie réelle (c'est-à-dire lorsqu'il n'a point été donné main-levée de la saisie).

10°, L'évaluation des objets.

11°, Le lieu de la rédaction du procès-verbal.

12°, La lecture donnée au prévenu, lorsqu'il est présent à la rédaction; la sommation de le signer, et sa réponse.

13°, La remise de la copie du procès-verbal dans le cas ci-dessus, et, en cas d'absence, la réserve d'afficher ou notifier cette copie dans le délai prescrit.

14°, Enfin l'heure de la clôture. On ne saurait trop répéter que ce mot termine tout.

PROCÈS-VERBAL (Modèle de),

Afin de fixer les idées sur les cas de nullité.

(1) Date du procès-verbal et heure où commence la rédaction

L'an. . . le. . . à (1) heure du (matin ou du soir), à la requête de M. le Conseiller d'État, directeur de l'administration des contributions indirectes, dont le bureau central est à Paris, rue de Rivoli, Hôtel des finances (Si la saisie est commune à l'octroi on ajoutera : « et de M. le Maire de la commune de. . . , y demeurant, rue. . ., et on cite, après la déclaration de la saisie, l'article du réglement de l'octroi, ou simplement le réglement); poursuites et diligences de M. . . , directeur desdites contributions pour le département d. . (2). . . , demeurant à. . . , lequel fait élection de domicile pour la suite du présent, chez M. . . , directeur de la même administration pour l'arrondissement d. . . . , demeurant à. . . , rue. . . , n°. . . (Si le procès-verbal est rédigé dans l'arrondissement du chef-lieu, on met : « demeurant à. . . , rue. . . , n°. . . , où il fait élection de domicile pour la suite du présent. »)

(2) Noms, qualités et demeure de celui chargé des poursuites.

Nous soussignés (noms, prénoms et grades des employés) (3), tous employés des contributions indirectes, demeurant (le premier, s'il est contrôleur ambulant) à. . . , et les autres à. . , ayant serment en justice et porteurs de nos commissions, certifions que ce jour à. . . heure du. . . (4), étant dans le cours de nos tournées ordinaires, sur la route d. . . à. . . , nous avons rencontré une voiture qui nous a paru transporter des liquides; voulant nous assurer s'ils étaient de ceux soumis aux droits, nous nous sommes approchés du conducteur à qui nous avons fait connaître nos qualités et lui avons demandé ce que contenaient les futailles que nous remarquions sur sa voiture; il a répondu que c'était du vinaigre. Voulant nous assurer de la sincérité de ses dires, nous lui avons déclaré que nous allions procéder à la dégustation. Nous avons alors percé les fûts qui étaient sur sa charrette, au nombre de deux, et il en est sorti de l'eau-de-vie (5), l'avons goûtée et reconnue, avec le conducteur, être de bonne qualité. Celui-ci, sur notre interpellation, a dit se nommer Simplet Nicolas, bouilleur de crû à. . ., et ne pas avoir d'expédition (6). Procédant alors au pesage du liquide au moyen de notre aréomètre et du thermomètre centigrade, nous avons reconnu, avec ledit Simplet, que l'eau-de-vie de chacun des fûts pesait 60 degrés centésimaux, et, au moyen du jaugeage,

(3) Noms, qualités et demeure des saisissants.

(4) Date de la saisie.

(5) Espèces, poids ou mesures des objets saisis.

(6) Cause de la saisie.

qu'ils étaient chacun de la contenance de 2 hectolitres. Attendu sa contravention à l'art. 6 de la loi du

(7) Déclaration de la saisie au prévenu.

28 avril 1816, nous lui avons déclaré (7) procès-verbal et la saisie des deux fûts sus-désignés, contenant ensemble 4 hectolitres d'eau-de-vie pour 2 hectolitres 40 litres d'alcool pur; avons contremarqué les pièces de deux demi-ronds de notre rouanne, près la bonde, et les avons estimées, de gré à gré, avec le sieur Simplet, à 250 fr., eau-de-vie et tonneaux. Sa solvabilité ne nous étant pas connue, nous lui avons déclaré en outre la saisie de la voiture, des deux chevaux qui la conduisaient et des harnais, mais seulement pour garantie de l'amende, et avons estimé ces objets à

(8) Offre de main-levée.

500 fr. Nous avons offert au sieur Simplet (8) main-levée de toute la saisie, s'il nous fournissait caution valable ou s'il consignait le maximum de l'amende par lui encourue : il nous a alors priés de l'accompagner avec le chargement jusqu'au premier village où il nous procurerait une caution. Arrivés audit lieu

(9) Noms et qualités du gardien (s'il en est constitué).

avec le voiturier, il nous a présenté le sieur. . . (9), de nous bien connu, lequel s'est porté caution, et que nous avons agréé. Avons alors laissé les objets saisis à la disposition du sieur Simplet, sur la promesse qu'il a faite ainsi que la caution, de le représenter à toute réquisition, ou leur valeur. Et de suite, accompagnés desdits, nous nous sommes transportés

(10) Lieu de la rédaction.

(11) Présence de la partie ou sommation à elle faite d'y assister.

(12) Lecture au prévenu.

(13) Heure de la clôture.

(14) Remise de la copie.

chez le sieur. . . , cabaretier à. . . (10); nous y avons, en leur présence (11), rédigé le présent procès-verbal, leur en avons donné lecture (12) avec invitation de le signer, ce qu'ils ont (refusé ou promis de faire); l'avons clos les jour, mois et an susdits, à (13) heure du. . . ; avons remis copie au. . . (14) et à la caution, après avoir signé.

Finales des procès-verbaux.

Si les objets sont laissés à la disposition du contrevenant, on l'exprime ainsi : « Et que nous avons laissés à sa charge et garde, vu sa solvabilité et la promesse qu'il nous a faite de représenter le tout ou sa valeur à toute réquisition légale. »

S'il y a caution : « Lui ayant offert main-levée sous caution solvable des objets estimés ci-dessus, le sieur. . . nous a présenté pour caution M. . . , demeurant à. . . , lequel, après avoir pris connaissance du procès-verbal et reconnu les objets saisis, s'est rendu garant et caution solidaire dudit sieur, tant pour les objets que pour les amendes et les dépens. Nous avons en conséquence laissé audit sieur la libre disposition des objets. (On rédige le procès-verbal en présence du contrevenant et de la caution : celle-ci doit toujours signer. On donne copie de l'original à chacun.) »

S'il y a consignation : « Lui ayant offert main-levée moyennant caution solvable ou la consignation, 1°, de la somme de. . ., montant de l'évaluation de (les objets saisis); 2°, de la somme de. . ., montant de l'évaluation de (moyens de transport).

« Cette dernière somme applicable à la sûreté de l'amende; et le sieur. . . ayant aussitôt déposé la somme de. . . entre les mains du sieur. . . , receveur, qui le reconnaît, nous lui avons accordé la libre disposition de (les objets), ainsi que de (les moyens de transport). »

A défaut de caution, de consignation ou de solvabilité connue : (comme ci-dessus) et ajouter : « Nous ayant répondu qu'il ne pouvait ni consigner ladite somme, ni fournir aucune caution, nous lui avons déclaré que (les objets saisis pour sûreté de l'amende, cheval, voiture, etc.), allaient être mis en fourrière chez le sieur. . ., aubergiste, qui en sera constitué gardien, et nous l'avons en outre prévenu qu'à défaut d'avoir satisfait aux causes de la présente saisie dans le délai de huit jours, fixé par l'art. 39 du décret du 18 juin 1811, ou d'avoir déposé de huitaine en huitaine, les frais de nourriture à raison de. . . par jour, la vente du cheval sera poursuivie conformément à l'art. 40 du même décret; nous avons déclaré de plus au contrevenant, que nous allions faire transporter les boissons sus-énoncées chez M. . . , buraliste à. . . , pour y être déposées jusqu'à ce qu'il en soit ordonné autrement, le sommant de nous accompagner pour assister au dépôt ainsi qu'à la rédaction du P. V. que nous allions dresser, en entendre lecture, signer l'acte, et en recevoir copie, ce qu'il a accepté. De suite lesdits fûts de. . . ayant été conduits par le même voiturier, chez ledit sieur. . . , nous les avons confiés à sa garde, lequel, après avoir reconnu l'identité de la boisson, le jaugeage et l'estimation précédemment faits, s'en est rendu gardien et dépositaire aux peines de droit. Sommé le délinquant de coter et parapher NE VARIETUR les expéditions sus-mentionnées qui seront annexées au présent (a accepté ou refusé). De tout quoi nous avons dressé le présent P. V., à. . ., au domicile du sieur. . . , en présence dudit. . . et du délinquant : leur en ayant donné lecture avec sommation de le signer, ils ont promis de le faire. Clos ledit procès-verbal lesdits jour, mois et an que dessus, à. . . heure de. . ., duquel nous leur avons remis copie à chacun séparément, et avons signé.

Acte de mise en fourrière.

Et de suite, lesdits jour et an, à. . . midi, nous soussignés (au moins deux des employés rédacteurs) dénommés et qualifiés dans le P. V. ci-dessus, à la requête que dit est, avons conduit (accompagné ou en l'absence du sieur. . .) les. . . saisis et retenus, comme il est expliqué au P. V., chez le sieur. . . , aubergiste à. . . . et parlant à. . . , nous lui avons déclaré que nous laissions à sa charge et garde lesdits. . . évalués de concert avec lui, à. . ; à quoi il a consenti, s'en chargeant, comme dépositaire de justice, avec promesse de les loger, nourrir et entretenir selon l'usage, et ce, moyennant la somme de. . . pour chaque jour, prix ordinaire et débattu entre nous; il a promis en outre de ne livrer lesdits. . . qu'à notre réquisition ou consentement, ou sur l'ordre de M. le Directeur, à. . . ou en vertu de jugement. En foi de quoi nous avons signé après lecture avec ledit. . . , auquel nous avons remis un double du présent. (Cet acte doit être rédigé sur papier timbré lorsqu'il ne fait pas partie du procès-verbal.)

Réquisitoire.

Nous soussignés. . . , employés des contributions indirectes, à la résidence de. . . , en vertu de l'art. 237 de la loi du 28 avril 1816, requérons M. . . , commissaire de police, le maire, son adjoint ou le juge de paix, de nous assister dans la visite que nous nous proposons de faire chez M. . . , d'après l'ordre qui nous en a été donné par M. . . , directeur, et que nous avons exhibé.

Réquisition aux autorités civiles ou militaires ou à la force publique.

Nous soussignés. . . , employés des contributions indirectes, à la résidence de. . . , requérons M. (les autorités civiles désignées sous le n° précédent pour refus d'exercice), (le commandant de place ou le chef d'un poste militaire pour prêter main-forte), en vertu de l'art. 245 de la loi du 28 avril 1816, de nous prêter aide et assistance pour l'exercice de nos fonctions.

Fait à. . . . . . . , le. . . .

Acte de transport pour opérer le dépôt des objets saisis.

Dans les cas ordinaires, le dépôt est fait dans le corps du P. V. Si les objets étaient prohibés ou si le contrevenant était insolvable, on ferait un acte de transport distinct, et dans ce cas on aurait recours au Manuel de Girard.

Acte de notification.

L'an mil huit cent. . , le. . , à . . heure de. . , nous. . , dénommés et qualifiés au P. V. ci-dessus, même requête, nous étant transportés au domicile dudit. . . , situé à. . . , rue. . . , n°. . , et parlant à. . . , nous lui avons signifié le susdit P. V., et lui en avons laissé copie ainsi que du présent, et avons signé.

Acte de notification sur la voie publique.

L'an. . . , le. . . , à heure de. . . , nous. . . , dénommés et qualifiés au P. V. ci-dessus, au requis que dit est, certifions que nous étant vainement présentés au domicile du sieur. . . , pour lui signifier ledit acte, et l'ayant rencontré sur la voie publique (à tel endroit), nous le lui avons signifié et lui en avons laissé copie ainsi que du présent, et avons signé.

Acte d'affiche.

L'an mil huit cent. . . , le. . . , à. . . , heure de. . . , nous. . . , dénommés et qualifiés au P. V. ci-dessus, au requis que dit est, certifions qu'attendu l'absence du sieur. . . , que nous avons vainement cherché pour lui délivrer copie dudit P. V., nous nous sommes transportés à la porte de la mairie d. . . , où étant, nous avons affiché copie dudit P. V. et du présent exploit, et nous avons signé.

Acte d'affirmation.

Par-devant nous juge de paix du canton de. . . , (ou le suppléant), le procès-verbal ci-dessus a été affirmé sincère et véritable par les employés soussignés, y dénommés, après qu'il leur en a été donné lecture.

Fait à. . . . , le. . . . 184

Assignation.

L'an, etc. (même préambule qu'au procès-verbal, page 9), nous soussignés. . . , avons donné assignation (1) au sieur. . . , demeurant à. . . , en son domicile, où nous nous sommes transportés, parlant à. . . , à comparaître en personne, à la première audience du tribunal civil de. . . , jugeant en matière correctionnelle, trois jours francs après la date du présent, et en tant que de besoin, à toutes les audiences suivantes jusqu'à jugement définitif, pour répondre sur et aux fins du procès-verbal dressé par nous le. . . , dont copie lui a été laissée (ou signifiée, ou a été affichée), dûment affirmé et enregistré ; voir prononcer la confiscation de. . . (2), et se voir en outre condamner à. . . d'amende (3), en conformité de l'art. . ., et aux dépens (4), sans préjudice des peines qui pourraient être encourues à raison de toutes autres contraventions résultant, soit du procès-verbal, soit de l'instruction de la procédure; au paiement de tout quoi il pourra être contraint par toutes voies de droit, même par corps; et avons, à cet effet, parlant comme dessus, laissé audit. . . copie du présent, avec déclaration que M[e] . . , avoué près ledit tribunal, occupera pour la régie, et avons signé.

(1) S'il y a plusieurs prévenus, on les désignera en disant, 1°, au sieur. . . , demeurant à. . . , rue. . . , n°. . . , en son domicile, où nous nous sommes exprès transportés, parlant à. . . ; 2°, au sieur, etc.

(2) Lorsque les objets auront été laissés à la charge et garde des prévenus, on supprimera les mots « Voir prononcer la confiscation de » et on ajoutera après le mot *d'amende :* « Ainsi qu'au paiement de la valeur des objets saisis, laissés à sa charge et garde pour tenir lieu de la confiscation qui sera prononcée, le tout, etc. »

(3) S'il y a plusieurs prévenus, on dira dans l'original : « S'ouïr les sus-nommés condamner chacun en. . . , d'amende et solidairement au paiement de celle qui aura été prononcée contre chacun d'eux ; » et dans les copies : « S'ouïr le sieur. . . , condamner en. . . d'amende, et solidairement avec le sieur. . . , au paiement de celle qui aura été prononcée contre chacun d'eux. »

(4) Si les moyens de transport sont saisis pour sûreté de l'amende, on ajoutera : « Ouïr dire qu'il sera procédé à la vente des moyens de transport saisis, pour, le prix qui en proviendra, être versé dans la caisse de la régie, en déduction ou jusqu'à concurrence de l'amende. »

Modèle de procuration.

Je soussigné (noms et grade de l'employé), à la résidence de. . , arrondissement de. . . , donne pouvoir à M. . . de pour moi et en mon nom, recevoir les sommes et émoluments de toute espèce attribués à mon emploi, qui peuvent ou pourront m'être dûs par la régie des contributions indirectes, et de donner les quittances et émargements nécessaires, promettant d'avoir pour bon et agréable ce qui sera fait par mon procureur fondé sus-nommé.

Fait à. . . . . . . , le. . . . . . .

TABLEAUX DES CONTRAVENTIONS.

1er TABLEAU. — Circulation.

1 Enlèvement sans expédition. (Art. 1er et 6, loi du 28 avril 1816.) s. c. a. (Les initiales s. c. a. signifient *saisie*, *confiscation*, *amende.*)

Saisie des moyens de transport pour sûreté de l'amende à défaut de caution solvable; on doit offrir main-levée sous peine de nullité; pour l'hydromel citer en outre l'art. 85, même loi. Les voyageurs peuvent transporter 3 bouteilles sans expédition, excepté pour les spiritueux.

2 Défaut d'identité. (Art. 10, même loi.) s. c. a.

Une seule expédition suffit pour plusieurs voitures. — Ne saisir que les vaisseaux excédants. — Saisir la totalité si l'excédant provient des contenances. — Prendre un échantillon si l'identité constatée porte sur la qualité ou l'espèce des boissons.

3 Fausse destination. (Art. 10 et 13, même loi.) S. C. A.

On ne peut pas saisir un chargement qui ne suit pas la ligne la plus directe, tant que le délai n'est pas expiré. L'aveu fait par un voiturier qu'il conduit des boissons à une destination autre que celle mentionnée en l'expédition, suffit pour établir la contravention. — Si le destinataire lui-même déclare n'avoir pas acheté de boissons et ne pas attendre celle mentionnée en l'expédition, celle-ci est inapplicable ; il y a lieu à saisir.

4 Délai expiré. (Art. 13, même loi.) S. C. A.

Le délai ne peut être anticipé ni retardé.

5 Déchargement sans déclaration préalable ailleurs que chez le destinataire. (Art. 10, 13 et 14, id.) S. C. A.

A moins pourtant qu'il n'y ait péril pour les boissons.

6 Séjour en route pendant plus de 24 heures. (Art. 14, id.) S. C. A.

Il est présumable que le voiturier averti se mettra en règle.

7 Refus de présenter les boissons en transit. (Art. 14, id.) S. C. A.

L'administration seule peut autoriser les mixtions et les coupages chez les transitaires.

8 Refus de représenter les expéditions. (Art. 17, id.) S. A. et article unique, loi du 23 avril 1836.

Saisie des boissons et des moyens de transport pour sûreté de l'amende ; suivre le chargement jusqu'au plus prochain bureau, et là verbaliser selon la circonstance de la contravention. Règle générale : les expéditions doivent toujours accompagner le chargement. La déclaration du conducteur qu'il n'a pas d'expédition le constitue en contravention.

9 Refus de laisser faire la vérification des boissons. (Art. 17, id.) S. A.

Même observation qu'au n° 8.

2e TABLEAU. — **Entrée, taxe unique.**

1 Introduction sans déclaration et paiement des droits dans les villes fermées. (Art. 24, loi du 28 avril 1816.) S. C. A.

Saisie des moyens de transport pour sûreté de l'amende.

2 Déchargement ou introduction à domicile sans déclaration dans les villes ouvertes. (Art. 25, id.) S. C. A.

3 Fausse déclaration des objets soumis aux droits. (Art. 24 et 25, id.) S. C. A.

Pour les fruits et vendanges on ne saisit que l'excédant reconnu ; s'il s'agit de boissons, on saisit, en vertu de l'art. 10, celles qui ne sont pas identiques avec l'expédition (voir 1er tableau, art. 2).

4 Introduction avant ou après les heures permises. (Art. 26, id.) S. C. A.

Janv., fév. nov. et déc.,	avant	7 h.	du matin.	mêmes mois.	après	6 h.	du soir.
Mars, avril, sept. et oct.,		6 h.		id.		7 h.	
Mai, juin, juillet et août,		5 h.		id.		8 h.	

5 Enlèvement chez un entrepositaire, sans acquit du droit. (Art. 37, id., et 38, 21 avril 1832.) S. C. A.

6 Opposition à la visite et à la vérification des chargements à l'entrée. (Art. 24 et 25, loi du 28 avril 1816.) A.

7 Présentation à la sortie d'objets d'une nature différente de ceux entrés en passe-debout, en transit ou en entrepôt, ou en quantité inférieure à celle déclarée. (Même art.) S. fictive.

Confiscation des objets saisis. — Prendre des échantillons en cas de contestation.

8 Fabrication de boissons sans déclaration, dans l'intérieur d'un lieu sujet, avec des matières non inventoriées. (Art. 24, même loi.) S. C. A.

9 Recélé de boissons soumises à l'inventaire, ou fausse déclaration par un propriétaire récoltant. (Art. 24 et 25, id.) S. C. A.

Les piquettes faites avec de l'eau sont exemptes de droit ; celles de marcs gras de raisins et de fruits concassés, peuvent être soumises à l'inventaire. Dans les contrevisites on peut saisir toutes les boissons excédantes trouvées dans le domicile.

10 Excédant de boissons chez un récoltant. (Art. 40, même loi.) S. C. A.

On peut se dispenser de verbaliser en prenant en charge et faisant acquitter le droit de circulation.

11 Refus de souffrir l'inventaire. (Même art.) A.

Après avoir constaté l'opposition, il convient de faire l'inventaire en présence d'un commissaire de police.

12 Refus de souffrir le recensement avant la récolte. (Art. 41, id.), A.

3e TABLEAU. — **Débitants de boissons.**

1 Vente en détail sans déclaration. (Art. 50 et 144 du 28 avril 1816.) S. C. A.

On peut accorder main-levée moyennant 1,000 fr. — Les débitants qui ne vendent que de la bière, doivent la licence, et sont soumis aux exercices.

2 Vente pendant les trois mois qui suivent la déclaration de cesser. (Art. 67, id.) S. C. A.

3 Vente en détail par un débitant exercé ou abonné, d'une espèce de boisson dont il a déclaré ne pas vouloir opérer la vente. (Art. 50, id.) S. C. A.

Ces déclarations restrictives sont rares ; les boissons réservées, prises en charge pour mémoire, ne sont reçues qu'avec des congés.

4 Défaut d'enseigne ou bouchon. (Art. 50, id.) A.

5 Refus de retirer les bouchons après déclaration de cesser. (Art. 67, id.) A.

6 Fausse déclaration des boissons appartenant aux débitants. (Art. 50, id.) S. C. A.

S'il existe une différence au moment de l'inventaire, on se borne à la prendre en charge lorsqu'elle est en évidence. — Le débitant n'est point tenu de rendre compte de l'origine des boissons qu'il déclare. — On n'exige que la déclaration des boissons situées dans la même commune ou dans les parties des communes voisines à proximité des débits.

7 Refus de déclarer le prix de vente, ou fausse déclaration. (Art. 48, id.) S. C. A.

Les débitants abonnés à l'hectolitre, sont dispensés de cette obligation. La déclaration, quelle qu'elle soit, doit être reçue, sauf preuve contraire. — La régie n'a aucun moyen légal de forcer le débitant à vendre au litre.

8 Augmentation des prix de vente sans déclaration. (Art. 48, id.) s. c. a.

—

9 Omission ou refus d'afficher le prix de vente. (Même article.) a.

—

10 Refus de souffrir les visites ou exercices. (Art. 52, id.) a.

Les visites peuvent être faites pendant tout le temps que les débits sont ouverts au public. — Le droit de visite est illimité ; il ne peut être paralysé par aucun obstacle; la présence d'un commissaire de police n'est point nécessaire pour toute espèce de recherches dans le domicile du débitant. — Lorsque les employés éprouvent des injures ou des voies de faits, il est de leur devoir de se retirer et de constater les empêchements apportés à leurs exercices.

—

11 Refus de laisser jauger, déguster et reconnaître les boissons. (Art. 53, id.) a.

—

12 Refus d'ouvrir les caves, celliers et autres parties de leur maison. (Art. 56, id.) a.

—

13 Refus de souffrir les visites et exercices pendant les trois mois qui suivent la déclaration de cesser. (Art. 67, id.) a.

—

14 Refus de sceller les communications intérieures. (Art. 61, id.) a.

S'il est impossible d'interdire les communications intérieures, le voisin d'un débitant doit être soumis à l'exercice sur l'autorisation du préfet, qu'on doit exhiber.

—

15 Refus par le voisin d'un débitant de souffrir les exercices lorsqu'il y a été légalement soumis. (Art. 63, id.) a.

—

16 Introduction des boissons sans expédition ou avec des expéditions inapplicables. (Art. 53, id.) s. c. a.

On ne peut saisir les boissons fabriquées par le débitant, à moins de preuves contraires. — L'exhibition tardive ne peut justifier la contravention.

—

17 Défaut de représenter les expéditions pour les boissons introduites, même pendant les trois mois qui suivent la déclaration de cesser. (Art. 53, id.) s. c. a.

—

18 Défaut de représenter les quittances d'entrée. (Même article.) s. c. a.

19 Recélé de boissons par le débitant. (Art. 61, id.) s. c. a.

La clef d'un local trouvé chez le débitant établit la présomption que les boissons découvertes lui appartiennent.

20 Recélé, chez un particulier, de boissons appartenant à un débitant sans bail authentique. (Même art.) s. c. a.

Le bail n'est authentique qu'autant qu'il est notarié et enregistré; il n'est pas valable après le délai pour lequel il est fait.

21 Vaisseaux inférieurs à l'hectolitre (à moins d'autorisation spéciale) et supérieurs à 5 hect. (Art. 58, id.) s. c. a.

Peuvent recevoir vingt-cinq bouteilles en caisse.

22 Opposition au cachetage des bouteilles. (Même art.) a.

Ils doivent fournir la cire et le feu. — Le refus peut être aussi considéré comme refus d'exercice.

23 Mise en vente de plus de trois pièces de chaque espèce de boissons. (Même art.) a.

On doit entendre par le mot espèce de boissons de même nature, vins, cidres, spiritueux et hydromels.

24 Vaisseaux supérieurs à 5 hect. (Même art.) s. c. a.

Sont exceptés de cette disposition les débitants de crû.

25 Remplissage hors la présence des employés. (Art. 59, id.) s. c. a.

Si le remplissage a lieu sur une pièce en vente, cette pièce est saisie dans l'état où elle se trouve; on tire en produit le manquant reconnu au dernier exercice; on fait décharge du surplus, et dans ce cas on reprend la pièce en charge en vertu du procès-verbal: mais si l'on surprend le débitant au moment où il achève un remplissage sur une pièce reconnue pleine au dernier exercice et trouvée encore pleine au moyen de ce remplissage, c'est la pièce entière qu'il faut saisir. — Une mixtion et une transvasion hors la présence des employés sont une contravention.

26 Substitution d'eau ou de tout autre liquide. (Même art.) a.

La substitution de bouteilles vides à des bouteilles pleines, n'est point une contravention, on se borne à tirer le manquant en produit. — La substitution d'eau donne lieu à l'amende seulement; la pièce doit être tirée en produit.

27 Enlèvement sans démarque. (Art. 59, id.) a.

28 Enlèvement des pièces pleines sans démarque. (Art. 57, id.) a.

La vente en gros ne justifie pas la contravention.

29 Râpés prohibés et remplissage sur les râpés autorisés. (Art. 60, id.) S. C. A.

Le débitant ne peut avoir qu'un seul râpé de trois hect. au plus, s'il a au moins trente hect. de vin. — Les boissons faites uniquement avec des fruits autres que des pommes ou poires ou du raisin foulé, ne sont pas soumises au droit.

—o0o—

30 Vente en détail sans autorisation par un bouilleur, pendant la durée de la distillation. (Art. 69, id.) S. C. A.

—o0o—

31 Vente en détail par des personnes non comprises dans la répartition en cas d'abonnement par corporation. (Art. 80, id.) S. C. A.

A moins que les débitants ou leurs syndics n'aient concédé ce droit. La contravention se constate à la requête des syndics.

—o0o—

32 Vente par un débitant de crû de boissons autres que celles déclarées. (Art. 85, id.) S C. A.

Ne peuvent fournir aux buveurs que les boissons avec des bancs et tables. — N'ont pas droit à la remise de 25 pour cent sur les eaux-de-vie, lors même qu'elles proviendraient de leur récolte. — Sont soumis aux mêmes obligations que les autres débitants; mais on ne peut visiter l'intérieur de leur domicile lorsqu'il est séparé du lieu du débit.

4e TABLEAU. — **Marchands en gros.**

---

1 Établissement sans déclaration. (Art. 97 et 144, loi du 28 avril 1816.) S. C. A.

Peuvent obtenir main-levée en consignant 2,000 francs indépendamment de l'amende. — Ne sont point considérés comme marchands en gros les particuliers recevant accidentellement des boissons qu'ils partagent, ni les propriétaires récoltants qui achètent du vin pour leur consommation.

—o0o—

2 Continuation du commerce après déclaration de cesser. (Art. 97, id.) S. C. A.

Ne peuvent cesser tant qu'il leur reste des boissons en quantité supérieure à leur consommation; il n'y a aucune règle fixe à cet égard.

3 Vente habituelle de boissons en détail. (Art. 102, id.) S. C. A.

Peuvent faire des ventes inférieures à l'hect. en acquittant les droits. — La circulaire n° 75 détruit cet art. 102.

4 Fausse déclaration des quantités au moment de l'établissement. (Art. 97, id.) S. C. A.

Les vinaigriers qui dénaturent les vins avant l'introduction, ou qui acquittent le droit de circulation, rentrent dans la classe des simples particuliers.

5 Introduction sans expédition ou avec des expéditions inapplicables, ou refus de représenter les expéditions. (Art. 100, id.), S. C. A.

Le creux reconnu d'après l'usage du commerce doit être déduit des charges. — Les mélanges et coupages ne peuvent se faire qu'avec des boissons de mêmes nature et espèce; le mélange d'eau ne peut avoir lieu qu'avec des spiritueux; cependant la décision n° 179, 25 septembre 1816, approuve ce mélange avec le vin, s'il est fait en présence des employés.

6 Refus d'exercice. (Art. 101, id.) A.

On ne peut faire des visites dans l'intérieur des bâtiments qu'avec un commissaire de police, ni exercer les boissons destinées à la consommation, lorsqu'elles sont dans un lieu séparé des magasins. Dans ce cas le marchand en gros paie le droit comme les simples consommateurs. — Ne peuvent s'opposer aux recensements intermédiaires (loi du 23 avril 1836, article unique).

7 Vente en gros sans licence. (Art. 171, id.)

5e TABLEAU. — **Liquoristes.**

1 Établissement, sans déclaration, d'un simple particulier comme liquoriste débitant. (Art. 50 et 144, loi du 28 avril 1816, et art. 1er, loi du 24 juin 1824.) S. C. A.

La contravention ne peut être constatée que par suite de vente de liqueurs; si la quantité est inférieure à 25 litres, le contrevenant est considéré comme débitant, et comme marchand en gros si elle est supérieure.

2 Fabrication par un débitant sans déclaration préalable. (Art. 1er, loi du 24 juin 1824.) S. C. A.

—ooo—

3 Exercice par un simple particulier de la profession de liquoriste marchand en gros, sans déclaration. (Art. 97 et 144, loi du 28 avril 1816, et art. 1er du 24 juin 1824.) S. C. A.

Voir la note ci-dessus. — Sont soumis aux visites intermédiaires, mais le décompte ne doit s'arrêter définitivement qu'en fin d'exercice comme ceux des marchands en gros ordinaires. Les manquants extraordinaires sont frappés du droit immédiatement.

—ooo—

4 Fabrication de liqueurs par un marchand en gros sans déclaration. (Art. 1er, loi du 24 juin 1824.) S. C. A.

—ooo—

5 Dépôt de vins, cidres et poirés dans les ateliers de la fabrique d'un liquoriste marchand en gros. (Art. 5, id.) S. C. A.

Il y a lieu à saisie si ces boissons ne sont pas accompagnées d'expéditions.

—ooo—

6 Envoi de liqueurs sans expédition. (Même art.) S. C. A.

On ne peut constater cette contravention qu'autant que la liqueur serait enlevée sans expédition; dans ce cas, elle serait saisie en vertu de l'art. 10 de la loi du 28 avril 1816; autrement on tire en produit comme manquant.

—ooo—

7 Enlèvement en vaisseaux inférieurs à l'hect. (Art. 9, id.) S. C. A.

Même observation qu'au n° 6.

—ooo—

8 Refus de fournir l'eau et les ouvriers pour reconnaître la contenance des vaisseaux. (Art. 6, id.) A.

—ooo—

9 Usage des vaisseaux dont la contenance n'a pas été vérifiée. (Même loi.) A.

Droit de consommation.

10 Altération de la densité des spiritueux. (Art. 4, loi du 24 juin 1824.) S. C. A.

En cas de contestation prendre des échantillons.

6e TABLEAU. — **Brasseries.**

1 Exploitation sans déclaration préalable et sans licence. (Art. 117 et 144, loi du 28 avril 1816.) S. C. A.

Les particuliers, qui ne brassent que pour leur consommation, ne sont pas tenus à la licence.

2 Continuation après déclaration de cesser. (Art. 117, id.) S. C. A.

3 Fabrication dans un lieu autre que celui déclaré. (Même article.) S. C. A.

4 Usage des chaudières, cuves et bacs avant que leur contenance ait été reconnue. (Même art.) S. C. A.

Les hausses mobiles sont permises, pourvu qu'elles ne dépassent pas un décimètre de hauteur, et qu'elles ne servent qu'au moment de l'ébullition. Toutes constructions solides doivent être comprises dans l'épalement.

5 Changement dans la contenance desdits ustensiles sans déclaration faite vingt-quatre heures d'avance. (Article 118, id.) S. C. A.

6 Usage des ustensiles avant que leur nouvelle contenance ait été reconnue. (Même art.) S. C. A.

7 Établissement d'autres chaudières, cuves et bacs, sans déclaration faite vingt-quatre heures d'avance. (Même art.) S. C. A.

8 Usage de ces ustensiles avant que leur contenance ait été reconnue. (Même art.) S. C. A.

9 Usage de chaudières d'une contenance inférieure à six hect. (Art. 116, id.) S. C. A.

L'administration peut seule accorder l'autorisation au-dessous de six hectolitres.

10 Usage de chaudières qui ne sont pas fixées à demeure et maçonnées. (Même art.) S. C. A.

11 Suppression ou altération des numéros et marques apposés sur les ustensiles. (Art. 117, id.) A.

12 Usage de tonneaux non revêtus de la marque du brasseur. (Art. 124, id.) A.

13 Mise de feu sans déclaration pour un objet autre que pour fabrication de bière. (Art. 119, id.) A.

14 Mise de feu sans déclaration. (Art. 120, id.) S. C. A.

La déclaration doit être faite douze heures d'avance dans les campagnes, et quatre heures dans les villes.

15 Mise de feu avant l'heure indiquée. (Même art.) S. C. A.

16 Mise de feu sous une chaudière autre que celle déclarée. (Même art.) S. C. A.

On peut se servir, avec autorisation, des chaudières pour chauffer les eaux. Le feu sera éteint et la chaudière vide aussitôt que l'eau destinée à la dernière trempe aura été retirée.

17 Défaut de représenter l'ampliation de la déclaration pendant la durée de la fabrication. (Même art.) S. C. A.

18 Fabrication de bière d'une qualité différente de celle déclarée. (Même art.) S. C. A.

19 Fabrication avec la même drèche, d'un plus grand nombre de brassins que ceux déclarés. (Même art.) S. C. A.

20 Fabrication de plusieurs espèces de bière avec le même brassin. (Art. 113, id.) S. C. A.

21 Fabrication d'une petite bière exempte de droit, sans déclaration. (Art. 120, id.) S. C. A.

22 Décharge partielle des chaudières pendant la fabrication. (Art. 113, id.) S. C. A.

Il y a décharge partielle, et par conséquent contravention, lorsqu'on trouve dans la brasserie une quantité de bière qui ne provient pas d'une fabrication antérieure.

23 Entonnement pendant la nuit. (Art. 112, id.) S. C. A.

Voir pour l'heure des entonnements la note du n° 4, 2e tableau.

24 Entonnement à une heure autre que celle indiquée par la déclaration. (Art. 120, id.) S. C. A.

Le changement apporté dans l'heure de l'entonnement doit être le sujet d'une déclaration.

25 Excédant de réserves ou de plus du vingtième de la contenance de la chaudière. (Art. 109, id.) S. A. C.

La régie règle l'emploi de l'excédant de manière à ce qu'il n'en puisse résulter aucun abus.

26 Produit de fabrication excédant la contenance de la chaudière. (Art. 111, id.) S. A. C.

Si l'excédant excède le dixième de la contenance brute, il faut supposer la fabrication d'un brassin non déclaré sur lequel le droit doit être perçu. Il n'y a pas lieu de saisir des excédants sur la contenance nette : on se borne à les soumettre au droit s'ils dépassent le dixième de cette contenance.

27 Recélé de bière par un brasseur. (Art. 125, id.) S. C. A.

28 Refus de laisser vérifier le produit de la fabrication. (Article 111, id.) A.

29 Refus d'exercice. (Art. 125, id.) A.

Les brasseurs sont tenus de représenter, à toute réquisition, les bières en leur possession. L'exercice peut être fait à toute heure si l'établissement est en activité. Les visites sont interdites dans les maisons non contiguës. — La présence d'un commissaire de police n'est nécessaire pour aucune des opérations.

30 Refus de faire sceller toute communication avec les maisons voisines. (Même art.) A.

31 Défaut d'enseigne devant une brasserie. (Art. 124, id.) A.

32 Exploitation d'une brasserie ambulante sans autorisation de la régie. (Art. 116, id.) S. C. A.

33 Augmentation des moyens de fabrication par un brasseur abonné. (Art. 133, id.) S. C. A.

34 Mise de feu par un brasseur abonné sans l'avoir inscrite sur son registre. (Art. 135, id.) S. C. A.

Dans les villes au-dessus de 30,000 âmes, les brasseurs peuvent être abonnés; ils sont dispensés de la déclaration de mises de feu, mais ils doivent les inscrire sur un registre authentique.

35 Refus de fournir les moyens de vérifier la contenance des vaisseaux. (Art. 117, id., et article unique, loi du 23 avril 1836.) A.

7e TABLEAU. — **Distillateurs.**

Distillateurs de profession.

1 Exploitation d'une distillerie sans déclaration. (Art. 138, 139, 141 et 144, 28 avril 1816.) S. C. A.
Les distilleries sont prohibées dans Paris.

2 Usage des vaisseaux avant que leur contenance ait été reconnue. (Art. 117 et 140, id.) S. C. A.
Peuvent avoir des hausses mobiles. (Voyez n° 4, 6e tableau.)

3 Changement dans la contenance des vaisseaux sans déclaration faite vingt-quatre heures d'avance. (Art. 118 et 140, id.) S. C. A.

4 Établissement de nouveaux vaisseaux sans déclaration. (Mêmes art.) S. C. A.

5 Mise de feu sans déclaration ou avant l'heure indiquée dans la déclaration. (Art. 139 et 141, id.) S. C. A.
La déclaration doit être faite au moins quatre heures d'avance dans les villes, et douze heures dans les campagnes.

6 Prolongation du travail et du feu sous les chaudières au-delà de la déclaration. (Art. 139 et 141, id.), S. C. A.

7 Chargement des cuves de macération à une heure autre que celle indiquée. (Mêmes art.) S. C. A.

8 Emploi d'une plus grande quantité de farine que celle indiquée. (Art. 139, id.) S. C. A.

9 Recélé d'eau-de-vie. (Art. 138, id.) S. C. A.
On entend par recélé tous les excédants de fabrication qu'un distillateur chercherait à soustraire à la prise en charge.

10 Défaut de représenter l'ampliation de la déclaration. (Même art.) A.

11 Suppression ou altération des numéros et marques apposés sur les vaisseaux. (Art. 117 et 140 , id.) A.

12 Refus d'exercice. (Art. 123, 138 et 140 , id.) A.

Voir le 2e tableau, 4e note. L'exercice peut être fait de nuit comme chez les brasseurs. Les principes posés dans les arrêtés relatifs aux brasseurs sont applicables aux bouilleurs et aux distillateurs.

13 Refus, par les distillateurs de substances farineuses, d'énoncer dans leur déclaration la quantité de matière macérée qu'ils emploieront pendant la durée de la fabrication, ainsi que la quantité d'alcool qui devra en provenir. (Art. 9 de la loi du 20 juillet 1837.) A.

Bouilleurs de profession.

14 Distillation, sans déclaration, de vins, cidres, poirés, marcs, lies, fruits ou mélasses. (Art. 138 et 141, loi du 28 avril 1816.) S. C. A.

Les observations du n° 16, brasseurs, sont applicables aux bouilleurs de profession.

15 Introduction de vins, cidres et poirés sans expédition. (Art. 138, id.) S. C. A.

16 Recélé d'eau-de-vie. (Art. 138, id.) S. C. A.

Sont tenus de déclarer approximativement la quantité et le degré des eaux-de-vie qui doivent être fabriquées. Les Directeurs peuvent convenir avec eux d'une base d'évaluation pour la conversion des objets soumis à la distillation. Tout ce qui dépasse la base fixée doit être saisi, s'il y a tentative de le soustraire à la prise en charge. S'il n'y a pas de base, il y a recélé pour toute quantité soustraite à la prise en charge. Si l'excédant provient d'une introduction de boissons sans expédition, il faut opérer d'après le n° 5 du 4e tableau.

17 Prolongation du travail au-delà du nombre de jours indiqués. (Art. 141, id.) A.

18 Mise en distillation d'une plus grande quantité de matière que celle déclarée. (Art. 141, id.) A.

19 Défaut de représenter l'ampliation. (Même art.) A.

Si la déclaration n'a pas été faite, il faut appliquer le n° 13.

20 Refus d'exercice. (Art. 141, id.) A. (Voir ci-après le tableau comparé.)

L'art. 8 de la loi du 20 juillet 1837, assujettit les bouilleurs de profession à presque toutes les obligations des distillateurs, déclaration de profession, contenance des chaudières, épalement des vaisseaux, visites des employés, interdiction de toute communication.

21 Refus, par les bouilleurs de vins, marcs, fruits, mélasses, d'indiquer, dans leur déclaration, la force alcoolique du liquide mis en distillation. (Art. 10 de la loi du 20 juillet 1837.) A.

8e TABLEAU. — Cartes.

1 Importation de cartes fabriquées à l'étranger. (Art. 5, décret du 13 fructidor an 13.) C. A.

2 Fabrication, sans déclaration, sans licence et sans autorisation. (Art. 9, arrêté du 3 pluviôse an 6, et 166, loi du 28 avril 1816.) C. A.

La régie ne peut refuser la commission pour les chefs-lieux des départements et des arrondissements.

3 Fabrication de cartes de fraude, par un fabricant autorisé, dans un local non déclaré. (Art. 12, arrêté du 9 floréal an 6.) C. A.

On tolère la fabrication en papier libre, de cartes d'étrennes, pourvu qu'elles n'aient pas plus de vingt lignes sur quinze.

4 Fabrication de cartes à figures à portraits français sur un papier non filigrané. (Art. 1er, décret du 19 février 1810.) S. C. A.

5 Fabrication de cartes de points sur du papier non filigrané. (Art. 12, décret du 1er germinal an 13.) S. C. A.

6 Fabrication de cartes légales par un fabricant autorisé, dans un local autre que celui déclaré. (Art. 12, arrêté du 19 floréal an 6.) S. C. A.

—ooo—

7 Défaut de mettre une enveloppe sur chaque jeu, ou emploi de fausses enveloppes. (Art. 4, décret du 19 février 1810.) S. C. A.

Ces enveloppes doivent indiquer les noms, demeures, enseignes et signatures en forme de griffe des fabricants qui ont dû en déposer une empreinte.

—ooo—

8 Refus de classer les papiers-cartes destinés à la fabrication. (Art. 3, décret du 13 fructidor an 13.) A.

—ooo—

9 Défaut de tenir un registre de vente. (Art. 10, arrêté du 3 pluviôse an 6.) A.

—ooo—

10 Contrefaçon ou imitation des moules, timbres et marques ou l'emploi frauduleux de ces objets (Art. 2, décret du 16 juin 1808.) A.

Sans préjudice des autres peines portées au Code pénal.

—ooo—

11 Dépôt ou recélé de moules faux ou contrefaits. (Art. 10, décret du 19 février 1810.) S. C. A.

—ooo—

12 Dépôt ou recélé de moules à figures chez un fabricant. (Art. 11, décret du 1er germinal an 13.) S. C. A.

—ooo—

13 Dépôt ou recélé, chez un particulier, de moules à imprimer les cartes. (Art. 16, arrêté du 19 floréal an 6.) S. C. A.

—ooo—

14 Fabrication de moules propres à imprimer les cartes à portraits français. (Art. 2, décret du 16 juin 1808.) S. C. A.

S'il y a imitation des moules de la régie, il faut opérer comme au n° 10. Dans le présent cas, et ceux nos 10, 11, 12 et 13, on doit mettre les moules saisis sous le cachet de la régie et celui de la partie.

—ooo—

15 Défaut de déclaration par un graveur pour graver des moules de taraux et autres dont le format, la dimension, diffèrent des cartes usitées en France. (Art. 13, arrêté du 19 floréal an 6.) S. C. A.

L'usage des moules à portraits étrangers étant conservé, il n'y a lieu à verbaliser que si le graveur n'a pas fait de déclaration.

16 Transport ou circulation de cartes prohibées. (Art. 6, décret du 16 juin 1808.) S. C. A.

Lorsqu'il s'agit de cartes recoupées ou réassorties, il faut citer en outre l'art. 10 du décret du 16 juin 1808.

—o0o—

17 Dépôt de cartes prohibées chez un assujetti. (Art. 12, arrêtés du 3 pluviôse an 6 et du 19 floréal suivant.) S. C. A.

On ne peut saisir les cartes de fraude chez les débitants de boissons, que lorsqu'on en fait usage dans leur débit.

—o0o—

18 Colportage, distribution ou vente sans autorisation. (Art. 166, loi du 28 avril 1816.) C. A.

L'arrestation des contrevenants ne peut avoir lieu que pour la vente des cartes prohibées; il n'y a que simple contravention pour la vente des cartes légales. Le simple transport de cartes de fausses fabriques, sans bandes, est une contravention à l'article 166 précité, bien qu'aucune vente ne soit prouvée.

—o0o—

19 Usage de cartes prohibées dans les maisons où le public est admis. (Art. 167, id.) A. C., emprisonnement.

Il y aurait lieu à saisir des cartes d'étrennes si elles étaient trouvées entre les mains des joueurs.

—o0o—

20 Recoupe de cartes par les fabricants ou débitants; vente en entrepôt de cartes recoupées ou réassorties, qu'elles soient sous bandes ou sans bandes. (Art. 10 du décret du 16 juin 1808.) S. C. A.

—o0o—

21 Vente, par un débitant commissionné, de cartes à portraits français, autres que celles fabriquées avec les moules de la régie. (Art. 8, même décret, et art. 2 du décret du 9 février 1810.) S. C. A.

Les fabricants peuvent débiter, et sont soumis aux mêmes règles que les débitants ordinaires.

—o0o—

22 Vente par un débitant commissionné, de cartes à portraits étrangers, dépourvues de la légende de France et du nom du fabricant. (Art. 4 du décret du 16 juin 1808.) S. C. A.

—o0o—

23 Vente par un débitant de cartes quelconques, dépourvues de bandes de contrôle. (Art. 8, décret du 13 fructidor an 13.) S. C. A.

24 Vente de cartes sous bandes ou sans bandes, neuves ou ayant servi, par les commis des maisons de jeu, serviteurs, domestiques ou autres particuliers. (Art. 11, arrêté du 19 floréal an 6.) s. c. a.

Les simples particuliers ne sont tenus à aucune justification pour les cartes qu'ils possèdent, à moins qu'il n'y eût un dépôt découvert par suite d'un débit clandestin ou d'un colportage.

25 Achat de cartes par un débitant ailleurs que chez un fabricant commissionné. (Art. 11, arrêté du 3 pluviôse an 6.) a.

S'il s'agissait de cartes de fraude, il faudrait procéder comme au n° 17.

26 Défaut par un débitant de tenir un registre d'achat et de vente. (Art. 11, même arrêté.) a.

27 Défaut par les entrepreneurs, directeurs de cafés, clubs et maisons où l'on donne à jouer, de tenir un registre d'achat. (Art. 11, même arrêté.) a.

28 Refus de souffrir les exercices. (Art. 13, arrêté du 3 pluviôse an 6.) a.

Les membres d'une réunion où l'on donne à jouer, sont tenus aux visites.

9e TABLEAU. — Voitures publiques.

1 Mise en circulation de voitures sans déclaration. (Art. 117, loi du 25 mars 1817.) s. c. a.

En cas de saisie on doit laisser continuer le voyage, mais sous la caution juratoire du conducteur. On n'est tenu à déclarer que les voitures que l'on met en circulation. — Les voitures de convois militaires n'y sont point assujetties, pas plus que celles des selliers et carrossiers, à moins qu'ils ne les louent à des loueurs de chevaux qui transportent des voyageurs à prix d'argent. — Les voitures des maîtres de postes sont exemptes de toutes formalités d'un relais à l'autre.

2 Mise en circulation de voitures sans estampilles. (Art. 117, id.) A.

3 Circulation sans laissez-passer. (Art. 117, id.) S. C. A.

Le laissez-passer ainsi que la licence doivent être renouvelés tous les ans. — Les gendarmes ne peuvent verbaliser en matière de voitures publiques.

4 Circulation avec un laissez-passer inapplicable. (Art. 116 et 117, id.) S. C. A.

5 Circulation avec un laissez-passer expiré. (Art 115 et 117 id.) S. C. A.

6 Refus ou défaut de représenter le laissez-passer. (Art. 117 et 118, id., et 8 du décret du 14 fructidor an 12.) S. C. A.

Les employés d'octroi peuvent verbaliser en matière de voitures publiques.

7 Déplacement des estampilles sans déclaration pour les appliquer à de nouvelles voitures. (Art. 117, loi du 25 mars 1817.) A.

Si une voiture non déclarée et sur laquelle l'estampille d'une autre voiture a été appliquée, circule avec un laissez-passer inapplicable, la contravention rentre dans le cas prévu n° 4; la voiture est saisissable.

8 Voies de fait. (Art. 11, décret du 14 fructidor an 12.) A.

9 Mise en circulation pour un service régulier, de voitures déclarées comme partant d'occasion ou à volonté. (Art. 115, id.) A.

Ce n'est pas le nombre de voyages, plus ou moins fréquents, d'une ville à une autre, qui peut seul constituer un service régulier. On doit s'attacher à établir la contravention sur des faits positifs tels que l'établissement d'un bureau de départ et d'arrivée, la publication ou distribution d'avis généraux, etc., etc.

10 Fausse déclaration en service régulier du nombre et du prix des places. (Art. 116, id.) A.

La place du conducteur ne doit pas être comptée. — La rétribution du conducteur fait partie du prix des places, si elle excède le dixième. — Les places dites impériales sont sujettes aux droits.

11 Défaut, par un entrepreneur d'un service régulier, d'avoir un registre ou d'y porter, jour par jour, les objets qui doivent y être inscrits. (Art. 3, décret du 14 fructidor an 12.)

Ces registres ne sont plus soumis au timbre.

Le droit du dixième du prix du transport des marchandises s'établit sur le vu des registres contrôlés par les feuilles de route. — Les fourgons qui suivent les diligences, mais qui ne transportent que des marchandises ne sont pas soumis aux droits.

12 Refus de représenter ledit registre. (Art. 4, loi du 25 mars 1817.) A.

Ces registres doivent être communiqués sans déplacement.

13 Défaut par le conducteur d'une voiture en service régulier, d'être muni d'une feuille de route ou d'y avoir porté les objets qui doivent y être inscrits. (Art. 5, id.) A.

Le transport des marchandises non inscrites sur la feuille de route ne donne lieu qu'à l'amende, et la voiture ne peut être saisie si elle est en règle sous le rapport de l'estampille et du laissez-passer.

14 Refus de représenter cette feuille aux employés. (Art. 6, id.) A.

15 Refus de permettre aux employés d'assister au chargement et au déchargement des voitures en service régulier. (Même art.) A.

16 Emploi de faux registres, de fausses feuilles de route ou de faux enregistrements. (Art. 10, même loi.) A.

Dans ce cas les pièces fausses, signées ou paraphées des saisissans NE VARIETUR, seront annexées au procès-verbal qui contiendra la sommation faite à la partie de les parapher, et sa réponse.

17 Défaut par un simple particulier, en service accidentel, de se munir et de représenter son laissez-passer. (Art. 11 de la loi du 20 juillet 1837.)

N'est tenu ni à déclaration, ni à licence, ni à estampille.

10e TABLEAU. — **Tabacs.**

1 Importation de tabacs fabriqués à l'étranger. (Art. 173, loi du 28 avril 1816.) C. A.

On doit toujours saisir à la requête de l'administration des douanes les tabacs et moyens de transport.

2 Plantation de tabacs sans déclaration et sans permission, sur un terrain ouvert. (Art. 180, id.) A.

La culture des tabacs n'est permise que dans les départements du Bas-Rhin, Bouches-du-Rhône, Ille-et-Vilaine, Lot, Lot-et-Garonne, Nord, Pas-de-Calais et Vard.

3 Plantation sur un terrain clos de murs. (Même art.) Amende de 1 fr. 50 c. par pied.

L'amende est de 150 fr. par cent pieds de tabac (terrain ouvert), et de 150 fr. si le terrain est clos; elle doit être réglée en proportion du nombre de pieds, au-dessous de cent comme au-dessus.

On ne peut pénétrer dans un lieu clos qu'accompagné d'un commissaire de police.

4 Plantation d'une étendue de terrain ou d'un nombre de pieds de tabac excédant de plus d'un cinquième la quantité déclarée. (Art. 193, id.) A., de 25 c. par pied.

5 Dépôt de tabacs en feuilles chez un particulier non autorisé à planter. (Art. 217, id.) S. C. A.

Les pharmaciens, les propriétaires de bestiaux, et les artistes vétérinaires peuvent avoir des tabacs en feuilles, mais ne peuvent les acheter que de la régie.

6 Dépôt de tabacs en feuilles chez un planteur autorisé, après l'époque fixée pour la livraison. (Art. 207.) S. C. A.

7 Même dépôt chez un cultivateur autorisé à planter pour l'exportation, après l'époque fixée pour l'exportation. (Même art.) S. C.

8 Circulation de tabacs en feuilles sans expédition. (Art. 215, id.) C. A.

9 Fabrication illicite de tabacs. (Art. 172 et 221, id.) S. C. A.

La fabrication des tabacs factices est interdite par la loi du 12 février 1835.

---

10 Dépôts de tabacs fabriqués, autres que ceux des manufactures royales. (Art. 217, id.) S. C. A.

Tout détenteur peut avoir dix kilo, à moins que ce ne soient des tabacs de fraude. — Les aubergistes sont responsables des tabacs trouvés chez eux, quel qu'en soit le propriétaire.

---

11 Dépôt de tabac de cantine dans les lieux où la vente n'est pas autorisée. (Art. 219, id.) S. C. A.

Cette autorisation a lieu par ordonnance du roi.

---

12 Circulation de tabacs fabriqués soit en quantité d'un à dix kilo, sans laissez-passer ou sans marque de la régie, soit en quantité au-dessus de dix kilo sans acquit-à-caution, ou de tabacs de fraude quelle qu'en soit la quantité. (Art. 215, id.) Saisie, confiscation des tabacs et moyens de transport et amende.

Il ne s'agit ici que de simples transports.

---

13 Dépôts de tabacs fabriqués, même ceux des manufactures royales, en quantité au-dessus de dix kilo, s'ils ne sont revêtus des marques de la régie.

---

14 Colportage de tabacs, que les colporteurs soient surpris ou non à en faire la vente. (Art. 222, id.) S. C. A., et arrestation.

On ne considère en général comme colporteurs que les marchands ambulants et les contrebandiers. Les colporteurs sont constitués prisonniers, mais seulement pour sûreté de l'amende; car s'ils en déposent le maximum qui est de 1,000 francs, ils doivent être mis en liberté, à moins qu'il n'existe d'autres charges contre eux; autrement, en vertu de l'art. 224 de la loi du 28 avril 1816, ils doivent être conduits sur-le-champ devant un officier de police judiciaire, ou remis à la force armée, ou conduits devant le juge compétent. Une copie du procès-verbal doit toujours accompagner les fraudeurs lorsqu'ils sont conduits devant le magistrat.

---

15 Vente de tabacs à domicile sans commission de la régie. (Art. 172, id.) S. C. A.

En cas de vente de tabacs de fraude par les débitants, il faut appliquer l'art. 222 id. comme au n° 14. Les simples particuliers qui vendent du tabac de la régie ne sont qu'en contravention à l'article 172.

16 Addition ou mélange de matières hétérogènes dans les tabacs de la régie par les entreposeurs et débitants. (Art. 227, id.) Amende et emprisonnement.

On doit lever des échantillons cachetés.

17 Dépôt d'ustensiles de fabrication qui ne sont pas sous les scellés de la régie. (Art. 220, id.) S. C.

La possession de ces ustensiles suffit pour établir la contravention.

18 Contrebande de tabacs avec attroupement, à main armée. (Art. 222, id.) S.

Arrestation des contrebandiers qui sont conduits immédiatement comme il est dit au n° 14.

11e TABLEAU. — Sels.

1 Etablissement d'une fabrique de sel à la chaudière, sans déclaration. Art. 51, loi du 24 avril 1806.) S. C. A.

2 Enlèvement d'eau salée des puits, sources, réservoirs, conduits et magasins des salines de l'Est. (Art. 1er, décret du 18 août 1807.) S. C. A.

3 Enlèvement de sel des magasins, sans que le fabricant se soit fait représenter le permis des douanes ou des contributions indirectes. (Art. 20, décret du 11 juin 1806.)

Double droit sur le sel vendu.

4 Refus dans les fabriques et salines de l'intérieur, de souffrir en tout temps les exercices. (Art. 8, même décret.) A.

5 Transport de sel sans déclaration et sans expédition, dans les trois lieues des côtes ou des fabriques et salines de l'intérieur et les quatre lieues des frontières de terre. (Art. 2, id.) S. C. A.

6 Transport de sel dans les mêmes rayons avant le lever du soleil ou après son coucher, à moins d'autorisation exprimée sur l'expédition. (Art. 6, id.) S. C. A.

7 Transport de sel dans les mêmes rayons sur une autre route que celle indiquée par l'expédition. (Art. 3 et 6, id.) S. C. A.

8 Transport de sel dans les mêmes rayons avec une expédition dont le délai est expiré. (Art. 6, id.) S. C. A.

9 Défaut d'identité entre le sel transporté dans les mêmes rayons et l'expédition représentée. (Art 3, id.) S. C. A.

10 Etablissement d'une salpêtrerie sans déclaration. (Art. 5, décret du 16 février 1807.) C. A.

11 Fabrication de sel ignifère sans l'autorisation de l'administration des douanes dans les pays appelés Quart-bouillon. (Art 6, ordonnance royale du 19 mars 1817.) S. A.

12e TABLEAU. — **Poudres à feu.**

1 Fabrication de poudre à feu hors les poudrières de l'Etat. (Art. 24, loi du 13 fructidor an 5.) S. C. A.

Les employés doivent requérir l'arrestation des ouvriers employés à la fabrication.

2 Vente de poudre sans commission. (Même loi.) S. C. A. et même art.

On doit verbaliser contre tous particuliers, autres que les débitants, surpris à vendre de la poudre.

3 Dépôt de poudre à feu en quantité au-dessus de cinq kilo, chez un particulier non autorisé. (Même art.) S. C. A.

4 Vente de poudre de contrebande par un débitant commissionné, ou dépôt de la même poudre dans son domicile. (Art. 36, id.) S. C. A.

Les débitants ne peuvent vendre la poudre de mine qu'avec autorisation.

5	Dépôt de poudre de guerre en quelque quantité ou chez quelque particulier que ce soit. (Art. 4, décret du 23 pluviôse an 13.) S. C. A. Les artificiers peuvent avoir de la poudre de guerre avec autorisation.
6	Transport de poudre en quantité au-dessus de 5 kilo, sans passe-port de l'autorité compétente, visé à la municipalité du lieu de départ. (Art. 30, loi du 13 fructidor an 5.) S. C. A.
7	Introduction dans le royaume de poudres étrangères. (Art. 21, id.) S. C. A.

13e TABLEAU. — Navigation.

L'initiale L. exprime la loi du 9 juillet 1836.
L'initiale O. exprime l'ordonnance du 15 octobre suivant.

ART		OBJETS.	DÉVELOPPEMENTS.
10	L.	Jaugeage.	Nul bateau ne peut naviguer sans être jaugé.
2	O.		Le jaugeage est métrique d'après l'instruction ministérielle.
3	O.		La faculté de jaugeage est réciproque.
2	L.	Échelles..	Les échelles sont métriques, incrustées;
4	O.		Une de chaque côté du bateau;
5	O.		Défense de les placer;
6	O.		Les réparer en cas d'accident.
8	O.		Les bateaux qui ne font qu'un voyage, dispensés; mais ils ne peuvent naviguer à vide.
5	L.	Bateaux..	S'il y a des voyageurs, 1re classe, 1/10e de tonneau par voyageur.
10	O.	id. vides.	Exempts, mais sujets à la déclaration.
11	L.	Sapines...	Paiement après déchargement et avant dépécement.
17	L.	Bat. à vap.	Distraire le poids de la machine et du combustible.

ART		OBJETS.	DÉVELOPPEMENTS.
8	L.	Bascules. .	Imposées en raison du volume extérieur en mètres cubes.
»	»		Chaque mètre un tonneau.
9	O.		Vides, exemptes mais déclarées.
2	L.	Trains. . .	Espaces vides distraits.
7	L.		Chargés de marchandises, double droit.
1	L.	Tarif et perception.	Etablis par distance de 5 kilomètres et par tonneau de 1,000 kilogrammes.
3	L.		1re classe, 1 centime 75 millièmes, tout ce qui n'est pas 2e classe.
3	L.		2e *idem*, 0 centime 75 millièmes, combustibles, matériaux, engrais, minerai, etc., etc.
4	L.		Au-dessus du dixième du chargement, tout est 1re classe.
11	O.		Perception au passage devant chaque bureau.
9	L.	Exemption.	Bateaux et bascules vides, marine, ponts et chaussées. Pêches, propriétaires ou fermiers autorisés.
11	O.	Conductrs ou Mariniers.	Moyens de se rendre à bord.
12	L.		Faire connaître le tirant d'eau, si payé d'avance.
18	L.		Si payé à charge complète, 1re classe, laissez-passer.
14	L.		Si payé à l'arrivée, acquits.
14	O.		Représentation des procès-verbaux de jaugeage.
15	L.	Expéditions et lettr. de v.	Prise du laissez-passer.
16	L.		Représentation des expéditions et des lettres de voiture.
20	L.	Agents responsab.	Propriétaires et mariniers responsables de leurs agents ou domestiques.
16	L.	Verbalisants	Employés, régie, douane, octroi, navigation. Eclusiers, maîtres de ponts et pertuis.
20	L.	Pénalité. .	Amende de 50 à 200 francs, pas de saisie, si ce n'est en cas d'insolvabilité pour sûreté de l'amende.

14e TABLEAU. — **Bacs et bateaux.**

1 Refus de payer les sommes portées au tarif. (Art. 48, loi du 6 frimaire an 7.) A.

Les employés dans l'exercice de leurs fonctions sont exempts du droit de passage.

2 Même refus avec injures, menaces, violences et voies de fait. (Même art.) A., et emprisonnement.

3 Perception d'une rétribution quelconque par un particulier ayant un bateau autorisé ou non, dans les limites du port du bac affermé. (Art. 58, id.) A.

15e TABLEAU. — Garantie.

1 Fabrication de faux poinçons. (Art. 19, loi du 19 brumaire an 6.) C. travaux forcés, vingt ans.

2 Usage de vrais poinçons par d'autres personnes que les employés préposés à cet effet. (Art. 110, id.) Réclusion.

Lorsqu'on ne fait pas usage des poinçons, ils doivent être renfermés dans une caisse à trois serrures, dont le contrôleur, l'essayeur et le receveur ont chacun une clé.

3 Mise en vente ou dépôt, avec connaissance, d'ouvrages sur lesquels les marques des poinçons seraient entées, soudées ou contretirées. (Art. 108, id.) C., et six années de fers.

4 Mise en vente ou dépôt, avec connaissance, d'ouvrages marqués de faux poinçons. (Art. 109, id.) A. C.

5 Présentation à l'essai, d'ouvrages d'or, de vermeil ou d'argent, fourrés d'une matière étrangère. (Art. 65, loi du 18 brumaire an 6.) C., A. de vingt fois la valeur.

L'essayeur peut faire couper en présence du propriétaire les ouvrages soupçonnés.

Si la fraude est reconnue on doit saisir les ouvrages, autrement le dommage doit être payé sur-le-champ.

6 Défaut de représenter en douane les ouvrages d'or et d'argent venant de l'étranger. (Art. 23, id.) S. C. A.

7 Mise en vente d'ouvrages introduits de l'étranger en exemption d'après l'article 23, sans qu'ils aient été marqués et soumis au droit. (Art. 24, id.) S. C. A., et la marque.

8 Mise en vente d'ouvrages d'or et d'argent déposés au Mont-de-Piété et autres dépôts de vente, avant que lesdits ouvrages aient été soumis au droit et à la marque. (Art. 28, loi du 19 brumaire an 6.) S. C. A.

9 Mise dans le commerce de lingots et matières d'or et d'argent affinés, pour lesquels les droits n'ont point été acquittés et qui sont dépourvus de marque. (Art. 29, id.) S. C.

10 Refus par un assujetti à la garantie, de souffrir les recherches et vérifications des employés lorsqu'ils sont accompagnés d'un commissaire de police. (Art. 101 et 105, id.) A.

On peut entrer en tout temps chez un assujetti soumis à la marque d'or et d'argent. L'absence d'un officier de police rend nulles toutes les opérations.

Horlogerie. — *Ouvrages vieux.*

11 Défaut de la marque du poinçon spécial sur les boîtes des montres et autres ouvrages d'horlogerie en or ou en argent fins, trouvés chez un assujetti à la garantie. (Art. 1er, ordonnance du 19 novembre 1821.) C. A.

On ne peut saisir les mouvements des montres.

12 Défaut par tout individu travaillant et fabricant des ouvrages d'or et d'argent, d'y tenir un registre et d'y inscrire à l'instant même les ouvrages vieux qu'il reçoit chez lui. (Art. 14, déclaration du 26 janvier 1749.) A. S. C.

13 Défauts par lesdits assujettis d'effacer sur leurs registres les ouvrages qui y sont portés en vertu de l'art. 14, à mesure qu'ils sont rendus, ou de les représenter à toute réquisition des employés. (Art. 16, id.) A.

14 Défaut par lesdits assujettis de porter au bureau, pour y être marqués et les droits acquittés, les ouvrages vieux ou réputés vieux qu'ils achètent pour leur compte ou pour les vendre, et ce dans les vingt-quatre heures de l'enregistrement; ou défaut d'avoir brisé lesdits ouvrages. (Art. 17, id.) A. C.

Fabricants et Marchands d'ouvrages d'Or et d'Argent.

15 Établissement d'une fabrique d'or et d'argent sans déclaration à la préfecture et à la mairie et sans y avoir fait insculper le poinçon du fabricant. (Art. 72, loi du 19 brumaire an 6.) A. S. C.

16 Établissement d'une orfévrerie sans déclaration à la mairie. (Art. 73, id.) A. S. C.

17 Défaut de marque sur les ouvrages achevés existant chez les fabricants et marchands. (Art. 77, id.) A. S. C.

18 Défaut par les fabricants et marchands d'avoir un registre et d'y inscrire les ouvrages d'or ou d'argent qu'ils vendent et achètent. (Art. 74, id.) A. S. C.

19 Refus de représenter leur registre à toute réquisition. (Art. 76, id.) A.

20 Achat par eux de personnes inconnues ou n'ayant pas de répondant connu. (Art. 75, id.) A.

21 Défaut d'avoir affiché le tableau énonçant les articles de la loi relatifs aux titres de la vente des ouvrages d'or et d'argent. (Art. 78, id.) A.

22 Défaut de remettre aux acheteurs le bordereau énonciatif des ouvrages vendus. (Art. 79, id.) A.

Fabricants et Marchands de galons, tissus, broderies et autres ouvrages en fil d'Or et d'Argent.

---

23 Établissement de ces fabricants et marchands, sans déclaration à la mairie. (Art. 73 et 81, loi du 19 brumaire an 6.) A.

24 Défaut par eux de tenir un registre et d'y inscrire leurs achats et ventes. (Art. 74 et 81, id.) A.

25 Refus par eux de représenter ledit registre à toute réquisition. (Art. 76 et 81, id.) A.

26 Achat par eux de personnes inconnues ou sans répondant connu. (Art. 74 et 81, id.) A.

27 Défaut d'avoir affiché dans leur magasin ou boutique le tableau indiqué. (Art. 78 et 81, id.) A.

28 Défaut de remettre aux acheteurs le bordereau énonciatif indiqué n° 22. (Art. 79 et 81, id.) A.

29 Vente, pour fins, d'ouvrages en or et en argent faux. (Art. 81, id.) A. C., et emprisonnement.

Joailliers.

---

30 Défaut de tenir un registre et d'y inscrire jour par jour les ventes et achats (Art. 86, loi du 19 brumaire an 6.) A.

31 Défaut de remettre à l'acheteur le bordereau énonciatif de la nature et de la forme de chaque ouvrage ainsi que de la qualité des pierres. (Art. 87, id.). A.

32 Mélange de pierres fausses avec les fines, sans le déclarer à l'acheteur. (Art. 89, id.) A.

33 Défaut de marques sur les ouvrages achevés, susceptibles de supporter l'empreinte des poinçons. (Arrêté du 1er messidor an 6.) A. S. C.

Marchands ambulants.

34 Mise en vente d'objets d'or et d'argent dans une commune, sans que le marchand se soit présenté à la mairie. (Art. 92, loi du 19 brumaire an 6.) A. S. C.

35 Défaut par le marchand ambulant de représenter au maire ou à son adjoint le bordereau des orfèvres qui lui ont vendu les ouvrages d'or dont il est porteur. (Même art.) A. S. C.

36 Défaut de marques sur ces ouvrages. (Art. 94, même loi.) A. S. C.

Fabricants de Plaqué et Doublé d'Or et d'Argent sur Métaux.

37 Établissement d'une fabrique de plaqué sans déclaration à la mairie, à la sous-préfecture ou à l'administration des monnaies. (Art. 95, loi du 19 brumaire an 6.) S. C. A.

38 Défaut par le fabricant d'apposer sur chaque ouvrage son poinçon, le chiffre indicatif de la quantité d'or et d'argent et le mot DOUBLÉ. (Art. 97, id.) S. C. A.

39 Défaut de tenir un registre et d'y inscrire jour par jour les ventes faites par le fabricant. (Art. 98, id.) S. C. A.

40 Refus de remettre aux acheteurs le bordereau énonciatif de l'ouvrage vendu. (Même art.) S. C. A.

41 Achat de matières et ouvrages d'or et d'argent, de personnes inconnues ou n'ayant pas de répondant connu. (Art. 100, même loi.) A.

Affineurs.

42 Travail pour le commerce, sans déclaration à la mairie, à la préfecture ou à l'administration des monnaies. (Art. 113, loi du 19 brumaire an 6.) A. S. C.

43 Réception de matières non essayées et tirées par un essayeur public, autre que celui qui doit juger le lingot affiné. (Art. 144, id.) A. S. C.

44 Défaut de délivrer la reconnaissance indicative de la nature, poids, titre et numéros de ces matières. (Art. 115, id.) A. S. C.

45 Défaut de tenir un registre et d'inscrire jour par jour et par ordre de nos les matières apportées à l'affinage et celles rendues après l'affinage. (Art. 116, id.) A. S. C.

46 Défaut par l'affineur d'insculper son nom en toutes lettres sur les lingots affinés. (Art. 117, id.) A. S. C.

47 Défaut de faire marquer les lingots affinés avant de les rendre au propriétaire. (Art. 29 et 117, id.) A. C.

16e TABLEAU. — **Octrois.**

1 Introduction ou passage devant un bureau de perception d'objets soumis aux droits, sans déclaration préalable, dans les villes où la perception s'opère à l'entrée. (Art. 28 et 29 de l'ordonnance du 9 décembre 1814.) S. C. A.

Les moyens de transport ne sont saisissables à défaut de caution, que pour sûreté de l'amende.

Ceux qui introduisent par escalade des objets soumis aux droits, peuvent être arrêtés.

2 Déchargement ou introduction à domicile des objets dans les villes où la perception s'effectue au bureau central, ou au-delà des bureaux d'entrée dans les villes où elle a lieu aux portes. (Art. 28 et 34, id.) S. C. A.

3 Fausse déclaration de la quantité des objets soumis au tarif. (Art. 29, id.) S. C. A.

4 Fausse déclaration de l'espèce desdits objets. (Même art.) S. C. A.

5 Présentation, à la sortie, d'objets autres que ceux déclarés au passe-debout, en transit ou en entrepôt, ou en quantité inférieure à celle pour laquelle le certificat de sortie est réclamé. (Art. 28 et 29 de l'ordonnance précitée.) S. C. A.

La fausse déclaration à la sortie produit le même effet que la fausse déclaration à l'entrée; elle doit être punie des mêmes peines. — La saisie n'est que fictive. On prend pour base d'évaluation le prix courant des boissons; on ne saisit les moyens de transport que pour sûreté de l'amende. Il est essentiel de prendre des échantillons cachetés de l'objet en litige.

6 Préparation, fabrication ou récolte dans l'intérieur sans déclaration préalable d'objets compris au tarif. (Art. 36 de l'ordonnance ci-dessus.) S. C. A.

7 Fausse déclaration des objets préparés, fabriqués ou récoltés dans l'intérieur. (Art. 28 et 36, id.) S. C. A.

8 Refus de souffrir la vérification des voitures, caisses, ballots, paniers et autres enveloppes susceptibles de contenir des objets soumis aux droits. (Art. 28, id.) A.

L'article 9 de la loi du 24 mai 1834 permet de faire des visites sur toutes les voitures suspendues, indistinctement, dans les villes ayant un octroi.

9 Refus de laisser entrer les préposés de l'octroi, par un propriétaire récoltant, nourrisseur de bestiaux, boucher, charcutier et autres, soumis aux visites par le réglement. (Art. 36, id.) A.

10 Opposition aux fonctions des employés. (Art. 15, loi du 27 frimaire an 8.) A.

17e TABLEAU. — **Sucres indigènes.**

Analyse des ordonnances réglementaires.

NUMÉROS D'ORDRE.	OBJETS.	ARTICLES DE la loi 18 juill. 1837.	ARTICLES DE l'ordonnance 4 juillet 1838.	ARTICLES DE l'ordonnance 24 août 1840.	DÉVELOPPEMENTS.
1	ÉTABLISS. DE DROIT	1	1	»	Loi du 18 juillet 1837, qui fixait le droit à 15 fr. par 100 kilogrammes de sucre brut.
2	TYPES..				Cinq classes (art. 5 de la loi du 3 juillet 1840), savoir : 1er type, 25 fr.; 2e type, 27 fr. 75 cent.; 3e type, 30 fr. 50 c.; 4e classe, 33 fr. 30 c.; 5e classe, 36 fr. 10 c., et le décime en sus.
		»	3	»	Déposés au greffe du tribunal de première instance.
3	DÉCLARATIONS..	»	4	»	1°, D'établissement 15 jours avant la fabrication. 2°, De la contenance des vaisseaux et des réservoirs. — Épalement.
		»	6	»	3°, De changement dans le nombre et la contenance des vaisseaux.
		»	9	»	4°, Des heures de travail, des procédés employés. — Des changements dans les procédés. — De suppression et de reprise des travaux.
		»	»	5	5°, La déclaration des locaux s'étend aux magasins ou dépôts possédés dans la commune et les communes limitrophes.
4	LICENCE.. . . .	»	5	»	D'après les deux premiers paragraphes de l'art. 171 de la loi du 28 avril 1816.
5	FABRIQUE. . . .	»	7	»	Portera à l'extérieur : FABRIQUE DE SUCRE.
6	EXERCICES . . .	3	8	3	Visites et vérifications de tous les locaux, même de nuit, si la fabrique est en activité — Communications intérieures interdites.
7	REGISTRES.. . .	»	10	»	1°, De défécation; 2°, du résultat des opérations tenu par le fabricant et visé, à chaque exercice, par les employés.
		»	»	1	2°, Le registre des défécations, 182, et la boîte aux bulletins doivent être placés dans la partie de l'atelier où se trouvent les chaudières à déféquer.
8	ABONNEMENTS..	»	11	»	Conventions relatives au nombre des défécations.
9	CHARGES. . . .	»	»	5	1°, Comptes chargés au minimum de douze hectogrammes de sucre brut au premier type par cent litres de jus, et par chaque degré du densimètre au-dessus de cent à la température de quinze degrés.
		»	»	6	2°, Dans les fabriques où les procédés ordinaires de défécation ne sont pas suivis, prise en charge en raison de ces procédés mêmes ou par une base de gré à gré.
		»	18	8	3°, Sucres indigènes ou exotiques, ayant acquitté les droits, ne sont pris en charge, pour mémoire, que pour la quantité de sucre au premier type qu'ils représentent; mais on doit au préalable déclarer, et les employés reconnaître les quantités.

NUMÉROS D'ORDRE.	OBJETS.	ARTICLES DE la loi 18 juill. 1837.	ARTICLES DE l'ordonnance 4 juillet 1838.	ARTICLES DE l'ordonnance 24 août 1840.	DÉVELOPPEMENTS.
10	MAGASINS ou DÉPÔTS.	»	»	3	1°, Un compte ouvert pour chacun.
		»	»	3	2°, Sucres trouvés dans ces magasins et non déclarés, saisis.
		»	»	3	3°, On ne pourra y transporter des sucres de la fabrique, ou en faire sortir de ces magasins, qu'avec acquit-à-caution. — Prise en charge.
		»	»	3	4°, A la sortie des magasins, remplir les formalités de l'art. 9, nombre 14, § 2.
11	JUS.	»	13	»	1°, S'évalueront d'après la contenance des chaudières, moins 12 1/2 pour o/o pour le vide moyen de ces chaudières.
		»	»	1	2°, On n'a décharge des sirops et mélasses versés dans les chaudières de défécations, qu'autant qu'on indique chaque fois le volume en litres de ces matières sur le registre de défécation.
12	VIDE.	»	14	»	Mais ce vide est facultatif jusqu'à la limite fixée ; au-delà, contravention.
13	COLIS ET SACS. .	»	19	»	Caisses et futailles, 100 kilo. ; sacs, 50 kilo.; appoint, au-dessous, toléré. Les sucres vérifiés et plombés peuvent être enlevés de nuit. Le sucre candi peut être transporté dans des sacs de 25 kilo.
		»	»	12	
14	ENLÈVEMENT. .	»	»	3	1°, Les sucres ne pourront être transportés de la fabrique au magasin ou dépôt, ni sortir qu'avec acquit-à-caution.
		»	»	9	2°, Vingt-quatre heures avant l'enlèvement dans les villes, et 36 heures dans les campagnes, déclaration de sortie de la fabrique et prise d'acquit-à-caution.
		»	»	10	3°, L'enlèvement, avant les délais fixés, entraîne le droit au troisième type, si on ne raffine pas, et de quatrième classe, si on raffine. — Amende.
		»	»	10	4°, Aucune surtaxe, si les employés ne se sont pas présentés, ou si l'on a fait vérifier et plomber d'avance les colis que l'on veut expédier.
		»	20	»	5°, En cas d'enlèvement, on devra se conformer au délai accordé pour le transport.
15	EXPÉDITIONS. .	»	25	»	1°, Seront exhibées dans les communes où il existe des fabriques, et dans les communes limitrophes.
		»	21	»	2°, Les acquits seront réglés dans la forme ordinaire. — Coût ordinaire.
		»	«	11	3°, Les non-fabricants ne pourront faire circuler les sucres libérés, dans une commune où il existe une fabrique ou dans les communes limitrophes, qu'avec laissez-passer contenant les mêmes indications que les acquits. — Aucune vérification chez l'expéditeur. (Voir nombre 14, § 2.)

NUMÉROS D'ORDRE.	OBJETS.	ARTICLES DE la loi 18 juill. 1837.	l'ordonnance 4 juillet 1838.	l'ordonnance 24 août 1840.	DÉVELOPPEMENTS.
16	DISTILLATION et CONCENTRATION DES JUS.	»	»	2	1°, Pour distiller le jus de betteraves, il faut que l'établissement soit séparé de la fabrique par la voie publique.
		»	»	16	2°, Ceux qui préparent ou concentrent des jus sont soumis aux mêmes obligations que les fabricants, moins la licence.
17	SIROPS ET MÉLASSES.	»	17	»	Contenant encore du sucre cristallisable, ne pourront être enlevés qu'avec acquit et à destination d'une autre fabrique. — Décharge après prise en charge.— Evaluation de gré à gré ou par experts.
18	MÉLASSES. . . .	»	22	»	Aucune formalité, si elles ne contiennent plus de sucre cristallisable.
19	INVENTAIRES ET RECENSEMENT.	»	24	»	1°, Du 1er au 15 août de chaque année, ou au moment de la cessation des travaux, si elle a lieu plus tôt, et dans tous les cas, quinze jours au moins avant la nouvelle fabrication.
		»	»	7	2°, Outre l'inventaire annuel ci-dessus, recensement avant l'ouverture de chaque campagne et après la cessation des défécations.
		»	»	14	3°, Dans ces opérations, ainsi que dans les vérifications des chargements, les fabricants et destinataires sont tenus de fournir les ouvriers, poids, balances et ustensiles nécessaires.
20	EXCÉDANTS. . .	»	»	3	Les excédants aux charges, lors des recensements et inventaires DANS LES MAGASINS OU DÉPÔTS, seront saisis et les manquants soumis aux droits.
		»	»	7	Lors des inventaires et recensements, les excédants seront portés en compte comme produit de la fabrication, et les manquants immédiatement soumis aux droits.
21	FABRICANTS LIBÉRÉS.	»	»	4	S'ils paient immédiatement en cessant le droit sur tous ses sucres, et s'ils expédient les sirops et mélasses sur une autre fabrique ou sur une distillerie, plus d'exercice.
22	EXPERTS. . . .	»	»	15	En cas de désaccord dans l'évaluation des sucres imparfaits, sirops ou mélasses, ou des sucres qui auront déjà été soumis à l'impôt, expertise, dont les frais seront supportés par la partie qui aura tort.
23	DROITS.	»	22	»	Réglés par mois d'après les quantités enlevées, déduction faite de 2 pour o/o du poids net et de la tare réelle.
24	OBLIGATIONS. .	»	»	13	De 300 fr., à quatre mois de date; ou, pour se libérer au comptant, escompte de 4 pour o/o.
25	PÉNALITÉS. . .	3	26	17	Amende de 100 à 600 fr. et droits fraudés. Confiscation des sucres, sirops et mélasses fabriqués, enlevés ou transportés en fraude (art. 12 de la loi du 10 août 1839).
26	CONTRAVENTIONS.	»	»	»	Constatées et poursuivies comme en matière de contributions indirectes.

Nomenclature des Boissons, Liquides et Fruits soumis aux droits.

Ordonnance du 24 *août* 1840.

DÉNOMINATIONS PARTICULIÈRES.	CLASSES SUIVANT LESQUELLES LES DROITS DOIVENT ÊTRE PERÇUS.
Absinthe (extrait d')........ Alkermès................ Andaye (eau-de-vie d').... Anisette..................	Comme liqueurs ou alcool.
Bières....................	Ne sont soumises qu'au droit de fabrication. Lorsqu'elles sont soumises au droit d'octroi, elles doivent être saisies à défaut de déclaration.
Cidres et Poirés............	Soumis sans distinction de qualités ni de vases.
Crêmes....................	Voyez liqueurs.
Demi-vin. — Petit-Cidre.....	Comme vin et cidre.
Eaux de Cerises............ Eaux-de-Vie et Esprits......	Sont soumis aux droits sans distinction de qualités; seulement d'après le degré des eaux-de-vie, et suivant qu'elles sont en cercles ou en bouteilles.
Eau de Cologne............ Eau de Lavande........... Eau de Mélisse............ Eau de la reine de Hongrie... Eaux de senteur............ Eaux-de-vie et Esprits altérés..	Ces eaux ne sont soumises à aucune formalité pour la circulation, mais elles paient le droit d'entrée.
Elixir de Garus............	Comme liqueurs.
Esprits....................	Voyez eaux-de-vie et esprits.
Ether.....................	Comme eaux-de-vie et esprits altérés.
Genièvre (eaux-de-vie de)....	Comme eaux-de-vie.
Huiles.....................	Soumises aux droits comme eaux de senteur, s'il n'y a aucun mélange de sucre, ou comme liqueurs, si elles sont sucrées.
Hydromel..................	Comme cidre.
Jus de citron..............	Voyez sirop de punch.
Kirschwasser............... Koüetschwasser............	Comme eaux-de-vie.
Liqueurs..................	Sont soumises aux droits, sans distinction de qualités et de vases.

DÉNOMINATIONS PARTICULIÈRES.	CLASSES SUIVANT LESQUELLES LES DROITS DOIVENT ÊTRE PERÇUS.
Piquettes	Sont traitées comme vins.
Rack..........................	Comme eaux-de-vie.
Ratafia.......................	Comme liqueurs.
Rhum..........................	Comme eaux-de-vie.
Sirop de punch................	Comme liqueurs.
Sirops........................	Ne sont soumis à aucun droit, s'il n'entre point d'alcool dans leur composition.
Tafia.........................	Comme eaux-de-vie.
Vendanges.....................	Trois hectolitres pour deux de vin, et cinq hectolitres de pommes ou poires pour deux hectolitres de cidre.
Vernis........................	Voyez eaux-de-vie et esprits altérés, et droit de consommation. Sont soumis aux droits d'entrée lorsqu'ils sont entièrement confectionnés.
Vins..........................	Sont soumis aux droits sans distinction de qualités ni de vases.
Vins de liqueurs..............	Comme vins ordinaires. — Densité d'un d'un mètre cube de vins de liqueurs 1,100 kilog.— L'eau distillée étant prise pour base à 1,000 kilog. — Les vins secs ordinaires pèsent 993.

Tarif des droits à percevoir sur les boissons.

DÉSIGNATION DES DROITS ET POPULATION DES COMMUNES sujettes aux droits d'entrée.	TAXE PAR HECTOLITRE EN PRINCIPAL. Vins en cercles en bouteilles dans les départements de					
	1re classe.	2e classe.	3e classe.	4e classe.	Cidres, poirés, hydromels.	Alcool.
Entrée dans les communes de	f. c.	f. c.	f. c.	f. c.	f. c.	f. c.
4,000 à 6,000 âmes. . .	» 60	» 80	1 00	1 20	» 50	4 00
6,000 à 10,000 id. . .	» 90	1 20	1 50	1 80	» 75	6 00
10,000 à 15,000 id. . .	1 20	1 60	2 00	2 40	1 00	8 00
15,000 à 20,000 id. . .	1 50	2 00	2 50	3 00	1 25	10 00
20,000 à 30,000 id. . .	1 80	2 40	3 00	3 60	1 50	12 00
30,000 à 50,000 id. . .	2 10	2 80	3 50	4 20	1 75	14 00
50,000 et au dessus. . .	2 40	3 20	1 00	4 80	2 00	16 00
Circulation suivant le lieu de destination. . .	» 60	» 80	4 00	1 20	» 50	» 00
Remplacement aux entrées de Paris. . . .	8 f.				4 00	50 00
Détail dans tout le Royaume.	10 pour 0/0 du prix de la vente. .					
Consommation id.	. . . .					34 00
Fabrication des bières id.	forte à. . . 2 fr. 40 c. petite à. . » 60					

Classement des Départements pour le droit de circulation et les déductions chez les Entrepositaires, et renseignements statistiques.

DÉPARTEMENTS.	Classes du droit de circulation.	Classes des départements relatives aux entrepositaires. Vins.	Alcool.	CHEFS-LIEUX.	POPULATION DES DÉPARTEMENTS (Trois zéros supprimés)	Population par kil. carr. pour chaque dép. celle de la France étant de 60 p. k.	POPULATION DES CHEFS-LIEUX.	DISTANCE de PARIS en Lieues.	Kilomètres.	LONGITUDE DES CHEFS-LIEUX.	EST OU OUEST.	LATITUDE DES CHEFS-LIEUX.	Nombre de communes par départemᵗ.	SUPERFICIE EN HECTARES. (3 zéros supprimés.)	REVENU EN MILLIONS par département.
Ain.	2	2	1	Bourg. . . .	346	58	9528	116	432	2° 53	E	46° 12	441	5947	16
Aisne	3	3	2	Laon. . . .	527 1/4	68	8230	33	127	1 17	E	46 33	834	7491	30
Allier	2	2	1	Moulins . . .	309	40	15231	73	289	0 59	E	46 34	323	7422	13
Alpes (Basses). .	1	2	1	Digne . . .	159	21	6365	192	755	3 54	E	44 05	257	7250	7 3/4
Alpes (Hautes). .	2	2	1	Gap. . . .	131 1/4	23	7854	173	665	3 44	E	44 33	189	5535	5
Ardèche. . . .	2	1	1	Privas . . .	353 3/4	62	4219	156	606	2 15	E	44 42	329	5500	13 1/4
Ardennes . . .	4	3	2	Mézières. . .	306 3/4	55	4083	61	234	2 23	E	49 45	478	5252	11 1/4
Arriège. . . .	1	1	1	Foix. . . .	260 1/2	48	4699	181	752	0 47	O	42 57	335	5295	10
Aube.	1	2	2	Troyes. . .	253 3/4	40	25563	41	159	1 44	E	48 18	447	6106	12 1/2
Aude.	1	1	1	Carcassonne. .	281	41	18907	204	765	0 00	E	43 12	443	6509	17 1/3
Aveyron . . .	1	3	1	Rhodez. . .	371	40	9685	148	672	0 14	E	44 21	224	8820	13
Bouches du-Rhône	1	1	1	Marseille. . .	362 1/4	59	146239	208	813	3 02	E	43 17	112	6019	23 1/2
Calvados. . . .	4	3	2	Caen. . . .	501 1/3	86	41876	59	263	2 41	O	49 11	833	5704	35 1/2
Cantal. . . .	3	3	1	Aurillac. . .	262 1/4	45	10889	138	539	0 06	E	44 55	251	5740	10 1/4
Charente. . . .	1	2	1	Angoulême. .	365	61	16910	118	454	2 10	O	45 38	453	5888	18
Charente-Inférieure. .	1	2	1	La Rochelle. .	449 1/2	62	14857	124	484	3 29	O	46 09	482	7168	22 1/2
Cher.	2	2	1	Bourges . . .	276 2/3	34	25324	60	233	0 03	E	47 05	297	7401	10
Corrèze. . . .	3	3	1	Tulle. . . .	302 1/2	49	9700	120	461	0 33	O	45 16	291	5947	7 3/4
Corse.	»	»	»	Ajaccio. . .	207 3/4	22	9003	290	1160	6 23	E	41 55	356	9241	2 1/2
Côte-d'Or . . .	2	2	2	Dijon. . . .	385 1/2	43	24817	78	305	2 41	E	47 19	727	8769	21 3/4
Côtes-du-Nord .	4	3	2	St-Brieux. . .	605 1/2	81	11382	114	446	5 04	O	48 31	374	7367	19 1/4
Creuse. . . .	3	3	1	Guéret. . . .	276 1/4	46	4796	117	428	0 28	O	46 10	281	5794	6 3/4
Dordogne . . .	1	1	1	Périgueux . .	487 1/2	54	11576	121	472	1 36	O	45 11	583	8982	22
Doubs. . . .	3	2	2	Besançon . .	276 1/4	50	29718	98	396	3 41	E	47 13	639	5309	13
Drôme. . . .	2	1	1	Valence. . .	305 1/2	44	10967	144	560	2 33	E	44 55	359	6759	13
Eure	3	3	2	Evreux. . .	424 1/2	68	10287	27	104	1 10	O	48 55	798	6232	29 3/4
Eure-et-Loir . .	3	2	2	Chartres. . .	285	46	14750	23	92	0 50	O	48 26	448	6079	19 1/2
Finistère. . . .	4	3	2	Quimper. . .	547	76	9715	132	623	6 26	O	47 58	281	6933	15 1/3
Gard.	1	1	1	Nîmes . . .	366 1/4	59	41194	185	702	2 01	E	43 50	342	5997	20 1/2
Garonne (Haute).	1	1	1	Toulouse. . .	454	67	68015	181	669	0 53	O	43 35	598	6403	22 1/2
Gers. . . .	1	1	1	Auch. . . .	312 3/4	48	8470	198	743	1 45	O	43 38	498	6521	16 1/2
Gironde . . .	1	1	1	Bordeaux . .	555 3/4	54	95114	153	573	2 54	O	44 50	542	1026	40
Hérault . . .	1	1	1	Montpellier . .	357 3/4	55	33864	200	752	1 32	O	43 36	328	6309	21 1/2
Ille-et-Vilaine. .	4	3	2	Rennes. . .	547 1/2	80	29909	83	346	4 01	O	48 07	348	6819	19 1/2
Indre	2	2	1	Châteauroux .	257 1/2	35	12342	66	259	0 38	O	46 48	249	6877	10
Indre-et Loire. .	2	2	1	Tours . . .	304 1/2	47	26669	58	242	1 38	O	47 23	283	6230	15
Isère	2	1	1	Grenoble. . .	573 2/3	65	26000	146	568	3 23	E	45 11	554	8412	24
Jura.	3	2	2	Lons-le-Saulnier	315 1/2	62	7684	100	411	3 13	E	46 40	575	5033	15 1/3
Landes. . . .	1	1	1	Mont-de-Marsan.	285	31	3924	193	702	2 49	O	43 54	346	9005	7 1/2
Loir et-Cher . .	2	2	1	Blois. . . .	244	39	11423	46	181	0 59	O	47 35	297	6031	11 3/4
Loire.	3	2	1	Montbrison . .	412 2/3	79	6020	123	443	1 44	E	45 36	318	4920	14 1/3
Loire (Haute). .	3	3	1	Le Puy. . .	295 1/2	58	14738	125	505	1 33	E	45 02	268	5028	10 1/2
Loire-Inférieure .	2	2	1	Nantes. . .	470 2/3	66	75150	100	389	3 52	O	47 13	206	7062	19
Loiret	2	2	1	Orléans. . .	316	45	40272	31	123	0 25	O	47 54	348	6751	17 1/2
Lot.	1	1	1	Cahors . . .	287	54	10944	153	558	0 52	O	44 25	300	5265	11 1/3
Lot-et-Garonne. .	1	1	1	Agen. . . .	346 2/3	66	12851	155	714	1 43	O	44 12	354	5270	21
Lozère. . . .	3	3	1	Mende . . .	141 3/4	27	5109	137	566	1 09	E	44 30	189	5093	5 3/4
Maine-et-Loire .	2	2	1	Angers. . .	477 1/2	65	29066	73	300	2 53	O	47 28	385	7188	24
Manche. . . .	4	3	2	Saint Lô. . .	594 1/2	87	8820	70	326	3 25	O	49 06	647	6757	32
Marne. . . .	2	2	2	Châlons sur-Marne	345 1/2	41	12930	42	164	2 01	E	48 57	692	8202	16 1/4
Marne (Haute). .	2	2	2	Chaumont. . .	256	39	6113	63	247	2 50	E	48 06	549	6331	13 1/2
Mayenne. . . .	4	3	2	Laval. . . .	351 3/4	68	15590	72	281	3 06	O	46 04	275	5188	14
Meurthe. . . .	2	2	2	Nancy. . . .	424 1/2	66	29229	86	334	3 50	E	48 41	714	6290	22 1/2
Meuse. . . .	2	2	2	Bar-le-Duc. .	317 3/4	52	12383	64	251	2 50	E	48 46	570	6044	14 1/4
Morbihan . . .	3	3	2	Vannes. . .	449 3/4	63	9398	108	500	5 05	O	47 39	228	6817	14 3/4
Moselle . . .	2	2	2	Metz. . . .	427 1/2	66	42793	79	308	3 50	E	49 07	591	6308	16 1/2
Nièvre. . . .	2	2	1	Nevers. . .	297 2/3	42	13275	58	236	0 49	E	46 59	319	6773	12 1/2
Nord.	4	3	2	Lille	1026 2/3	171	72005	60	236	0 44	E	50 37	659	5784	44 1/4
Oise.	3	3	2	Beauvais. . .	398 2/3	68	13082	17	88	0 15	O	49 26	654	5814	25 1/2
Orne.	4	3	2	Alençon . . .	444	68	13277	49	191	2 14	O	48 25	535	6456	22
Pas-de-Calais .	4	3	2	Arras. . . .	664 1/3	96	23485	47	193	0 26	E	50 17	903	6796	32 1/3
Puy-de-Dôme .	2	2	1	Clermont-Ferrand	589 2/3	72	27630	98	384	0 45	E	45 46	441	7943	22 1/2

DÉPARTEMENTS.	Classes du droit de circulation.	Classes des départements relatives aux entrepositaires. Vins.	Alcool.	CHEFS-LIEUX.	POPULATION DES DÉPARTEMENTS. (Trois zéros supprimés.)	Population par kil. carr. pour chaque dép. celle de la France étant de 60 p k	POPULATION DES CHEFS-LIEUX.	DISTANCE de PARIS en Lieues.	Kilomètres.	LONGITUDE DES CHEFS-LIEUX.	EST OU OUEST.	LATITUDE DES CHEFS-LIEUX.	Nombre de communes par département.	SUPERFICIE EN HECTARES. (3 zéros supprimés.)	REVENU EN MILLIONS par département.
Pyrénées (Basses.	1	1	1	Pau.	446 1/2	56	11959	208	781	2° 42'	O	43° 19'	634	7559	16 1/2
Pyrénées (Hautes).	1	1	1	Tarbes.	244	49	12500	214	815	2 16	O	43 13	491	4699	7 3/4
Pyrénées Orient.	1	1	1	Perpignan.	164 1/2	38	16733	235	888	0 33	E	42 42	225	4113	7 1/3
Rhin (Bas)	3	2	2	Strasbourg.	561 3/4	109	50230	119	464	5 24	E	48 34	543	4955	24 2/3
Rhin (Haut).	3	2	2	Colmar.	447	98	13867	119	481	5 02	E	48 04	439	4323	19 1/4
Rhône.	3	1	1	Lyon.	482	160	147223	119	466	2 29	E	45 45	253	2704	21 1/3
Saône (Haute).	3	2	2	Vesoul.	143 1/2	68	5792	87	354	3 49	E	47 37	634	5202	18 1/3
Saône-et-Loire.	3	2	1	Mâcon.	538 1/2	61	11944	102	399	2 29	E	46 18	592	7576	28 1/2
Sarthe.	3	2	2	Le Mans	466 3/4	71	19103	54	211	2 08	O	48 00	393	6392	19 1/2
Seine.	3	1	2	Paris.	1106 3/4	1928	884780	000	000	0 00	O	48 50	80	485	54 1/2
Seine-Inférieure.	4	3	2	Rouen.	720 2/3	117	92083	32	137	1 14	O	49 25	757	5959	44 1/2
Seine-et-Marne.	3	2	2	Melun.	325 3/4	54	6830	11	46	0 19	E	48 32	556	5750	25 1/2
Seine-et Oise.	3	2	2	Versailles.	449 2/3	78	28776	5	21	0 12	O	48 48	688	5938	30 1/3
Sèvres (Deux).	2	2	1	Niort.	304	49	18015	107	416	2 49	O	46 20	356	6044	14
Somme.	4	3	2	Amiens.	552 3/4	90	32391	32	128	0 02	O	49 53	835	6044	29
Tarn.	1	1	1	Alby.	346 2/3	58	9367	199	657	0 11	O	43 56	327	5768	15 1/2
Tarn-et-Garonne.	1	1	1	Montauban	242	63	17531	169	700	0 59	O	45 00	192	3854	12 1/2
Var.	1	1	1	Draguignan	323 2/3	44	8774	199	890	4 08	E	43 32	210	7255	22 1/2
Vaucluse.	1	1	1	Avignon	246	71	27733	178	707	2 28	E	43 57	148	3473	13 1/2
Vendée.	2	2	1	Bourbon-Vendée.	341	49	4510	105	447	3 59	O	49 37	296	6754	15 1/2
Vienne	2	2	1	Poitiers.	288	41	22000	86	343	1 59	O	46 35	300	6890	12 1/2
Vienne (Haute).	3	2	1	Limoges	293	50	23963	97	380	1 04	O	45 49	282	5700	8
Vosges.	3	2	2	Epinal.	411	68	8742	98	381	4 06	E	48 10	547	5879	14 1/3
Yonne.	2	2	2	Auxerre	355 1/4	48	10989	43	168	1 14	E	47 47	481	7292	17 1/2
					B.	C.								A.	D.

Taux de la déduction à allouer sur les

	VINS. 1re classe.	2e classe.	3e classe.	ALCOOL. 1re classe.	2e classe.	CIDRES, POIRÉS, HYDROMELS. Classe unique.
Propriétaires récoltants.	9	8	7	»	»	10
Marchands en gros.	8	7	6	7	6	7

	France.	Angleterre	Russie.	Inde anglaise.	Chine.	Europe.	Asie.	Afrique.	Amérique.	Océanie.	MONDE, terres et eaux.
A. Superficie en k. c. et en mil.	0,530	0,312	5,278	2,920	13,989	9,600	41,652	29,216	38,311	10,710	129,492
B. Popul. totale en millions....	33 1/2	23 1/2	56 1/2	114 1/2	170 m.	227 1/2	390 m.	60 m.	39 m.	20 1/2	737 m.
C. Popul. relative par k. carr.	60 1/2	74 3/4	10 3/4	39 1/2	12 1/5	23 3/4	9 1/3	1,01	2,05	1,88	5,72
D. Revenus en millions........	1,000	1,585	434	500	980						
Dettes en millions...............	3,900	20,345	1,575								

Rapport du Thermomètre de Cartier avec le Thermomètre centigrade, et réciproquement. — Température de 15 degrés centigrades.

DEGRÉS DE CARTIER EN DEGRÉS CENTÉS.

Degrés de Cartier.	Degrés centésimaux.	Degrés de Cartier.	Degrés centésimaux.	Degrés de Cartier.	Degrés centésimaux.	Degrés de Cartier.	Degrés centésimaux.
10	0 0	19	49 2	28	74 0	37	91 1
11	5 3	20	52 5	29	76 3	38	92 6
12	11 3	21	55 7	30	78 4	39	94 0
13	18 4	22	58 7	31	80 5	40	95 4
14	25 4	23	61 5	32	82 4	41	96 6
15	31 7	24	64 2	33	84 3	42	97 7
16	37 0	25	66 9	34	86 2	43	98 8
17	41 5	26	69 4	35	88 0	44	99 9
18	45 5	27	71 8	36	89 6		

DEGRÉS CENTÉSIMAUX EN DEGRÉS DE CARTIER.

Degrés centésim.	Degrés de Cartier.	Degrés centésim.	Degrés de Cartier.	Degrés centésim.	Degrés de Cartier.	Degrés centésim.	Degrés de Cartier.	Degrés centésim.	Degrés de Cartier.	Degrés centésim.	Degrés de Cartier.	Degrés centésim.	Degrés de Cartier.	Degrés centésim.	Degrés de Cartier.	Degrés centésim.	Degrés de Cartier.	Degrés centésim.	Degrés de Cartier.
0	10 0	10	11 8	20	13 2	30	14 7	40	16 6	50	19 2	60	22 5	70	26 3	80	30 8	90	36 3
1	10 2	11	12 0	21	13 4	31	14 9	41	16 9	51	19 5	61	22 8	71	26 7	81	31 3	91	36 9
2	10 4	12	12 1	22	13 5	32	15 0	42	17 1	52	19 8	62	23 2	72	27 1	82	31 8	92	37 6
3	10 6	13	12 3	23	13 6	33	15 2	43	17 4	53	20 1	63	23 5	73	27 5	83	32 3	93	38 3
4	10 8	14	12 4	24	13 8	34	15 4	44	17 6	54	20 5	64	23 9	74	28 0	84	32 8	94	39 0
5	10 9	15	12 5	25	14 0	35	15 6	45	17 9	55	20 8	65	24 3	75	28 4	85	33 3	95	39 7
6	11 1	16	12 7	26	14 1	36	15 8	46	18 1	56	21 1	66	24 7	76	28 9	86	33 9	96	40 5
7	11 »	17	12 8	27	14 2	37	16 0	47	18 4	57	21 4	67	25 1	77	29 4	87	34 4	97	41 4
8	11 5	18	12 9	28	14 4	38	16 2	48	18 7	58	21 8	68	25 5	78	29 8	88	35 0	98	42 3
9	11 6	19	13 1	29	14 5	39	16 4	49	19 0	59	22 1	69	25 8	79	30 3	89	35 6	99	43 2
																		100	44 2

Force réelle des spiritueux.

La force d'un liquide spiritueux étant le nombre de centièmes en volume d'alcool pur que ce liquide renferme à la température de 15 degrés centigrades, cette quantité d'alcool s'obtient en multipliant le nombre qui exprime ce volume, par la force du liquide : ainsi, 634 litres à 55° = 348 70 ; mais la chaleur fait varier le volume jusqu'à 12 pour 0/0 de la valeur du liquide. Il s'agit donc de corriger les indications de l'alcoomètre, lorsque la température des spiritueux est différente de 15 degrés, ce qu'on appelle ramener à la température. Le tableau ci-dessous donne les résultats relatifs aux spiritueux de 50, 59 et 85 à la température de 0 à 30.

TEMPÉRATURE du liquide.	FORCE 50.	VOLUME de 100 litres	FORCE 59.	VOLUME de 100 litres	FORCE 85.	VOLUME de 100 litres
0	55 4	101 2	64 1	101 3	88 9	101 4
1	55 1	101 1	63 8	101 2	88 7	101 3
2	54 7	101 »	63 4	101 1	88 5	101 2
3	54 3	100 9	63 1	101 »	88 2	101 1
4	54 »	100 9	62 7	100 9	87 9	101 1
5	53 6	100 8	62 4	100 8	87 7	101 »
6	53 3	100 7	62 »	100 8	87 4	100 9
7	52 9	100 6	61 7	100 7	87 2	100 8
8	52 6	100 5	61 4	100 6	86 9	100 7
9	52 2	100 5	61 »	100 5	86 6	100 6
10	51 8	100 4	60 7	100 4	86 4	100 5
11	51 5	100 3	60 4	100 3	86 1	100 4
12	51 1	100 2	60 »	100 2	85 8	100 3
13	50 8	100 2	59 7	100 2	85 5	100 2
14	50 4	100 1	59 3	100 1	85 3	100 1
15 ordre	50 »	100 »	59 »	100 »	85 »	100 »
16	49 6	99 9	58 6	99 9	84 7	99 9
17	49 3	99 8	58 3	99 8	84 4	99 8
18	48 9	99 8	57 9	99 7	84 1	99 7
19	48 5	99 7	57 6	99 7	83 9	99 6
20	48 2	99 6	57 2	99 6	83 6	99 5
21	47 8	99 5	56 9	99 5	83 3	99 4
22	47 4	99 5	55 5	99 4	83 »	99 3
23	47 »	99 4	56 1	99 3	82 7	99 2
24	46 6	99 3	56 8	99 3	82 4	99 1
25	46 3	99 3	55 5	99 2	82 1	99 »
26	45 9	99 2	55 1	99 1	81 8	98 9
27	45 5	99 1	54 8	99 »	81 5	98 8
28	45 1	99 »	54 4	98 9	81 2	98 7
29	44 7	99 »	54 »	98 9	80 9	98 6
30	44 3	98 9	53 6	98 8	80 6	98 5

Table de correction à faire subir au degré apparent indiqué par l'alcoomètre pour obtenir le degré réel des liquides spiritueux à la température de quinze degrés centigrades.

DIFFÉRENCE EN MOINS à ajouter aux degrés indiqués par l'alcoomètre pour obtenir les degrés réels.

DEGRÉS CENT. indiqués PAR L'ALCOOMÈTRE.	0	1	2	3	4	5	6	7	8	9	10	11	12	13	14	15
31 à 34	7	6	6	5	5	4	4	3	3	2	2	2	1	1	0	0
35	6	6	6	5	5	4	4	3	3	2	2	2	1	1	0	0
36 à 39	6	6	6	5	5	4	4	3	3	3	2	2	1	1	0	0
40 à 44	6	6	5	5	5	4	4	3	3	3	2	2	1	1	0	0
45 à 46	6	6	5	5	5	4	4	3	3	2	2	2	1	1	0	0
47 à 53	6	6	5	5	4	4	4	3	3	2	2	2	1	1	0	0
54 à 56	6	6	5	5	4	4	3	3	3	2	2	2	1	1	0	0
57 à 69	6	5	5	5	4	4	3	3	3	2	2	2	1	1	0	0
70 à 71	6	5	5	4	4	4	3	3	3	2	2	2	1	1	0	0
72 à 78	6	5	5	4	4	4	3	3	3	2	2	1	1	1	0	0
79 à 83	5	5	5	4	4	4	3	3	3	2	2	1	1	1	0	0
84	5	5	5	4	4	4	3	3	2	2	2	1	1	1	0	0
85	5	5	5	4	4	3	3	3	2	2	2	1	1	1	0	0
86 à 90	5	5	4	4	4	3	3	3	2	2	2	1	1	1	0	0

DEGRÉS DU THERMOMÈTRE CENTIGRADE.

DIFFÉRENCE EN PLUS à déduire des degrés indiqués par l'alcoomètre pour obtenir les degrés réels.

DEGRÉS CENT. indiqués PAR L'ALCOOMÈTRE.	16	17	18	19	20	21	22	23	24	25	26	27	28	29	30
31 à 32	0	1	1	2	2	3	3	3	4	4	5	5	5	6	6
33 à 34	1	1	1	2	2	3	3	3	4	4	5	5	6	6	6
35 à 36	1	1	1	2	2	3	3	3	4	4	5	5	6	6	6
37 à 40	1	1	1	2	2	3	3	3	4	4	5	5	6	6	6
41 à 43	0	1	1	2	2	3	3	3	4	4	5	5	6	6	6
44 à 46	0	1	1	2	2	3	3	3	4	4	5	5	5	6	6
47 à 59	0	1	1	2	2	2	3	2	4	4	5	5	5	6	6
60 à 70	0	1	1	2	2	2	3	3	4	4	4	5	5	6	6
71 à 72	0	1	1	2	2	2	3	3	4	4	4	5	5	5	6
73 à 82	0	1	1	2	2	2	3	3	3	4	4	5	5	5	6
83 à 85	0	1	1	1	2	2	3	3	3	4	4	5	5	5	6
86 à 87	0	1	1	1	2	2	3	3	3	4	4	4	5	5	6
88 à 89	0	1	1	1	2	2	3	3	3	4	4	4	5	5	5
90	0	1	1	1	2	2	2	3	3	4	4	4	5	5	5

DEGRÉS DU THERMOMÈTRE CENTIGRADE.

Mouillage des liquides spiritueux.

Affaiblissement par un mélange d'eau ou d'un autre spiritueux.

On suppose les deux liquides à la température de 15 degrés; si l'esprit ne l'avait pas, on en estimerait la force et le volume au moyen de la table de la FORCE RÉELLE. La dilatation de l'eau, que l'on doit supposer très-pure, peut être considérée comme nulle.

Le tableau ci-après donne le volume d'eau en litres, qu'il faut ajouter à 1,000 litres d'un spiritueux pour l'affaiblir.

TABLEAU N° 1er.

DEGRÉS DES SPIRITUEUX à ramener.	QUANTITÉ D'EAU A AJOUTER EN RAISON DU DEGRÉ A OBTENIR.						
	44°	45°	46°	47°	48°	49°	50°
59	352	321	292	264	237	212	187
60	375	345	315	286	259	233	208
84	952	909	867	828	789	753	717
85	977	933	891	851	812	775	739
86	1001	957	914	874	834	797	761

Ainsi, pour ramener 1,000 litres d'eau-de-vie de 59° à 49°, il faut 212 litres d'eau, et 874 pour ramener 1,000 litres de 86° à 47°; mais si on avait une quantité quelconque d'esprit d'une force connue à convertir en un liquide plus faible, il faut « chercher dans ce tableau le volume d'eau nécessaire pour le mouillage de 1,000 litres du même esprit; multiplier par ce volume celui de l'esprit donné, et diviser le produit par 1,000.» Par conséquent, pour convertir 100 litres d'esprit à 86° en eau-de-vie à 50°, on trouve dans la table au point d'intersection $761 \times 100 = 76100$, et en retranchant trois chiffres 76 litres. Quant au volume, il ne serait pas de 176, à cause de la contraction qu'éprouvent l'eau et l'esprit en se combinant, mais à peu près 1/43 de moins. En effet ce volume est égal au volume de l'esprit donné, multiplié par la plus grande force, et divisé par la plus petite :

1°, 100 litres $\times \frac{86}{50} = 172$ litres.

Veut-on obtenir avec un esprit d'une force connue, un volume donné d'un autre liquide plus faible? On trouvera la quantité d'esprit qu'il faudrait prendre « en multipliant ce volume donné par la plus petite force, et divisant le produit par la plus grande. » Exemple :

On veut faire avec du 85° 100 litres de 45° :

2°, 100 litres $\times \frac{45}{85} = 52$ litres 9.

On obtient le volume d'eau qui doit être ajouté à l'esprit, en multipliant 933 de la table par ce nombre 52 litres 9, et en divisant le produit par 1000=49 litres 3 pour le volume de l'eau du mouillage.

Du reste, la pureté de l'eau influe sur les résultats : Les négociants expérimentés n'emploient que des petites eaux préparées de longue-main, procédé qui donne souvent des excédants qu'on ne saisit que dans certaines circonstances douteuses.

Le mouillage d'un spiritueux se fait aussi avec un autre liquide plus faible. Il suffit d'une règle d'alliage qui approche à 1/26 près.

« Le volume cherché de l'esprit le plus faible est égal au produit du volume de l'esprit donné par la différence de la plus grande force à la moyenne, divisé par la différence de la force moyenne à la plus petite. »

On a 100 litres de 85°, et on veut en faire du 50° avec du 44 : le volume de ce dernier qu'il faut prendre est égal à :

3°, 100 litres $\times \frac{85-50}{50-44} = 583$ litres.

Ajouter 1/26 pour la contraction et on aura le volume réel.

Lorsque ce sera l'esprit le plus faible que l'on voudra remonter en totalité avec un esprit plus fort, on fera l'opération inverse :

4°, 583 litres $\times \frac{50-44}{85-50} = 100$ litres.

Enfin, si l'on veut faire un volume donné, d'un spiritueux d'une force connue avec deux autres spiritueux, l'un plus faible, l'autre plus fort que le premier, on trouvera : 1°, le volume de l'esprit le plus fort en multipliant le volume donné de l'esprit qu'on veut obtenir, par la différence de la force moyenne à la plus petite, et en divisant le produit par la différence de la plus grande force à la plus petite; « 2°, le volume du spiritueux le plus faible » en prenant la différence du volume donné à celui que l'on vient de trouver.

Exemple : On veut faire 683 litres de 50° avec du 44 et du 85.

Le volume de l'esprit le plus fort est égal à $683 \times \frac{50-44}{85-50} = 100$.

Le volume de l'esprit le plus faible est égal à 683—108=583.

Voici d'autres exemples avec des opérations sans formules.

1°, Pour amener 353 litres d'Ew. de 68 à 55°, il faut multiplier 353 par 68°, ce qui donne 239 lit. 68, et diviser ensuite par 55; le quotient 435 indique qu'il faut ajouter aux 353 lit. d'Ew., 82 lit. d'eau *pure*, pour en porter la quantité à 435, dont le degré sera 55.

2°, Pour élever 421 litres du degré 55 au degré 68, ce qui ne peut se faire qu'en y versant de l'esprit à un degré supérieur, il faut recourir à l'opération suivante :

Le produit de 421 par 68° est de.	286 28
Celui de 421 par 55° est de.	231 55
Différence.	54 73

En divisant ce dernier nombre par la différence du degré de l'esprit qu'on veut employer, avec le degré 68 auquel doit être porté le mélange, c'est-à-dire 32, si on employait de l'alcool pur; 21, si l'on emploie du 89, etc., etc., on connaîtra la quantité d'alcool ou d'esprit qu'on devra ajouter aux 421 litres dont il s'agit.

3°, Si l'on verse 75 litres d'*eau pure* sur 425 litres d'Ew. à 66°, pour avoir 500 litres d'Ew. moins forte, quel sera le degré du mouillage? le produit de 425 par 66° est de 280 50, qui, divisé par 500, donne pour nouveau degré 50.

4°, Veut-on connaître la force qu'aurait un mélange composé de 221 litres à 57°, de 348 litres à 74°, et de 115 litres à 65° ? Multipliez comme il suit chacune des quantités :

221 litres	par 57	degrés donnent. . .	125 97
348	par 74	donnent. . .	257 52
115	par 65	donnent. . .	74 75
TOTAL 684 litres, donnant en alcool pur			458 24

En divisant 458 24 par 684, on a pour quotient 67, indiquant le degré du mélange.

TABLEAU N° 2. — Complément du Tableau N° 1er — Température ordinaire.

37 degrés de Cartier ou 91 degrés centésimaux.	36 id. ou 89 6/10 id.	35 id. ou 88 id.	34 id. ou 86 2/10.	33 id. ou 84 3/10 id.	32 id. ou 82 4/10 id.	31 id. ou 80 5/10 id.	30 id. ou 78 4/10 id.	29 id. ou 76 3/10 id.	28 id. ou 74 id.	27 id. ou 71 8/10 id.	26 id. ou 69 4/10 id.	25 id. ou 66 9/10 id.	24 id. ou 64 2/10 id.	23 id. ou 61 5/10 id.	22 id. ou 58 7/10 id.	21 ou 55 7/10.	20 ou 52,5/10.	19 ou 49 2/10.	18 ou 45 5/10	17 ou 44 5/10.	16 ou 37.	15 ou
16/10																						
35/10	18/10																					
56/10	39/20	21/10																				
8	62/10	43/10	2./10																			
105/10	87/10	68/10	45/10	26/10																		
131/10	115/10	93/10	7	54/10	28/10																	
162/10	142/10	122/10	99/10	84/10	58/10	26/10																
195/10	174/10	153/10	129/10	114/10	9	6	3															
231/10	21	189/10	164/10	152/10	124/10	94/10	62/10	32/10														
27	249/10	227/10	202/10	19	16	128/10	98/10	64/10	52/10													
312/10	291/10	268/10	242/10	232/10	20	168/10	136/10	102/10	7	36/10												
361/10	339/10	315/10	288/10	278/10	246/10	214/10	18	144/10	11	74/10	38/10											
419/10	395/10	37	3,5/10	33	296/10	262/10	226/10	19	154/10	118/10	8	4										
481/10	456/10	43	401/10	386/10	352/10	316/10	278/10	242/10	204/10	168/10	126/10	84/10	42/10									
551/10	526/10	499/10	468/10	452/10	416/10	378/10	34	30	26	22	178/10	136/10	92/10	48/10								
635/10	617/10	579/10	547/10	526/10	488/10	448/10	408/10	366/10	326/10	284/10	24	194/10	148/10	102/10	52/10							
734/10	706/10	676/10	642/10	612/10	57	528/10	486/10	442/10	398/10	354/10	308/10	26	212/10	162/10	11	56/10						
851/10	821/10	788/10	793/10	724/10	68	636/10	59	542/10	496/10	448/10	40	348/10	296/10	244/10	186/10	128/10	7					
1002/10	969/10	934/10	894/10	874/10	826/10	778/10	728/10	678/10	626/10	574/10	52	466/10	408/10	352/10	29	226/10	162/10	86/10				
1195/10	1159/10	112	1077/10	106	101	956/10	90	844/10	788/10	732/10	672/10	612/10	55	486/10	42	35	[illegible]8	196/10	10			
1462/10	1421/10	1378/10	1329/10	1296/10	1238/10	1178/10	1116/10	1054/10	992/10	93	864/10	794/10	726/10	656/10	58	504/10	424/10	332/10	224/10	114/10		
1873/10	1826/10	1776/10	1719/10	1604/10	1538/10	147	1402/10	1332/10	126	1188/10	1114/10	1034/10	958/10	878/10	794/10	70	616/10	51	264/10	164/10	134/10	317/10

Exemple :

On veut réduire 200 litres d'Ew. de 80 degrés 1 centésimaux à 55 degrés 7 : quelle est la quantité d'eau à ajouter ?

Le point d'intersection présente 44 litres 8 d'eau par hectolitre. Multipliant cette quantité d'esprit, 200 litres, par la quantité d'eau, 44 hectolitres 8, on a

448
200
―――
89,600

ou 89 litres en retranchant les trois derniers chiffres. Ceci saute aux yeux : la table est calculée par 100 litres. 200 c'est le double, donc 448 deux fois = 896 : donc on peut se fier à la proportion

RÉSUMÉ COMPARÉ DE GÉOMÉTRIE.

NOMS DES FIGURES.	Nos DES FIGURES.	SURFACE des figures en CENTIM. CARRÉS.	SOLIDITÉ en CENTIMÈT. CUBES.	RÉDUCTION en décimètres carrés, en décimètres cubes, en litres, en kilogrammes, etc.	RAPPORT DES FIGURES entre elles.	DIMENSIONS DES FIGURES. (Même base et même hauteur.)	D'APRÈS LES FORMULES GÉOMÉTRIQUES on trouve — LA SURFACE EN	LA SOLIDITÉ EN
FIGURES PLANES.								
CARRÉ	1er	10,000 000 (c. m.)	....	1 mètre carré.	Double du parallélogr. et du triang.	Base 100 centimètres. Hauteur 100c.		
PARALLÉLOGRAMME	2	5,000 000	....	50 déc. id.	Moitié du carré.	B. 100c. H. 50c.	× la base par la hauteur.	
LOSANGE ou RHOMBE	3	7,500 000	....	75 déc. id.	3/4 id.	B. 75c. H. 100c.		
TRAPÈZE	4	7,500 000	....	75 déc. id.	3/4 id.	D. inférieure 100c. D. supérieure 50c. H. 100c.	× la H. par moitié de la somme des deux bases parallèles.	
TRIANGLE	5	5,000 000	....	50 déc. id.	Moitié id.	B. 100c H. 100c.	× la H. par la moitié de la B.	
POLYGONE RÉGULIER	6	9,602 500	....	96 déc. 02 cent. id.	....	Cinq côtés de chacun 72c 5m. Périmètre 362c 5m. Apothème 50c. Dº.	× le périmètre par la moitié de l'apothème. Aº.	
CERCLE	7	7,853 975	....	78 déc. 54 cent. id.	....	Diamètre 100c.	× la circonférence par le quart du D.	
OVALE ou ELLIPSE	8	3,927 000	....	39 déc. 27 cent. id.	Moitié du cercle.	Grand D. 100c, petit D. 50c.	× les D. l'un par l'autre, leur produit par 11; diviser ensuite par 14. Le résultat est plus exact si on × le produit des deux D. par 0,7854, rapport du cercle au carré.	
SOLIDES.		SURFACE CONVEXE.						
CUBE	9	60,000 000 (c. m.)	1,000,000 000 (c. m.)	Mètre cube. Tonneau de mer. 1,000 kilogrammes. 1,000 décim. cubes. Stère. Kilolitre. 1,000 litres	1er des corps réguliers	B. 100 cent. H. 100 cent.	× La surface d'un des côtés par 6.	
PARALLÉLIPIPÈDE	10	40,000 000	500,000 000	500 décimèt. cubes. 500 litres. 500 kilogrammes.	Moitié du cube.	B. 100c. H. 50c.	Additionner la surface de chacun des 6 côtés.	× La surface de la B. par la H.
CYLINDRE	11	31,415 926	785,397 500	785 litres 39 centilit.	Vaut 3 cônes. Vaut 1/3 en sus de la sphère.	D. 100c. H. 100c.	× La circonférence de la B. par la H.	
PRISME	12	36,250 000	906,250 000	906 décim. 25 cent.	Vaut 3 pyramides	5 arêtes de 72c 5m chacune. Périmètre 362c 5m. H. 100c. Dº.	× Le périmètre par la H.	
CÔNE	13	17,562 020	261,799 380	261 décim. 80 cent.	1/3 du cylindre. 1/2 de la sphère.	D. 100c. H. 100c pour le volume. D. 100c Côté 111c 8m pour la surface.	× La circ. de la B. par la moitié du côté.	× La surface de la B. par le tiers de la H.
PETIT-CÔNE. Eº	14 — 1er cas	......	130,900 000	130 k. 900 g.	....	D. 0,79.37. H. 0,79.37.		
	2e cas.	4,390 101	32,724 920 Cº.	32 k. 725 g.	....	D. 50. H. 50.		
CÔNE TRONQUÉ. Eº	15 — 1er cas	......	130,900 000	130 litres 900 milli.	....	D. infér. 100c. D. sup. 0,79c 37m. H. 20c 63m.	× Son côté par la demi-somme des circonférences des deux B. parallèles	Faire la surface des deux B.; les × l'une par l'autre; du produit, extraire la racine carrée qui sera la surface moyenne; addition. les 3 surfaces et × la somme par le 1/3 de la H.
	2e cas.	15,171 508	229,073 410 Cº.	2 quintaux, 29 kilogr. 7 hecto, 3 gramm., 4 décig., 1 centig.	....	D. inférieur 100. D. supérieur 50. H. 50		
PYRAMIDE	16	18,125 000	302,083 000	302 k. 083 g.	1/3 du prisme.	5 arêtes de 72c 5m. Périmètre 362c 5m. H. 100c.	× Le périmètre par la moitié de l'apothème Bº.	× La surf. de la base par le tiers de la hauteur.
SPHÈRE	17	31,415 926	523,596 238	Valeur de la sphère en Or. 1,800,000 f. O. Argent. 117,080 P. Billon. 29,250 Q. Cuivre. 2,925 R.	2/3 du cylindre, double du cône.	D. 100c.	× Le D. par la cir. d'un grand cercle.	× La surface par le tiers du rayon.
CALOTTE SPHÉRIQUE	18	15,707 963	261,798 110	Valeur en argent monn. 52,359 f. 62c.	Moitié de la sphère. 1/3 du cylindre. Valeur du cône.	D. 100c prof. 50.	....	× La surface de la B. par les 2/3 de la H.
PETITE CALOTTE SPHÉR. Eº	19 — 1er cas	10,252 578	130,891 100	130 k. 891 g.	1/4 de la sphère.	D. 93c 774m. H. 32c 635m.	× La circonfér. d'un grand cercle de la sphère par la profondeur ou flèche.	× La hauteur par la somme des deux résultats suivants: 1º, La longueur de l'ouverture × elle-même, par 11 et divisée par 28. 2º La prof. × elle-même, par 11: par 21.
	2e cas.	7,853 981	81,852 100 Cº.	81 litres 85 centil.	....	D. 86c 620m. H. 25c.		
ZONE ou SEGMENT SPHÉRIQUE. Eº	20 — 1er cas	5,455 871	130,891 100	130 décim. 89 centim.	Moitié de la calotte sphérique	Prof. 17c 365m. D. infér. 100c. D. sup. 93c 774m.		× La prof. par la somme des trois résultats suivants: 1º, La long. du D. du fond × elle-même par 11, et divisée ensuite par 28; 2º, La long. du D. de l'ouverture × elle même, par 11, divisée par 28; 3º, La prof. × elle-même, par 11, et divisée par 21.
	2e cas.	7,853 981	180,026 900 Cº.	1 hect. 80 lit. 2 cent.	....	D. infér. 100c. D. sup. 86c 620m. H. 25c.		

Aº. L'apothème est la perpendiculaire abaissée du centre d'un polygone régulier sur l'un de ses côtés. — Bº. Quant aux solides, c'est la droite menée perpendiculairement du sommet commun à la base. — Cº. Le volume réuni de ces solides diffère un peu du solide principal à cause des décimales négligées. — Dº. Le polygone de ces trois figures est circonscrit au cercle. — Eº. Premier cas, égalité de volume; deuxième cas, égalité de diamètre. O. 3,444 fr. 44 c. le kilog. — P. 222 fr. 22 c. le kilog. — Q. 55 fr. 55 c. le kilog. — R. 5 fr. 55 c. le kilog.

COMPARAISON DES 4 PRINCIPAUX SOLIDES ENTRE EUX, ET D'OÙ DÉRIVENT TOUS LES AUTRES.

Ce tableau est susceptible de plusieurs combinaisons. — Si on avait besoin de plus de 3 décimales, voir la 4e colonne du grand tableau. — On suppose toujours même base et même hauteur aux figures.

Si......	Le Cylindre.	Vaut l'unité, le Cube vaut ou contient	1,273
	Le Cône.		3,819
	La Sphère.		1,909
	Le Cube.	Vaut l'unité, le Cylindre vaut ou contient	0,785
	Le Cône.		3,000
	La Sphère.		1,500

Si......	Le Cube.	Vaut l'unité, le Cône vaut ou contient	0,261
	Le Cylindre.		0,333
	La Sphère.		0,500
	Le Cube.	Vaut l'unité, la Sphère vaut ou contient	0,523
	Le Cylindre.		0,666
	Le Cône.		2,000

FIGURES

De la colonne première, numérotées colonne 2.

RÉSUMÉ DE GÉOMÉTRIE.

Ce résumé a exigé beaucoup de travail et de soins. On s'est appliqué à le rendre le plus clair possible, en suivant dans les calculs une base uniforme qui rend palpable le rapport des figures entre elles.

L'utilité de cette idée, *que je crois neuve*, sera sentie, j'ose l'espérer. Ce tableau renferme tout ce que les employés du service actif ont besoin de savoir en géométrie.

On remarquera que les formules des géomètres sont prouvées par l'arithmétique, par le poids (en supposant aux solides du tableau la densité de l'eau), par la capacité, etc. On s'est attaché à faire ressortir par des applications variées, dans la 5e col., les concordances admirables du système métrique.

Les rapports en fractions exprimés dans la 6e col. sont traduits en décimales dans un petit cadre à la suite du tableau; une autre col., la 7e, donne le moyen de vérifier tous les calculs par les formules, col. 8e et 9e. Enfin les observations qui suivent font connaître les notions les plus essentielles des éléments de cette science d'une utilité si générale.

Les livres élémentaires scientifiques sont trop savants : un grand étalage de principes effraie les commençants s'ils ne les rebutent d'abord; toujours des idées abstraites, et il faut les apprendre par cœur! D'un autre côté, le défaut le plus essentiel de la méthode adopté pour l'enseignement public, est de retenir constamment l'esprit des élèves enchaîné dans les mêmes formes de raisonnement; de sorte que l'étude de la géométrie, loin de concourir à développer l'intelligence, arrête son essor et paralyse ses facultés. Un élève sur cent a le courage de parcourir cette route ardue pour arriver au but. Pourquoi ne commencerait-on pas par les faits pour arriver aux principes, et de là aux démonstrations rigoureuses? Je ne connais qu'un livre fait d'après cette idée si naturelle, c'est la langue des calculs de Condillac : encore cette lecture ne convient-elle qu'aux adultes. Mais la liberté de l'enseignement, en détruisant la routine, aura ses conséquences inévitables.

Voici, ce me semble, comment on devrait commencer la géométrie avec les enfants.

D'abord il faut préparer avec du bois dur *de même densité* les six corps principaux, ayant même base et même hauteur (un décim. par exemple divisé en mil.), cube, prisme, pyramide, cylindre, cône, sphère : le cube est scié exactement, par la moitié; voilà deux parallélipipèdes : un des deux parallélipipèdes, scié dans le sens de la diagonale, donne deux prismes triangulaires; voilà l'angle et le triangle.

Le cylindre et le prisme sont sciés en trois morceaux égaux (la scie est excessivement mince). Le cône est scié en deux parallèlement à la base, à 50 c.; voilà un cône tronqué et un petit cône. Enfin la sphère sera coupée en quatre parties, savoir : par la moitié d'abord en deux grandes calottes; la 1re calotte, sciée parallèlement à la base, à 25 c. de hauteur, ce qui donne une zône et une petite calotte sphérique; l'autre moitié ne sera coupée que, lorsqu'ayant été plongée dans l'eau pure, d'une densité double du bois (si l'eau était trop légère on y mettrait du sel; si trop lourde, de l'alcool), on aura pointé le mouillé, ce qui donnera deux *volumes* égaux et rien ne sera plus facile alors d'évaluer en millimètres, à une fraction près, le diamètre cherché. Expliquer le diamètre par le calcul serait impossible, car le problème exige une équation du 3e degré; mais on n'insiste pas, et si l'enfant poursuit ses études en mathématiques, arrivé à ce problème, il en aura une image sensible. L'approximation suffira aux autres.

Maintenant je prends des balances et j'obtiens les résultats suivants qu'on pourrait combiner de plusieurs manières.

BALANCE EN ÉQUILIBRE AU MOYEN DES CORPS COMPARÉS.		CONSÉQUENCES.
1er PLATEAU.	2e PLATEAU.	
Sphère.........	2/3 de cylindre.	Donc le cylindre est à la sphère comme 3 : 2.
2/3 de cylindre..	1/2 sphère, Cône.	Donc le cylindre vaut 3 cônes et la sphère deux cônes; donc le cône vaut la 1/2 sphère.
Pyramide	1/3 de prisme.	Donc le prisme vaut 3 pyramides, donc la pyramide : prisme :: le cône est au cylindre, et ainsi de suite.

Ce n'est pas tout. Je place le cube sur la balance, et, comme le mouillé n'a marqué sur l'échelle que 50 mil., l'eau, d'après la supposition, étant d'une densité double du cube, un demi-kil. lui fait équilibre. Mais l'eau est une fois plus pesante; donc un décimètre cube d'eau pèse un kil. On fait la tare d'un litre qu'on remplit d'eau, et il fait équilibre au demi-kil. réuni au cube; donc 1 litre équivaut à 1 kil., et vaut 1 décimètre cube d'eau.

Voilà de la géométrie naturelle; voilà des démonstrations par le volume, par le poids, par la densité; et tout cela confirmé par les chiffres du tableau, et ces chiffres s'accordant avec les formules: mais nous ne sommes arrivés aux principes abstraits qu'après *les faits*, et la mémoire gardera le souvenir du tout.

C'est ainsi qu'on devrait instruire les enfants. A ceux dont l'éducation ne viendrait pas achever de développer l'intelligence, il resterait des notions suffisantes des choses usuelles; et ceux qui continueraient leurs études, loin d'être rebutés, feraient des progrès rapides, car ils n'auraient pas cessé de comprendre, en allant du *simple au composé* et du *connu à l'inconnu.*

Or, un homme qui a eu le malheur de ne pas faire d'études,

ou qui, ayant étudié, n'a pas appris, ce qui revient au même, est un grand enfant.

Il suffira aux employés de connaître ce tableau pour lever les difficultés qui embarrassent la plupart d'entre eux.

Je dis la plupart, et il n'est que trop facile de le constater. En général, les employés de la partie active qui ont reçu de l'instruction, ont plus de littérature que de connaissances positives, et ce sont elles pourtant qui font la force du service actif; car je le répète, sans ces connaissances, désarmé au milieu de plusieurs classes de contribuables aujourd'hui très-instruites, l'employé sent son impuissance, et peut, en agissant ou en n'agissant pas, compromettre les intérêts qui lui sont confiés.

Je pense donc qu'il serait dans l'intérêt bien entendu de l'administration, d'étendre le cercle des connaissances exigées par les cir. n° 94 de 1834, et 214 de 1839, pour la réception des surnuméraires; car une bonne écriture, le style correct de la pétition souvent soufflée, et les quatre règles, me paraissent insuffisants: je voudrais qu'un aspirant pût répondre aux questions principales du tableau et rendît compte de la théorie des instruments dont il se servira. Ce serait bien loin du baccalauréat ès-lettres, sans doute; ce serait, si je puis m'exprimer ainsi, le tiers du chemin de ce premier degré de la science, moins les langues mortes; aussi faudrait-il insister sérieusement sur le français.

Dans ce but, pourquoi ne tiendrait-on pas à la disposition des aspirants un livre élémentaire simple, clair, précis, et dont cet article donne une légère idée? Les employés se fortifieraient peu-à-peu; peu-à-peu aussi l'administration pourrait devenir plus exigeante, et son service en profiterait comme sa considération.

Propositions principales.

Les surfaces des parallélogrammes et des triangles semblables, sont entre elles comme les carrés de leurs côtés homologues (on entend par ce mot les côtés qui se correspondent et sont opposés à des angles égaux).

Les surfaces des cercles sont entre elles comme les carrés de leurs rayons ou de leurs diamètres.

La somme des trois angles de tout triangle rectiligne vaut deux angles droits.

Dans un triangle, lorsqu'on connaît deux côtés et un angle, ou deux angles et un côté, on connaît le reste.

Dans tout triangle rectangle, le carré bâti sur l'hypothénuse est égal à la somme des carrés construits sur les deux autres côtés; d'où il suit que le carré d'un des côtés de l'angle droit vaut le carré de l'hypoth. moins le carré de l'autre côté. Donc, lorsqu'on connaît deux côtés d'un triangle rectangle, on peut toujours calculer le troisième. C'est ainsi qu'on a trouvé, col. 7 du tabl., que le diamètre supérieur de la zône et de la petite calotte sphérique est de 86 c. 26. En effet, le rayon est l'hyp. du rectangle, et il est de 50 c. × lui-même = . . 2500

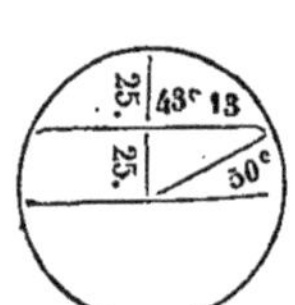

L'autre côté connu du rectangle de 25 c. = 625

Somme. 3125,

dont la racine carrée est 43 c. 13 en la doublant. Puisque le calcul n'est établi que sur le rayon, le diamètre cherché est donc 86 c. 26. Il s'ensuit encore que si le triangle rectangle est isocèle (comme il arrive dans un carré lorsqu'on tire la diagonale), alors le carré de l'hypothénuse sera double du carré de l'un de ses côtés: donc la surface d'un carré, est à celle du carré fait sur sa diagonale, comme 1 : 2; donc le côté d'un carré : la diagonale :: 1 : la racine carré de 2. Ce rapport incommensurable est, le côté du carré étant 100, de 141,44285, etc. En général, la figure, quelle qu'elle soit, triangle, cercle, etc., formée sur l'hypoth., vaut la somme des figures semblables formées sur les deux autres côtés. Dans tout triangle le carré d'un côté est plus grand, égal, ou plus petit que la somme des carrés des deux autres côtés, suivant que l'angle opposé est obtus, droit ou aigu.

Les contours des figures semblables sont entre eux comme leurs côtés homologues.

Les surfaces des solides semblables sont entre elles comme les carrés de leurs lignes homologues.

On appelle solides semblables, ceux qui sont terminés par un même nombre de faces semblables chacune à chacune, et semblablement disposées.

Les surfaces de deux sphères sont entre elles comme les carrés de leurs rayons ou de leurs diamètres.

Les volumes de deux cônes semblables sont dans le même rapport que les cubes de leurs hauteurs ou de leurs diamètres.

Les solidités de deux sphères sont entre elles comme les cubes de leurs rayons ou de leurs diamètres.

Les solidités de deux corps semblables sont entre elles comme les cubes de leurs côtés homologues.

Le rapport le plus exact du diamètre à la circonférence, le diamètre étant 1, est de 3 14159, et si l'on a besoin d'autres décimales, 26535, 89793, 23846 (*).

Exemple appliqué à la Sphère.

Diamètre	100 m.	00 cent.
Circonférence en compte rond.	314	15
Surface de la sphère : produit du diamètre 100 par la circonférence d'un grand cercle 314 159 = (**)	31,415	90
Solidité : produit de la surface par le tiers du rayon ou 1/6 du diamètre 16 mètres 66 cent. 66 m. =.	523,596	90

Dans un carré dont le côté est 100, la diagonale est 141, 442, comme il vient d'être démontré.

(*) Si le diamètre est 10, la circonférence du cercle est 31 4159 : ce produit multiplié par le quart du diamètre ou 2 50 = 78 53, en négligeant 4 décimales ; c'est la surface de la base dont on a fréquemment besoin.

Les rapports approximatifs sont : :: 1 : 3 :: 7 : 22 :: 106 : 333 :: 113 : 345.

(**) *Signes.* : est à, :: comme, = égal à, — moins, + plus, × multiplié par, ÷ divisé par, > plus grand, < plus petit.

Preuve par 9 de la multiplication et de la division.

Elle évite bien du temps aux vérificateurs.

On prend la somme des chiffres du multiplicande et du dividende ; les 9 étant ôtés, on écrit le reste et l'on opère de même sur le multiplicateur et le diviseur ; on écrit le reste, on fait le produit des deux restes et on ôte les 9 : le reste doit être respectivement égal au reste de la somme des chiffres du produit des deux règles, si on ôtait les 9.

Cette preuve est fondée sur ce que tout 9 ou multiple de 9 dans un des facteurs de la multiplication ou de la division, donne au produit ou au quotient, un 9 ou ses multiples. En effet, × 9 c'est × 10 — 1 ; on aura donc autant de dixaines au produit de la multiplication qu'on aura retranché d'unités ; donc la somme des dixaines croîtra d'autant d'unités que les unités diminueront, il y aura compensation, et il suffira de tenir compte du produit des restes. Il s'agit de × 12 par 12 :

facteurs.

Multiplicande	12	somme	3
Multiplicateur	12	somme	3
	24		9/9
	12		0/1
Produit. . .	144	somme	9/9
		Egalité	0/1

Si on ne trouve pas 9 ou ses multiples on opère sur la différence.

Multiplicande	13	somme	4
Multiplicateur	12	somme	3
	26		12–9=3
	13		
Produit. . .	156	somme	12–9=3
		Egalité.	0

facteurs.

Somme 9 dividende	144 | 12	diviseur = 3	
	144 | 12	quotient = 3	
	00	Produit	9/9
			0/1

S'il existe un reste à la division, on l'ajoute.

Somme	10 | 9	divid.	145 12 = 3	divis.
	1 | 1	reste	1 | 12 = 3	quot.
			Produit	9
			Reste	1
			Somme	10 | 9
				1 | 1

TABLE DES CARRÉS, DES CUBES ET DES CERCLES, D'APRÈS LES COTÉS, DIAMÈTRES ET CIRCONFÉRENCES.

CÔTÉ DU DIAM.	SURFACE du CARRÉ.	SOLIDITÉ du CUBE.	CIRCONFÉRENCE DU CERCLE.	SURFACE du CERCLE.	CÔTÉ DU DIAM.	SURFACE du CARRÉ.	SOLIDITÉ du CUBE.	CIRCONFÉRENCE. DU CERCLE.	SURFACE du CERCLE.
1	1	1	3 142	0 785	51	2601	132 651	160 221	2041 820
2	4	8	6 283	3 142	52	2704	140 608	163 363	2123 715
3	9	27	9 425	7 069	53	2809	148 877	166 504	2206 184
4	16	64	12 566	12 566	54	2916	157 464	169 646	2290 217
5	25	125	15 708	19 635	55	3025	166 375	172 788	2375 823
6	36	216	18 850	28 274	56	3136	175 616	175 929	2463 009
7	49	343	21 991	38 485	57	3249	185 193	179 071	2551 758
8	64	512	25 143	50 265	58	3364	195 112	182 212	2642 080
9	81	720	28 274	63 617	59	3481	205 179	185 354	2733 971
10	100	1 000	31 416	78 540	60	3600	216 000	188 496	2827 433
11	121	1 331	34 558	95 033	61	3721	226 981	191 637	2922 466
12	144	1 728	37 699	113 097	62	3844	238 328	194 779	3019 071
13	169	2 197	40 841	132 732	63	3969	250 047	197 920	3117 245
14	196	2 744	43 982	153 938	64	4096	262 144	201 062	3216 992
15	225	3 375	47 124	176 715	65	4225	274 625	204 204	3318 307
16	256	4 096	50 265	201 062	66	4356	287 496	207 345	3421 186
17	289	4 913	53 407	226 980	67	4489	300 766	210 487	3525 652
18	324	5 832	56 549	254 469	68	4624	314 432	213 628	3631 681
19	361	6 859	59 690	283 529	69	4761	328 509	216 770	3739 281
20	400	8 000	62 832	314 159	70	4900	343 000	219 911	3848 451
21	441	9 261	65 973	346 361	71	5041	357 911	223 053	3959 192
22	484	10 648	69 115	380 132	72	5184	373 248	226 195	4071 501
23	529	12 167	72 257	415 476	73	5329	389 017	229 336	4185 387
24	576	13 824	75 398	452 389	74	5476	405 224	232 478	4300 840
25	625	15 625	78 540	490 874	75	5625	421 875	235 619	4417 866
26	676	17 576	81 681	530 029	76	5776	438 976	238 761	4536 458
27	729	19 683	84 823	572 554	77	5929	456 933	241 903	4656 620
28	784	21 952	87 965	615 752	78	6084	474 552	245 044	4778 361
29	841	24 389	91 106	660 520	79	6241	493 039	248 186	4901 661
30	900	27 000	94 248	706 858	80	6400	512 000	251 327	5026 541
31	961	29 791	97 389	754 768	81	6561	531 441	254 469	5153 009
32	1024	32 768	100 531	804 248	82	6724	551 368	257 611	5281 018
33	1089	35 937	103 673	855 297	83	6889	571 787	260 752	5410 599
34	1156	39 304	106 814	907 920	84	7056	592 704	263 894	5541 770
35	1225	42 875	109 956	962 114	85	7225	614 125	267 035	5674 501
36	1296	46 656	113 097	1017 875	86	7396	636 056	270 177	5808 805
37	1369	50 653	116 239	1075 210	87	7569	658 503	273 319	5944 679
38	1444	54 872	119 381	1134 115	88	7744	681 472	276 460	6082 115
39	1521	59 319	122 522	1194 590	89	7921	704 969	279 602	6221 134
40	1600	64 000	125 664	1256 637	90	8100	729 000	282 743	6361 720
41	1681	68 921	128 805	1320 254	91	8281	753 571	285 885	6503 877
42	1764	74 088	131 947	1385 442	92	8464	778 688	289 027	6647 610
43	1849	79 507	135 089	1452 201	93	8649	804 357	292 168	6792 909
44	1936	85 184	138 230	1520 529	94	8836	830 584	295 310	6939 780
45	2025	91 125	141 372	1590 435	95	9025	857 375	298 451	7088 217
46	2116	97 336	144 513	1661 903	96	9216	884 736	301 593	7238 232
47	2209	103 823	147 655	1734 945	97	9409	912 673	304 735	7389 812
48	2304	110 592	150 796	1809 558	98	9604	941 192	307 876	7542 964
49	2401	117 649	153 938	1885 741	99	9801	970 209	311 018	7697 681
50	2500	125 000	157 080	1963 495	100	10000	1000 000	314 159	7853 975

La division décimale des nouvelles mesures rend précieuse cette table, extraite de l'excellent ouvrage de M. Tarbé, sur les poids et mesures. Elle sera utile dans une foule d'opérations.

Elle peut servir à trouver :

1°, Les carrés et les cubes, les racines carrées et cubiques de tous les multiples ou sous-multiples décimaux des 100 premiers nombres, et même des nombres intermédiaires; 2°, la circonférence et la surface de tous les cercles, et, réciproquement, à retrouver le diamètre et la circonférence.

En multipliant
- la 1re colonne par elle-même on a la 2e;
- la 1re id. par la 2e on a la 3e;
- la 1re id. par 3 14159 on obtient la 4e;
- la 4e id. par le 1/4 de la 1re on a la 5e, surface du cercle.

Voir le tableau de géométrie, dont cette table est un des développements. Elle peut suppléer le tableau des cylindres dans beaucoup de cas.

Manière de s'en servir.

1°, CARRÉS. La 1re colonne représente des mesures de longueur; la seconde des mesures de superficie. Ces mesures ne croissent pas dans la même proportion : le rapport est décimal entre les différentes unités linéaires, et centésimal pour les mesures de superficie. Si donc on sépare par le point un ou deux chiffres de la 1re colonne, il faut en séparer le double dans la 2e, et de même, si l'on ajoute un ou plusieurs zéros à la racine, il faut les doubler au carré. Ainsi le carré de 36 étant suivant la table, 1296, celui de 3. 6 sera de 12. 96; pour 3600, de 12960000, etc., etc.

On a le carré d'un nombre double, triple, quadruple, etc., de l'un des nombres indiqués dans la table, en multipliant le carré de ce nombre par 4 pour le double, 9 pour le triple, 16 pour le quadruple, et 25 pour le quintuple, etc., etc.

La différence entre le carré de deux nombres est égale à la somme de ces deux nombres, multipliée par leur différence.

2°, DES CUBES. Les mesures de solidité ne conservent pas entr'elles le même rapport que les mesures de longueur; il est décimal pour celles-ci, millésimal pour les premières. Si on sépare, par le point, un ou deux chiffres de la 1re colonne, il faut en séparer 3 ou 6 dans la seconde; de même, si on ajoute un ou plusieurs zéros à la racine, il faut les tripler au carré.

Pour plus de détail, voir le Manuel des poids et mesures.

DENSITÉ.

Rapport de la masse d'un corps à son volume, ou quantité de matière que contient un corps sous un volume déterminé. De deux corps égaux en volume, tels qu'un centimètre cube d'or et un centimètre cube de bois de chêne, le plus dense est celui qui est le plus pesant, et par conséquent qui contient le plus de matière ou qui a la plus grande masse. La masse est toujours proportionnelle au poids.

Les densités de deux corps quelconques QUI ONT UN MÊME VOLUME sont donc EN RAPPORT DIRECT des masses, et les densités de deux corps qui ont la même masse sont EN RAISON INVERSE des volumes.

En combinant ces deux proportions, on en déduit la proposition générale suivante :

Les densités de deux corps sont en raison composées du rapport direct des masses et du rapport inverse des volumes.

Désignant donc par D et D' les densités de deux corps, dont les masses sont M et M' et les volumes V et V', nous aurons :

$$\ldots (1) \ldots D : D' :: \frac{M}{V} : \frac{M'}{V'}.$$

Les masses étant proportionnelles aux poids, nous pouvons poser cette autre proposition :

$$(2) \ldots\ldots D : D' :: \frac{P}{V} : \frac{P'}{V'}$$

P et P' représentant les poids.

Pour comparer les densités de plusieurs corps, il suffit donc de connaître leurs poids et leurs volumes ; car si, par exemple, on sait qu'un premier corps, dont le volume est de 3 centimètres cubes, pèse 4 gr., et qu'un second corps, dont le volume est de 5 centimètres cubes, pèse 7 gr., on a :

$$D : D' :: \frac{4}{3} : \frac{7}{5} :: 20 : 21,$$

d'où l'on conclut que la densité du premier corps est à celle du second comme 20:21.

Les densités relatives des corps prennent le nom de pesanteurs spécifiques, lorsqu'en les comparant sous des volumes égaux, on prend l'une de ces densités pour unité ou pour terme de comparaison. Ainsi, ayant trouvé que 500 cent. cubes d'or pèsent 9,750 gr., que 500 cent. cubes d'argent pèsent 5,237 gr., et que 500 cent. d'eau distillée pèsent 500 gr., et sachant d'après (2), qu'à volume égal, les densités sont comme les poids, on en conclut que les densités de l'eau, de l'or et de l'argent, sont entre elles comme les nombres 500, 9,750, 5,237. Or, en divisant ces trois nombre par 500 pour rendre le premier terme égal à l'unité, leurs rapports ne changent pas; donc ces densités sont encore entre elles comme 1 : 19,5 : 10,474; c'est-à-dire que la densité de l'eau étant prise pour unité, celle d'un même volume d'or et d'argent, ou, ce qui est la même chose, les pesanteurs spécifiques de l'or et de l'argent sont représentées par 19,5 et 10,474.

Si l'on pouvait mesurer avec exactitude le volume des corps solides, il suffirait d'une balance pour déterminer leur densité; mais dans le plus grand nombre des cas, il est impossible d'obtenir cette mesure géométriquement, et, dans tous, il est beaucoup plus prompt et plus exact d'avoir recours aux moyens fournis par l'hydrostatique. On sait qu'un corps solide plongé dans un liquide, y perd une partie de son poids égal à celui du volume d'eau qu'il déplace. Ainsi, en pesant dans l'eau plusieurs corps qui ont même poids dans l'air, c'est-à-dire en pesant, par exemple, dans l'eau 1 kilog. d'or et 1 kilog. d'argent, les pertes éprouvées en poids seront les poids respectifs des volumes d'eau déplacés par l'or et par l'argent, volumes nécessairement égaux à ceux des kilog. d'or et d'argent et dont le rapport est le même. Mais d'après (1) et (2), lorsque les poids ou les masses sont les mêmes, les densités sont en raison inverse des volumes; ainsi, ces volumes étant le rapport du poids des quantités d'eau déplacées, il s'ensuit que les densités sont en raison inverse de ces mêmes poids et que l'on parvient de cette manière à déterminer les densités, sans avoir besoin de connaître le volume des corps.

C'est pour cet objet qu'on a inventé la balance hydrostatique.

Sous chaque bassin se trouve un crochet à l'un desquels on attache, avec un crin ou un fil très-délié, l'objet dont on veut connaître la densité; on met des poids dans l'autre bassin pour connaître le poids absolu de cet objet, qu'ensuite on plonge dans l'eau; l'équilibre se rompt; pour le rétablir, on met des poids sur le bassin du côté du corps, et ces poids font connaître celui du volume d'eau déplacé.

Pour déterminer la densité relative des liquides, on se sert d'aréomètre (pag. 78); quant aux corps gazeux, on évalue leur densité par la différence entre le poids d'un ballon de verre rempli d'un gaz et le poids du même ballon dans lequel on a fait le vide. Voici une table exacte et succincte des pesanteurs spécifiques des corps, sous leurs trois formes, gazeuse, liquide et solide. Le poids relatif représente des kilog. ou un décimètre cube d'eau pour les liquides et les solides.

Table des densités.

Gaz.

L'air étant pris pour unité.

NOMS.	DENSITÉS.	
Air.	1	000
Acide carbonique. . .	1	524
Oxigène.	1	102
Azote.	0	976
Hydrogène.	0	068
Vapeur d'eau.	0	623

Liquides.

L'eau à + 4° centigrades, étant prise pour unité.

Eau de la mer.	1	026
Eau de la mer morte. .	1	240
Eau de puits.	1	006
Eau de rivière.	1	012
Eau bouillante.	«	970
Eau glacée.	«	930
Vin de Madère.	1	038
Vin de Malaga.	1	022
Vin de Bordeaux. . . .	«	994
Vin d'Orléans.	«	991
Vin de Bourgogne. . .	«	990
Vin de Mâcon.	«	985
Vin d'Anjou et Champ.	«	978
Poids commun du vin .	«	988
Raisin, l'hecto	«	075 k°
Lait.	1	036
Vinaigre pyroligneux. .	1	017
Vinaigre ordinaire. . .	1	024
Vinaigre d'Orléans. . .	1	028
Bière.	1	026
Bière ordinaire.	1	021
Alcool absolu.	«	792
Huile d'olive.	«	915

Esprits à 15° centigr.

A 90	dégrés.		
« 89	id		
« 88	id		
« 87	id	«	850
« 86	id	«	854
« 85	id	«	857
« 84	id	«	860

Eaux-de-vie fortes.

« 61	id	«	911
« 60	id	«	914
« 59	id	«	916
« 58	id	«	919

Eaux-de-vie ordinaires.

NOMS.		DENSITÉS.
A 51 degrés.	«	932
« 50 id	«	934
« 49 id	«	936
« 48 id	«	938
« 47 id	«	940
« 46 id	«	943
« 45 id	«	945
« 44 id	«	948

La densité des liquides spiritueux a été faite empiriquement, avec le plus grand soin, sous la température de 15° centigr.; les différences avec le calcul rigoureux tiennent à la contraction.

Solides.

A la température de 18° centigrades.

CORPS.	DENSITÉS.	
Platine laminé	22	069
Or forgé.	19	36
Mercure (à 0°). . . .	13	59
Plomb fondu.	11	352
Argent id.	10	47
Cuivre rouge id. . . .	8	788
Acier.	7	816
Etain fondu.	7	291
Fer id.	7	207
Zinc id.	6	861
Rubis oriental.	4	283
Saphir id.	3	994
Topase id.	4	010
Diamants les plus lourds (légèrement colorés en rose).	3	531

SUITE DES SOLIDES.

NOMS.	DENSITÉS.	
Diamants les plus légers.	3	501
Perles.	2	750
Corail.	2	680
Porcelaine de Chine. . .	2	384
Id. de Sèvres. .	2	145
Cristal de roche pur . .	2	653
Ivoire.	1	917
Albâtre.	1	874
Chêne (cœur)	1	074
Hêtre et frêne	0	842
Oranger.	0	705
Tilleul.	0	604
Cèdre.	0	561
Peuplier blanc d'Espagne	0	529
Peuplier ordinaire. . .	0	383
Liége.	0	240
Houille compacte . . .	1	329
Noyer.	0	671
Sapin mâle.	0	550
Olivier.	0	927
Buis de France	0	912
Id. de Hollande. . . .	1	328
Grenadier.	1	354
Vigne.	1	327
Ebénier d'Amérique . .	1	331
Sucre.	1	610
Sirop concentré. . . .	1	250
Jus de betterave (selon la nature du tubercule, la saison du travail et les procédés employés) de	1	030
à	1	100

Pour établir une liaison entre les tables qui précèdent, extraites des meilleurs physiciens, il faut se rappeler que le poids de l'air, à la température de la glace fondante et sous la pression de $0^m 76$, est, à volume égal, 1/770 de celui de l'eau distillée; sous la même pression, le rapport du poids de l'air à celui du mercure, est de 1 à 10,466.

Ces tables, dont l'usage est si imposant en physique, donnent la solution d'un problème intéressant; elles servent à déterminer le poids absolu d'un corps à l'aide de son volume, et réciproquement. Par exemple, on veut savoir ce que pèse un morceau de fer fondu dont le volume est de 125 décimètres cubes; cherchant dans la table des solides la pesanteur spécifique du fer fondu, on trouve le nombre 7,207 qui nous apprend que les densités de l'eau et du fer sont comme 1 : 7,207; il suffit donc de savoir ce que pèsent 125 décim. cubes d'eau, et de *multiplier ce poids par* 7,207 pour connaître le poids de 125 décim. cubes de fer. Or, la base de notre système de poids est que 1 centim. cube d'eau distillée pèse 1 gram.; conséquemment 1 décim. cube, qui vaut 1000 centim. cubes, pèse 1000 gram. ou 1 kilog.; 125 décim. cubes d'eau pèsent donc 125 kilog., et 125 décim. cubes de fer fondu pèsent 125 × 7,207 ou 898 kilog., 875 gram.

Que s'il s'agissait de connaître le poids des six corps comparés à l'eau (*Jeaugeage des bateaux*), l'opération serait des plus simples, puisque nous venons de voir qu'à volume égal les densités sont comme les poids, et que le volume est un mètre cube pour chacun.

Or, voici la densité des corps :

Liége.	0 240	Ivoire.	1 917
Alcool.	0 792	Plomb.	11 353
Huile d'olive. . .	0 915	Platine.	22 069

Donc un mètre cube de liége pèse 240 kilog. et un mètre cube de platine 22,069 kilog.; donc un litre de ce métal, 22 kilog. 069 déc.; donc le platine, le plus dur de tous les métaux, pèse 22 fois plus que l'eau, un décimètre cube d'eau ne pesant qu'un kilog.; donc il ne lui faudrait qu'une épaisseur de 45 millim. dans le vase en question (*Jaugeage des bateaux*), pour faire équilibre à l'eau, car 45 répété 22 fois = 1000 à peu près, et ainsi des autres.

C'est ainsi que dans les sciences positives tout se lie et s'enchaîne.

La densité des corps n'est pas toujours la même; car l'action de la chaleur, qui les dilate plus ou moins, augmentant leur volume sans augmenter leur quantité de matière, fait varier la densité. Il est donc essentiel, lorsqu'on veut faire des expériences, de ramener les corps à la même température; et c'est à ce manque de soin que sont dues les différences qui existent entre les tables de pesanteur spécifique données par plusieurs physiciens.

Veut-on connaître maintenant la densité par le volume? Voici deux procédés des plus faciles :

Liquides. Peser dans un flacon l'eau, puis l'alcool et (les densités étant proportionnelles aux poids sous le même volume) faire cette proportion, le poids du liquide comparé : au poids de l'eau :: 1000 : X.

EXEMPLE.

Eau, déduction faite du flacon. . . . . . 66 g. 800
Alcool pur id. id. . . . . 52 g. 920
d'où 66 g. 800 : 52 g. 920 :: 1,000 : 792.

Solides. Peser le corps dans l'air, puis dans l'eau; le poids de l'air, *divisé par la différence*, donne la densité. C'est la belle découverte d'Archimède.

J'ai appuyé ici sur la densité, parce qu'il est beaucoup d'opérations où les employés en ont besoin, et beaucoup trop de circonstances où ils se dispensent d'agir ne la connaissant pas.

RICHESSE DES VINS.

Alcool pur contenu dans un hectolitre des meilleurs vins connus ; Bière, Cidre et Hydromel.

NOMS DES CRUS.	ALCOOL PUR.		NOMS DES CRUS.	ALCOOL PUR.	
Lissa.	23 lit.	47 c.	Grave.	12 lit.	30 c.
Madère.	20	48	Frontignan	11	76
Constance blanc. . . .	18	17	Côte-Rôtie.	11	45
Roussillon	16	67	Rhin.	11	11
Ermitage orl.	16	03	Tokay.	9	08
Id. or.	11	38	Cidre ordinaire. . . .	6	95
Malaga.	15	87	Poiré id . . .	8	00
Lunel	14	27	Bière moyenne. . . .	6	32
Bordeaux.	13	89	Id. forte brune. . .	6	23
Bourgogne	13	40	Porter de Londres. . .	3	88
Sauterne	13	08	Petite bière id. . .	1	17
Champagne rouge. . .	12	69	Hydromel.	6	67
Id. mousseux.	11	60			

INSTRUMENTS DE LA RÉGIE.

Thermomètre.

(Mesure-chaleur.) On choisit un tube de verre, étroit, bien calibré, c'est-à-dire dont le réservoir doit être en rapport avec la grosseur du tube. Alors faisant avec soin le vide dans ce tube, on introduit un liquide susceptible de se dilater, ordinairement de l'esprit de vin ou du mercure; puis s'étant assuré que le liquide n'atteint pas le haut du tube et qu'il ne rentre pas complètement dans le réservoir, on le plonge dans la glace fondante, et à l'endroit où s'arrête le liquide on marque zéro; on l'enfonce ensuite dans de l'eau bouillante, et lorsque le liquide a atteint son maximum d'élévation, on marque 80, 100 ou 212, selon que l'on veut avoir la graduation de Réaumur, l'échelle centigrade, ou celle de Fahrenheit. L'intervalle est gradué en conséquence.

Le rapport du thermomètre centigrade avec celui de Réaumur est de 1/5; de sorte que 10° centigr. = 8° R., il faut donc ajouter 1/4 au degré R. pour retrouver les degrés centigr. 8 + 2 = 10. En effet les échelles sont dans le rapport de 4 à 5 = 80 à 100.

Aréomètre.

L'aréomètre consiste en un tube de verre terminé en boule par sa partie inférieure, et divisé en parties égales dans toutes sa longueur; on soude à la boule principale une plus petite qu'on a remplie de mercure afin que l'instrument flotte toujours dans une position verticale.

On sait que les liquides spiritueux ont plus de valeur lorsqu'ils sont plus légers; le contraire a lieu pour ceux qui contiennent des sels en dissolution; il est donc nécessaire de donner une disposition et une échelle différentes pour chaque usage qu'on en veut faire. Par cette raison, on les désigne sous les noms d'aréomètre ou pèse-liqueurs, à alcool, à vin, à bière, à cidre, à sel, à sucre, etc., etc.

Pour graduer l'aréomètre à alcool, par exemple, on le plonge dans de l'eau distillée, puis dans l'alcool absolu; il s'enfonce moins profondément dans l'eau que dans l'alcool; *on marque* 0 *au premier point, et* 100 *au second;* ensuite on mêle ensemble 10 parties d'alcool et 90 d'eau, puis 20 d'alcool et 80 d'eau, ainsi de suite jusqu'à 90 d'alcool et 10 d'eau. Après avoir plongé l'aréomètre dans chacun de ces mélanges, et marqué les points où il s'est enfoncé, on trace sur l'échelle les nombres 10, 20, 30, etc. Les intervalles de ces divisions, quoique inégaux, peuvent être divisés en dix parties, sans erreur sensible, et l'instrument, ainsi gradué, indique combien *de parties d'alcool* sont contenues dans un mélange d'eau et d'alcool, pourvu toutefois que l'on tienne compte de la température. Il est facile de voir que l'on peut suivre cette marche pour tout autre liquide. Ainsi, en prenant de l'eau saturée d'un sel, et de l'eau pure, on pourrait, connaissant la quantité de sel qu'un volume d'eau a dissoute pour être saturée, la diviser en cent parties égales, et graduer l'instrument en le plongeant dans l'eau à mesure qu'elle aura dissout une, deux, trois, etc., portion de ce sel: ainsi des autres. On subdivise ordinairement le pèse-liqueur pour les petites eaux et les eaux-de-vie fortes.

Densimètre.

Les corps, sous un volume donné, sont plus légers ou plus pesants que l'eau (*Jaugeage des bateaux*). Dans le premier cas l'aréomètre s'enfonce, dans l'autre il se relève; c'est le cas du densimètre, du pèse-acide, etc. L'échelle de cet instrument est graduée de telle sorte qu'elle indique la pesanteur spécifique des liquides comparativement à l'eau. Le point qui correspond à la densité est marqué du chiffre 100, représentant 100 décagrammes ou 1,000 gram., poids d'un litre d'eau. Le densimètre s'enfoncera d'autant moins que le liquide dans lequel on le plongera sera plus pesant que l'eau; chaque degré vaut un décagramme et chaque dixième de degré un gramme. Ainsi un litre de jus de betterave, dans lequel l'instrument s'arrête, par exemple, à 103° 6/10es, pèse, à la température de 15° centigrades, 1k,036 gram. L'ordonnance ayant posé comme règle que 100 lit. de jus, à 105 degrés, donneraient lieu à une prise en charge de 5 kilogr. de sucre brut, il faut compter comme sucre tout l'excédant de la densité du jus sur l'eau. En effet, 100 litres de jus, à 105 degrés, pèsent, d'après ce qui vient d'être expliqué, 105,000 grammes ou 105 kilogrammes. Or, 100 litres d'eau pèsent 100 kilogrammes. Le sucre est donc représenté par l'excédant du poids du jus sur celui de l'eau. On aura le même résultat en multipliant le volume du jus par l'excédant du degré sur 100. (Instruct. 187.)

Equerre nautique et Régulateur.

Equerre nautique. L'une des branches en bois garnie de fer d'un côté, présente une échelle en cuivre de deux mètres de longueur, graduée en centimètres; l'autre branche, mobile, en fer, a seulement un mètre et demi de longueur. La première est terminée à l'un des bouts par un anneau dans lequel on introduit un fort bâton qui sert à soutenir l'équerre. Un fil à-plomb avec un poids en cuivre y sont ajustés pour qu'on puisse placer l'instrument perpendiculairement au cours de l'eau. A l'autre bout se trouve une vis qui s'adapte à un écrou dans la seconde branche. Cette équerre sert à mesurer le tirant d'eau à charge complète et à vide, et la hauteur totale du bateau.

Le régulateur se compose de trois pièces qui n'en forment réellement qu'une, le tire-fond, le plomb et le fil. Elles servent à tracer la ligne de flotaison à charge complète, à apprécier l'inclinaison ou la courbure des côtés des bateaux, et à déterminer, par soustraction et par comparaison avec les largeurs à charge complète, tant les largeurs à vide que celles à différentes hauteurs, sans que l'on soit obligé de les mesurer. (Circul. 133.)

Jauge brisée ou Diagonale.

La cour de cassation a reconnu par plusieurs arrêts : 1°, que les employés sont autorisés à se servir, pour l'opération du jaugeage, de tous les modes de jaugeage connus. (Arrêt du 4 nov. 1809.)

2°, Que le procès-verbal dans lequel ils déclarent qu'un vaisseau par eux jaugé est de telle contenance, fait foi de cette contenance jusqu'à inscription de faux. (A. du 23 avril 1808. M., t. 3, p. 329.)

3°, Que la régie a le droit de déterminer le mode de jaugeage des tonneaux, et en général tous les moyens propres à assurer la perception qui lui est confiée. (A. du 24 janvier 1812.)

La jauge brisée est formée de trois petites barres de fer carrées qui se vissent. Sur une des faces de cette jauge, de 124 centimètres y compris le bouton, figure un mètre ; sur la face opposée est une échelle dont les divisions vont toujours en décroissant, depuis le n° 1er, qui est vers le bas de la verge, jusqu'au n° 100, qui est vers la partie supérieure.

On introduit la règle diagonalement par la bonde jusqu'à ce qu'on rencontre le fond dans sa partie la plus basse, afin d'obtenir (au-dessous du bois) la plus grande distance oblique de ce fond au centre de l'orifice ou bonde. S'il y avait une différence, on prendrait la moyenne et on aurait le nombre de décalitres que contient le tonneau, car la jauge porte une échelle de 100 degrés chiffrés de 5 en 5; chaque degré vaut un décalitre, 10 = 100, 100 = 1000. On voit que la règle introduite par la bonde, et allant rejoindre l'angle formé par le fond et le côté du tonneau, représente l'hypothénuse d'un triangle rectangle, dont la demi-longueur de la futaille est un côté horizontal et le diamètre du fond un côté vertical; car on suppose que le tonneau a la forme d'un cylindre dont la jauge traverse ainsi obliquement la demi-capacité.

Cependant cette jauge est construite sur les dimensions fixées par la loi pour les futailles métriques, et réglée de manière que la longueur *intérieure*, le diamètre intérieur du bouge, et le diamètre intérieur de l'un des fonds soient, dans toutes les pièces, comme les nombres 21, 18, 16. (*V.* le Tableau des fûts en vidange.)

Jauge à crochet.

Faite en bois ou en fer, carrée comme la précédente, d'une longueur de 230 cent., cette jauge se partage en cinq parties égales au moyen de quatre brisures en cuivre qui se montent à vis et la rendent très-portative. Elle est surmontée d'un fer portant un crochet qui se monte aussi à vis; l'autre extrémité est terminée par une fourchette en fer pour garantir le bois; elle est contenue dans un sac de peau.

Elle a trois échelles; pour les diamètres, les hauteurs et le mètre avec toutes ses divisions.

L'échelle des diamètres est construite, comme dans la jauge brisée, d'après cette propriété du triangle rectangle, que le carré construit sur l'hypothénuse, est égal à la somme des carrés construits sur les deux autres côtés. Or, il en est de même des cylindres et des autres corps réguliers de même hauteur. (*V.* Géom. page 63.)

Pour avoir des diamètres sur lesquels on puisse construire des cercles dont les surfaces croissent comme les nombres 1, 2, 3, 4, 5, 6, etc., on a opéré de la manière suivante :

En supposant, pour l'unité, un cylindre dont la hauteur soit égale au diamètre de sa base, et l'un et l'autre de 0 185,312 du mètres, ainsi que *la loi l'a fixé*, on aura un cylindre de cinq décimètre cubes, correspondant à un demi-décalitre; le second cylindre ayant pour diamètre de sa base l'hypothénuse d'un triangle rectangle formé sur les deux dimensions dont nous venons de parler, serait double du précédent et correspondrait à un décalitre; le troisième cylindre ayant pour diamètre de sa base l'hypothénuse d'un triangle rectangle sur l'un des côtés du premier et l'hypothénuse du second, serait triple du premier et correspondrait à un décalitre et demi, et ainsi des autres. Or, voilà une série de cylindres où les surfaces des bases, comme aussi les solidités, sont entre elles comme 1, 2, 3, etc., c'est-à-dire dans les rapports que nous avons désignés ci-dessus. Il ne faut pas perdre de vue que la hauteur de ces cylindres ne change pas et qu'elle est supposée toujours égale à 0 185312 du mètre. C'est d'après ces principes qu'est gravée l'échelle des diamètres.

L'échelle des longueurs, gravée sur la face opposée de la jauge, est formée d'une série de hauteurs égales à 0 185312 du mètre, que, pour plus grande commodité dans les évaluations, on subdivise encore en dix parties égales.

L'échelle métrique, ou, ce qui est la même chose, les divisions du mètre, sont gravées sur une troisième face de la jauge. La première division de ces trois échelles part du même point, l'extrémité inférieure de la jauge.

La jauge dont nous venons de faire connaître la construction est donc telle : 1°, que le côté de la série des diamètres correspond aux diamètres moyens des tonneaux réguliers, et donne la valeur de transformation de ces tonneaux sous une certaine hauteur commune; 2°, que l'autre côté exprime combien de fois ces tonneaux ont de hauteurs communes, pour prendre autant de fois la valeur de transformation.

Le côté destiné à prendre le diamètre des fonds et du bouge porte une échelle de 180 divisions, chiffrées de 5 en 5 : chaque division vaut deux litres; cette graduation part du sommet du fer qui porte le crochet.

Le côté opposé sert à prendre la longueur extérieure des futailles, et se trouve divisé en treize parties qui valent aussi chacune deux litres; chaque partie est subdivisée par 10, afin d'obtenir des résultats plus exacts; les deux points qui se trouvent au milieu de cette subdivision marquent la moitié de l'unité de longueur du double litre. Cette échelle part de l'intérieur du crochet, et porte avec elle *la réduction des jables et des fonds* combinée avec la grandeur des tonneaux, ce qui abrége les opérations sans nuire sensiblement à la précision.

Manière de s'en servir. On ajoute au bout qui doit porter le crochet autant de parties qu'il en faut pour obtenir la longueur du tonneau qu'on veut jauger. Il faut avoir soin de monter chaque bout à la place qui lui est assignée par la division, de manière que toutes les parties soient bien jointes et que les angles se rapportent exactement; cela fait, et avant de monter le crochet, on prend la hauteur des fonds et celle du bouge pour en former un diamètre moyen. Le diamètre du fond se prend en posant le bout de la jauge qui doit porter le crochet en dedans du jable, et en regardant bien horizontalement à quelle division de la jauge se termine le dessous du jable supérieur. Il est essentiel de prendre la hauteur des deux fonds pour s'assurer qu'ils sont égaux : si l'un était plus haut que l'autre, il faudrait prendre la moyenne.

Le diamètre du bouge se prend en introduisant le même bout de la jauge par la bonde; et, en regardant à quelle division se termine le dessous de la douve, il faut avoir soin de poser la jauge bien perpendiculairement dans le tonneau; on ajoute ensuite le nombre de divisions obtenues à celui des fonds réduits, et prenant la moitié du total, on a le diamètre moyen du tonneau.

La longueur se prend en fixant le crochet de la jauge aux jables de l'un des bouts du tonneau; et en regardant au côté opposé à quelle division se termine l'extrémité des autres jables, il faut avoir soin que la vue se prolonge perpendiculairement et découvre l'extrémité du même jable à la partie inférieure, sans quoi on s'exposerait à n'obtenir qu'une longueur inexacte. Il n'est pas nécessaire de courber la jauge selon la pente du tonneau.

Multipliant ensuite le nombre des divisions du diamètre moyen par la longueur, le produit donne la contenance du tonneau en *doubles litres.*

Jauge à ruban.

Elle est basée sur les mêmes principes que les deux précédentes; elle a 234 centimètres de longueur. Le côté destiné à prendre le diamètre des fonds et du bouge porte une échelle de 200 divisions chiffrées de 5 en 5; chaque division vaut deux litres: cette graduation part du point o qui se trouve vers le bout sortant du baril.

Le côté opposé sert à prendre la longueur *extérieure* des futailles; il est divisé en treize parties qui valent pareillement deux litres chacune; toutes ces parties sont subdivisées en 10, afin d'obtenir des résultats plus exacts. Cette échelle part aussi du point o et porte avec elle *la réduction des jables et des fonds combinée avec la grandeur des tonneaux.*

Manière de s'en servir. On prend le diamètre moyen des fonds, on y ajoute celui du bouge, et la moitié du total est le diamètre moyen qu'on multiplie ensuite par la longueur : le produit exprimera la contenance du tonneau en doubles litres.

Il existe une autre jauge à ruban, d'une grande simplicité et qui peut mesurer les tonneaux de la plus grande dimension. Elle est graduée de litre en litre jusqu'à 10 litres; de 5 en 5 litres jusqu'à 4 hecto.; de 10 en 10 litres jusqu'à 10 hecto.; de 50 en 50 litres jusqu'à 15 hecto.; enfin, d'hecto. en hecto. jusqu'à 200. Elle a 4 mètres 1/2 de longueur. Un côté peut servir à établir une jauge pour l'épalement des vaisseaux. Coupée par la moitié, elle donne 25 hecto. et 2 mètres 1/4.

Voici la manière de l'employer :

En supposant que l'on ait à opérer sur un fût d'un mètre de longueur (jables compris) et de 60 cent. de fond, on appliquerait la ligne indiquée comme point de départ de la jauge, au milieu de la longueur du fût, et, en la développant jusqu'à l'extrémité de la douve, on arrivera un peu au-dessous de la division 30 de la jauge. De ce point, que l'on placera à la partie supérieure du fond, *sous le jable*, on descendra la jauge jusqu'à la partie inférieure, toujours près du jable et de manière à ce que la jauge ait traversé le fond dans son plus grand diamètre; on arrivera à la division 3 hect. 10 litres, qui sera la contenance du fût.

Il convient d'observer que la jauge étant établie pour des fûts ayant 3 centimètres de jable, cette partie des vaisseaux doit être mesurée: si la différence est légère, négliger; si elle est importante, en tenir compte.

Il est impossible et souvent dangereux, surtout dans le Midi, de débonder les pipes de spiritueux pour avoir la hauteur du bouge; on l'obtiendra en prenant au milieu la circonférence de la futaille avec une ficelle ou une jauge à ruban; et en divisant la longueur obtenue par le rapport du diamètre à la circonférence (3 14159). Supposons la pièce de 6 hecto. 20 lit., et la circonférence de 282 cent. 74 mil., le bouge serait de 90 cent., (table des carrés, page 70); mais il faut diminuer l'épaisseur du bois de

2 cent., reste 88 cent., ce qui s'accorderait avec le tableau des futailles en vidanges (*V.* ci-après ce Tableau).

Aréomètre de Beaumé.

Ce pèse-acide se gradue en marquant o le point où il s'arrête dans l'eau pure, et 15 celui où il s'arrête dans un mélange de 85 parties d'eau et de 15 de sel marin. L'intervalle de ces deux points étant divisé en 15 parties égales, on plonge l'échelle au-dessous de o et au-dessus de 15 avec ces mêmes parties. (*V.* Vinaigrerie.)

Rapporteur centésimal.

Cet instrument a, comme le litre, 172 millimètres de hauteur sans compter la boucle; cette hauteur est divisée en 100 parties ou centilitres; de sorte qu'en versant dans le litre une bouteille inférieure à cette contenance, on connaît exactement le rapport entre les deux vases: rapport qui sert de base au tableau, page 4, et que les employés soigneux portent non-seulement sur l'affiche des prix de vente, mais encore à la table et en tête de chaque compte de leur portatif.

JAUGEAGE DES VAISSEAUX.

Jauger est l'art de trouver la capacité d'un vase.

On s'exagère les difficultés du jaugeage : un peu d'attention suffit. Pour les bacs et vaisseaux à angles droits (*V.* le mot Solidité du cube, article Géométrie) : aucune difficulté à cet égard.

Tous les vaisseaux curvilignes peuvent être ramenés au cylindre. Or, le cercle du diamètre du cylindre est à la superficie de son cercle, comme 14 est à 11. On a donc cette proportion: 14 : 11

:: le carré du diamètre (soit 100 = 1000) est à la superficie du cercle = 7854, tout est là ; c'est le fondement du carnet n° 78 de l'Administration. Il ne reste plus qu'à multiplier la surface du cercle par la hauteur pour avoir la contenance.

Il est bon de remarquer que ce rapport 11 à 14 est un peu forcé ; car celui du cercle au carré est de 7854 d'après le carnet, et rigoureusement de 0,7853 975/1000. L'Administration a forcé un peu pour simplifier. Mais 14 : 11 est commode et suffit dans les opérations de jaugeage, si l'on n'a pas le carnet, et un employé doit pouvoir s'en passer.

Dans toute proportion géométrique, le quatrième terme s'obtient en divisant par le premier terme le produit des deux autres appelés moyens : de sorte que le produit des extrêmes doit toujours être égal au produit des moyens. C'est la preuve de l'opération.

Le litre d'étain est un cylindre dont le diamètre légal est de 86 millimètres et la hauteur du double.

Si l'on veut opérer rigoureusement, plusieurs choses sont à remarquer : le diamètre, le rapport du cercle à la circonférence, la circonférence du cercle la surface du cercle et la solidité.

1°, le diamètre est une ligne droite qui passe par le centre d'un cercle, et qui se termine de part et d'autre à la circonférence.

2°, Le rapport du diamètre à la circonférence a été indiqué article GÉOMÉTRIE.

3°, Quand on a multiplié le diamètre par ce rapport 1 : 314159... on a la circonférence du cercle qui, multipliée par le quart du diamètre, donne la surface du cercle.

4°, Il n'y a plus qu'à multiplier cette surface par la hauteur, et on obtient des millimètres, des centimètres, des décimètres, ou des mètres cubes, selon l'unité prise pour comparaison. La conversion en litres ou hectolitres est trouvée en retranchant les décimales.

Exemple appliqué au litre.

PREUVE PAR 9.

Somme 23 : 9 = 5 .... 3 14159 rapport du diamètre à la circonfér.
Id. 14 : 9 = 5 .... 86 diamètre.
—|9
Produit....25|— 1884954
7|2 ci...7 2513272

Somme 34 : 9 = 7 ......7 27017674 circonférence du cercle.
Id. 8 : 8 égalité 0 215 quart du diamètre 86.
—|9 135088370
Produit....56|— 27017674
2|6 ci...2 54035348

Somme 56 : 9 = 2 ......2 5808799910 surface du cercle.
Id. 10 : 1 = 1 égalité 0 172 hauteur du cylindre.
2 ci.....2 11617599820
40664599370
5808799910

Somme 56 : 9 = 2 ci.....2 999113584520 solidité. { Il y a tolérance dans les dimensions du litre.
égalité 0

Ou 99 centilitres 91/100 en négligeant les 8 décimales.

Or, si on opérait par le rapport 11 à 14, on aurait 13 : 11 :: 7396 carré du diamètre 86 : 5811 × par la hauteur 172 = 99 centilitres 95/100.

Dans la pratique, on simplifie encore cette formule en décomposant 11 : 14 en 1/2, 1/4 et un 1/28; c'est-à-dire, que l'on prend la moitié du produit 7376, puis la moitié de ce résultat, et enfin le septième de ce dernier nombre; on réunit ensuite ces trois parties.

Ainsi le diamètre étant 86, dont le carré est de 7396
La moitié est de. 3698
La moitié de 3698 est de. . 1849
Le septième de 1849 est de 264
Total égal au résultat ci-dessus. . 5811

Mais tous les vaisseaux dans les brasseries, distilleries et sucreries, ne sont pas cylindriques. On ramène au cylindre par des tranches et par divers moyens. Les parois d'une tranche sont censées perpendiculaires, et elles sont courbes ; voilà pourquoi on ajoute pour la courbure, savoir :

Pour les tranches de	13 cent. de h. 1 lit.	17 cent. de h. 2 lit.	23 cent. de h. 8 lit.	45 cent. de h. 47 l.
	14 1	18 3	30 14	50 76
	15 1	19 3	35 22	
	16 2	20 4	40 33	

On peut considérer les tranches comme autant de vases superposés; on fait le calcul pour chacune en conséquence, et il ne reste plus qu'à les réunir. C'est l'objet du tableau qui suit, prescrit par la circulaire n° 25, 4e division.

ÉPALEMENT MÉTRIQUE.

Nº des tranches.	Diam. infér. et sup. des tranch.	Litres corres.(*) aux diam. de chaque tranche	TOTAUX.	Profondeur de chaque tranche.	PRODUITS.	Réunion des produits partiels	Moitié.	Litres à ajouter.	TOTAL général.	Empotement.	Différence en plus.	Différence en moins.
1	1 28	12 868	12 868	21	270 228			4				
2	1 28 1 56	12 868 19 113	31 981	16	511 696			2				
3	1 56 1 77	19 113 24 606	43 719	22	961 818			5				
4	1 77 1 80	24 606 25 447	50 053	26	1301 378	4639 326	23 20	8	23 42	23 25	» 17	» »
5	1 80 1 74	25 447 23 779	49 226	17	836 842			2				
6	1 74 1 56	23 779 19 113	42 892	14	600 488			1				
7	1 56 1 60	19 113 20 106	39 219	4	156 876			»				
(*) Voir ci-après le tableau des diamètres.			Total........		4639 326	S'il y avait des sommiers, il faudrait examiner s'ils sont bien droits. La contenance doit être atténuée d'autant.						
			Moitié......		23 20							
			A ajouter...		22							
			Contenance		23 42							

Les chaudières des brasseurs ont généralement la forme d'un demi-ellipsoïde, tel que la 1re fig. ci-après. Quelquefois la partie supérieure du demi-ellipsoïde se prolonge cylindriquement, et alors elle ressemble à la fig. 2e. Il peut s'en trouver qui aient la forme sphérique comme dans la fig. 3e, ou la même forme surmontée d'un cylindre comme dans la fig. 4e, ou enfin une forme beaucoup plus évasée dans le haut et plus rétrécie dans le fond, telle que la fig. 5e qui est celle d'un paraboloïde.

Solidité du cylindre. (Voy. Géométrie.)

Celle d'un demi-ellipsoïde, ou d'une demi-sphère, est égale aux 2/3 du cylindre de même base et de même hauteur.

Celle d'un paraboloïde est égale à la moitié d'un cylindre de même base et de même hauteur.

Nota. L'évaluation de l'ellipsoïde et du paraboloïde exigent l'emploi du calcul intégral (1) ; mais en confondant la 1re fig. avec la troisième, et en considérant la 5e comme la moitié du cylindre, on ne s'écarte pas sensiblement de la tolérance accordée par l'administration dans le jaugeage métrique.

Il est donc facile de calculer exactement et sans tranches la capacité métrique des chaudières dont les formes peuvent toutes se rapporter à l'une de celles désignées ci-dessus et représentées par les fig. ci-après :

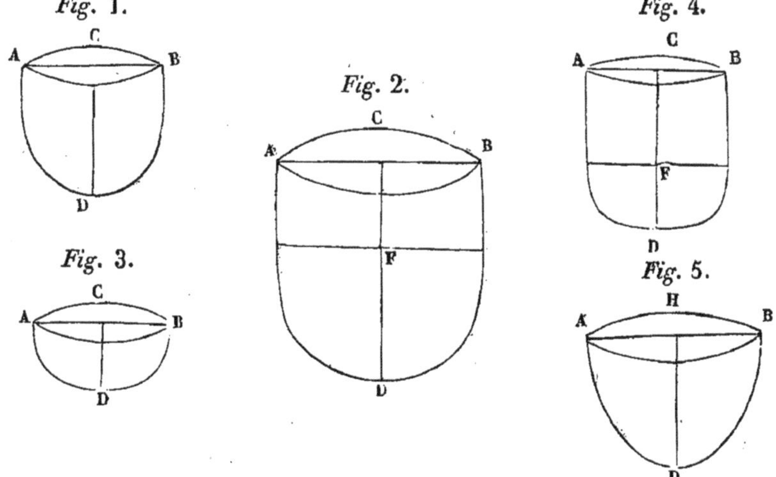

Pour les vases à formes irrégulières, les tranches sont indispensables. Dans les quatre premiers cas, la contenance de la chaudière est égale à la surface du cercle supérieur ACB multipliés par

(1) Pour les algébristes, voici les deux formules intégralées du volume, savoir :

de l'ellipsoïde. . . . $V = \frac{4}{3} \pi a b_2$
du paraboloïde . . . $V = \pi y^2 - \frac{x}{2}$
} a étant le 1/2 grand axe et b le 1/2 petit axe.

les deux tiers de la hauteur depuis D jusqu'au point F, où la chaudière cesse de s'élargir; plus, par toute la hauteur depuis ce même point F jusqu'à celui le plus élevé C, lorsque la chaudière se prolonge cylindriquement.

Dans le cinquième cas, la contenance est égale à la surface du cercle supérieur × la moitié de la hauteur totale. La superficie a été donnée.

Les exemples suivants suffiront pour rendre toute l'opération parfaitement claire.

1re figure. On suppose le diamètre supérieur A B de 1 mètre 00 cent., et la hauteur C D de 0 mètre 50 cent.; on cherchera à la table du carnet 78, 1 m. 00 c. = 7. 854; en multipliant ces 7. 854 par les 2/3 de la hauteur totale 33. 2, on aura 2 hectol. 61 litr., en ne conservant que les trois premières décimales, parce que le mètre cube est dix fois plus grand que l'hectol.

2e figure. On suppose le diamètre supérieur A B de 2 mètres 04 cent.; la hauteur D F depuis le fond D jusqu'au point F, où la chaudière cesse de s'élargir, de 1 mètre 02 cent., et enfin la hauteur F C depuis le même point F jusqu'au point C le plus élevé de la chaudière, de 1 mètre 10 cent.

Pour la partie de la calotte sphérique, on prend sur le carnet pour 2 mètres 04 cent. = 32,685 lesquels × les 2/3 de la hauteur 1 mètre 02 cent. = 22 hectol. 23 litres.

Pour la partie cylindrique, on prend dans le carnet pour 2 mètres 04 cent. = 32 lit. 685 mil., lesquels × la hauteur 1 mètre 10 = 35 hectol. 95 lit. Enfin la réunion des deux calculs donne 58 hectol. 18 lit.

Pour la 3e figure, on opérera absolument comme pour la 1re; pour la 4e comme pour la 2e.

Pour la 5e, on opérera comme dans le premier cas, avec cette seule différence qu'au lieu de multiplier la surface du cercle supérieur par les 2/3 de la hauteur, on ne la multipliera que par 1/2 de cette même hauteur.

On ne devra jamais se servir que de mesures métriques; sans cela les calculs deviendraient extrêmement compliqués. Lorsqu'on a un grand nombre d'opérations à faire, la jauge à ruban devient indispensable.

Il est bien entendu que la hauteur ne doit pas se mesurer le le long des parois de la chaudière, mais suivant l'axe, c'est-à-dire verticalement et au milieu.

Pour connaître celle des cinq figures ci-dessus à laquelle pourra se rapporter la chaudière dont il s'agira, on mesurera la hauteur totale de la chaudière AB, fig. 6, et on figurera sur le papier une ligne pour la représenter. Sur cette ligne, on placera le point F. tel que FB soit la hauteur depuis le fond de la chaudière jusqu'au point où elle cesse de s'élargir; on placera le point P au quart de cette dernière ligne et le point O au 2/3, toujours à partir du fond. Par les points AFO et P on mesurera les lignes transversales CD, EG, IH et KL, sur lesquelles on ajoutera les diamètres correspondants de la chaudière. On aura les extrémités de toutes ces lignes avec le point B par une courbe et la figure de la chaudière. Ce procédé est applicable à toutes les formes des chaudières.

Fig. 6.

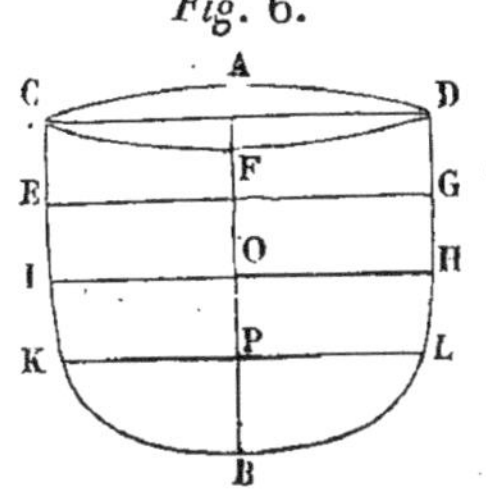

Pour conserver la proportion convenable entre toutes ces lignes, on aura soin de se faire une échelle qui soit de mesure commune.

Sommiers des Chaudières.

La plupart des chaudières sont surmontées de sommiers en bois qui plongent en tout ou partie dans leur intérieur, et qui par conséquent diminuent d'autant le liquide qu'elles peuvent contenir. Il convient donc, après avoir calculé la contenance totale de la chaudière, de soustraire la solidité de ces sommiers. Or, comme ils sont toujours équarris, leur solidité est égale au produit de leurs trois dimensions l'une par l'autre. (Voir CUBE.)

Au moyen de la méthode ci-dessus détaillée, on obtiendra la contenance des chaudières avec une facilité et une précision satisfaisantes, pourvu que les dimensions soient prises avec exactitude. Pour les chaudières irrégulières. (Voy. pag. 89.)

Cuves et Bacs.

Quant aux cuvès et aux bacs, quoique leurs formes soient beaucoup plus variées, on peut cependant les partager en deux grandes classes de solides.

La première, celle des solides droits, c'est-à-dire dont les bases supérieures et inférieures ont leurs dimensions correspondantes égales, quelle que soit d'ailleurs leur figure.

La deuxième, celle des solides tronqués, c'est-à-dire dont les bases supérieures et inférieures, quoique de figure semblable, ont leurs dimensions correspondantes inégales.

Pour la première classe, la contenance est égale à la surface supérieure × la hauteur totale.

Il ne s'agit donc que de connaître la surface supérieure; elle peut être circulaire, ou carrée, ou triangulaire, ou ovale.

Fig. 7.

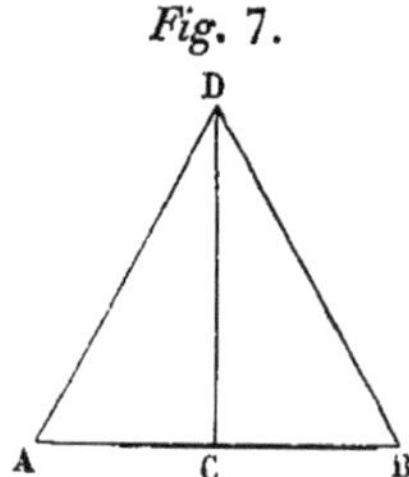

Fig. 8.

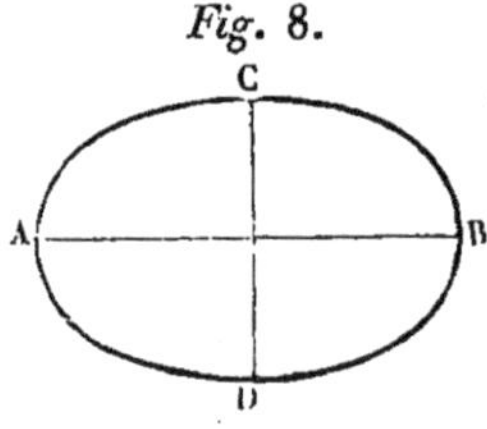

Pour les calculs de ces différentes surfaces, voir l'art. Géométrie. Aussitôt que l'on aura trouvé la surface supérieure, on la multipliera par la hauteur de la cuve, et on aura la contenance réelle.

La deuxième classe des solides tronqués, c'est-à-dire de ceux évasés ou rétrécis vers la partie supérieure, peut se subdiviser en quatre espèces différentes, suivant les quatres figures différentes que peuvent avoir les surfaces des bases, savoir : à base circulaire, fig. 9; à base ovale, fig. 10; à base rectangulaire ou à forme pyramidale, fig. 11 et 12, et à base triangulaire, fig. 13.

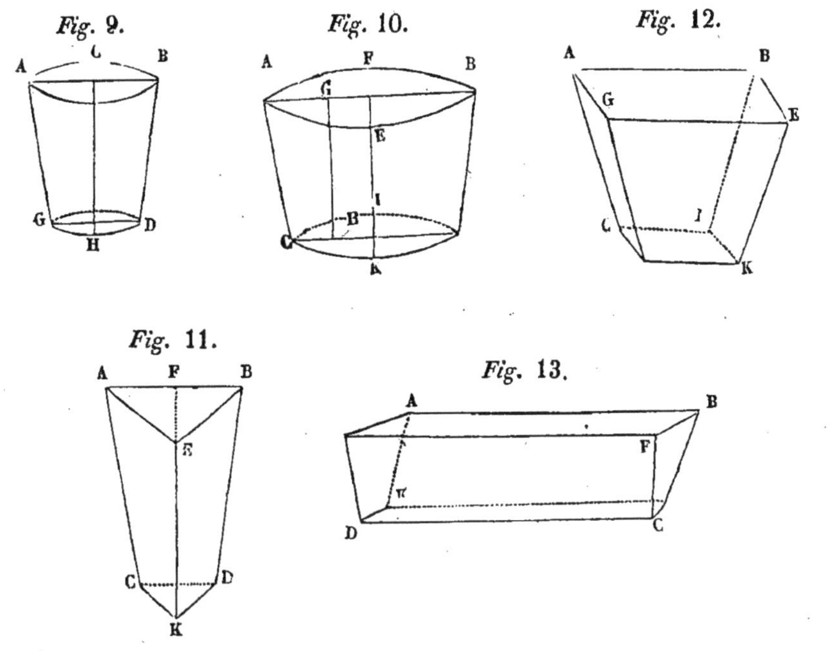

Pour obtenir la solidité des figures n°s 9, 10, 11, 12 et 13, on peut prendre la demi-somme des surfaces des bases et la multiplier par la hauteur. Ce principe rigoureusement exact pour la fig. 10, ne l'est pas tout-à-fait pour les quatre autres.

Mais dans l'application, et si l'inclinaison des parois des vases ne va qu'à 2/10 de différence, et c'est ce qu'on remarque généralement, l'administration (carnet 78 et c. n° 20) tolère les résultats. Cependant comme il peut se rencontrer des cas où l'on aurait besoin d'une appréciation plus rigoureuse, on opérera ainsi :

Vaisseaux réguliers.

On suppose que le fond est plat et uni, que les bases (les fonds et l'ouverture) sont parallèles, et que les parois sont droites, fig. 9, cône tronqué; fig. 11 et 12 à bases rectangulaires, et 13 pyramide tronquée.

Les vaisseaux ayant pour base des carrés ou des carrés longs, égaux ou inégaux, se calculent comme la fig. 13. La formule ci-après embrasse donc trois figures.

Le nombre de centilitres cubes ou de millilitres contenus dans les vaisseaux de cette forme est égal à la somme des trois produits résultant, 1°, de la longueur de la base supérieure × sa largeur; 2°, de la longueur de la base inférieure × sa largeur; 3°, de la longueur de la base supérieure × la largeur de la base inférieure; ladite somme × la hauteur des vaisseaux et divisée par 3.

Figure 11, à base pyramidale.

EXEMPLE:

Longueur de la base supérieure.		365 c.
Largeur id.	id.	219
Longueur id.	inférieure.	345
Largeur id.	id.	207
Profondeur du vase.		97

OPÉRATION *rectifiée de la circulaire n° 20, du 20 septembre 1810.*

Produit de 365 par 219.	79 935
id. 345 207.	71 415
id. 365 207.	75 555
id. somme.	226 905
Produit de ce dernier nombre par 97.	22 009 785
Tiers de ce dernier nombre.	7 336 595
Le vaisseau contient 73 h. 36 litres.	

Figure 9, Cône tronqué.

J'ai donné pour le cône tronqué la formule de Bezout, article Géométrie; j'ajoute celle de Francœur, qui est celle de la circulaire n° 20, moins le 1/27e.

1°, × lui-même chacun des rayons des deux bases, et × les entre eux;

2°, Réunissez les trois produits;

3°, × la somme par la hauteur, et ajoutez à ce produit le tiers de son 9e ou 1/27e.

Voici quatre formules pour le cône tronqué avec les résultats: (la base supérieure est de 50 cent., la base inférieure de 100 cent., la hauteur 50 cent.), on n'a porté que des cent. cub.

1°, Diamètre moyen simple, de la circulaire n° 20. . 220,890

2°, Surface moyenne des deux bases parallèles. . . 245,420

3°, Diamètre moyen de Francœur avec un complément du 1/27e. 226,851

4°, Procédé de Bezout, le plus exact, mais qui exige l'extraction de la racine carrée. 229,073

Enfin, en voici une simplifiée pour les amateurs de phrases courtes.

R étant le rayon de la base inférieure, *r* le rayon de la base supérieure, et H la hauteur du tronc, le volume du cône tronqué est égal à

$$\frac{1}{3} \pi H (R^2 + r^2 + R \times r).$$

Figure 10, à base ovale.

Le nombre de centimètres cubes contenus dans un vaisseau dont les deux bases sont des ovales inégaux, est égale à la somme des trois produits résultant : 1°, du grand diamètre de la base supérieure × son petit diamètre ; 2°, du grand diamètre de la base inférieure × son petit diamètre ; 3°, du grand diamètre de la base supérieure × le petit diamètre de la base inférieure ; ladite somme × la hauteur, par 11 et divisée par 42.

(Trois fois 14 pour éviter la division par 3, c'est toujours le rapport du diamètre à la circonférence.)

EXEMPLE.	
Longueur du grand diamètre de la base supérieure.	330 c.
Longueur du petit diamètre de la base supérieure.	264
Longueur du grand diamètre de la base inférieure.	325
Longueur du petit diamètre de la base inférieure.	260
Profondeur du vaisseau.	138

OPÉRATION.	
Produit de 330 par 264.	87 120
id. de 325 260.	84 500
id. de 330 260.	85 800
TOTAL. . . .	257 420
Produit de cette somme par 138—35	523 960
En négligeant trois chiffres . .	35 523
Produit de ce dernier nombre multiplié par 11	390 753
Résultat de la division par 42, 93 h. 03 litres.	

Calottes et Segments sphériques.

Prenez une boule creuse, sciez-la par la moitié, vous aurez deux calottes dont la profondeur est égale à la moitié de leur diamètre à l'ouverture. Reprenez une moitié, donnez un autre coup de scie parallèlement à la base, vous aurez un segment ou zone sphérique et une calotte sphérique. Les géomètres donnent d'autres noms ; mais ceux-ci sont définis, cela suffit.

La petite et la grande calotte se calculent de même. (*V.* le tabl. de géométrie.)

Le segment sphérique, qui serait proprement une tranche, page 89, si les diamètres ne différaient que de 1/10e, est à peu près ramené au cylindre au moyen des litres ajoutés pour la courbure; mais si on veut opérer exactement, les diamètres différant trop, ou si la hauteur excède 50 cent., il faut suivre les indications de l'article Géométrie, colonne des formules. Les 5 dernières figures données pour exemple supposent que les solides vont en s'élargissant vers la partie supérieure; si elles allaient au contraire en se rétrécissant, les opérations n'en seraient pas moins les mêmes.

Opération de l'épalement et du Jaugeage métrique.

Le brasseur est présent, car il doit signer l'acte, ou son fondé de pouvoir. Le vase de 10, 50 ou 100 litres est étalonné : s'il est surmonté de quatre petits tuyaux, on reconnaît que le vase est placé horizontalement, lorsque l'eau cesse de s'écouler en même temps par ces quatre issues. Si c'est une mesure ordinaire, il faut plus de soin et de temps, et tâcher de l'avoir à surface rétrécie. Trois personnes marquent. La chaudière est entièrement pleine. Alors, avec deux ficelles ou deux jauges à rubans, on prend le niveau d'eau en cherchant les deux plus grands diam. qu'on marque et qui coupent la chaudière en quatre parties égales; on enfonce perpendiculairement au point d'intersection un bâton droit qui, au mouillé, donne la hauteur totale. L'eau est écoulée; on replace les ficelles, et le bâton indique le centre de la chaudière. Sur une feuille de calcul préparée à l'avance, on tient note de cette profondeur totale et du plus grand diamètre. Si les diamètre diffèrent, on en prend la moyenne: cela fait, on procède aux dimensions des tranches en partant du fond de la chaudière et en marquant à droite et à gauche, à distance égale du centre, des points qui donneront des lignes parallèles.

On a bien opéré, lorsque les deux derniers points par en haut sont à égale distance du niveau d'eau. Il ne s'agit plus que de mesurer chacune de ces lignes dont la 1re, qui forme à elle seule la 1re tranche, sert de base à la 2e et ainsi de suite (voir le tableau page 89). Rien de fixe sur le nombre des tranches, cela dépend de la forme des vases; l'essentiel est qu'il n'y ait pas plus *d'un dixième* de différence entre les deux diamètres qui les composent, et qu'elles n'aient pas plus de 50 *cent. de hauteur*. Il faut avoir soin, sur la feuille de calcul, de ne pas cumuler la profondeur : si la profondeur à la première tranche est 10 cent. et 40 à la 2e, on ne porte que 30 à la 2e, car la hauteur totale, jusque-là, n'est que de 40; en un mot, la hauteur de toutes les tranches doit donner la hauteur totale.

On fait marquer le n° et la contenance du vase sur le rebord de la paroi supérieure; on remplit le procès-verbal sur le registre n° 57, et on en remet l'ampliation au contribuable. L'acte d'épalement des chaudières rondes ou ovales, exprime le n°, la profondeur et le diamètre à l'ouverture.

Si le fond de la chaudière est concave ou convexe, on empotera jusqu'à ce qu'il soit entièrement recouvert, et on opèrera alors comme pour les chaudières à fond plat.

Bacs refroidissoirs.

L'épalement des bacs doit être fait de manière que les employés puissent à l'instant reconnaître la quantité de bière qu'ils contiennent, quand même ils ne seraient pas pleins. On suppose que le fond des bacs n'est entièrement couvert que lorsque l'eau s'élève à 10 cent. du côté le plus bas, afin de s'arrêter à un point fixe et uniforme pour tous les bacs. Mais, lors de l'empotement, il est bien de tenir note de l'élévation du liquide, hecto par hecto, jusqu'à ce que le fond soit entièrement recouvert. Pour connaître la contenance par chaque centimètre au-dessus de 10, on divisera le nombre de cent. dont se compose la hauteur, moins 10.

Cuves Matières, Guilloires et Reverdoirs.

En tenant compte de l'eau ajoutée, on doit pouvoir reconnaître aussi à l'instant ce qu'elles contiennent, pleines ou non. Si donc les dimensions de ces vases, à l'ouverture et au fond, ne sont pas les mêmes, on devra tenir note, de 20 centim. en 20 centim., du nombre d'hectolitres empotés.

Le procès-verbal d'épalement contiendra, pour chaque cuve, son n°, sa profondeur, son diamètre à l'ouverture, sa contenance de 20 en 20 cent.; et sa contenance totale.

CONTENANCES EN MILLIMÈTRES

de cylindres d'un centimètre de hauteur sur des bases de 1 à 560 centimètres de diamètre.

(Extrait du carnet n° 78 de l'administration.)

DIAMÈTRES des cylindres.	CONTENANCES.	DIAMÈTRES des cylindres.	CONTENANCES.	DIAMÈTRES des cylindres.	CONTENANCES.	DIAMÈTRES des cylindres.	CONTENANCES.
m. c.	l. mil.	m. c.	l. mil.	m. c.	l. mil.	m. c.	l. mil.
0 01	0 001	0 41	1 320	0 81	5 153	1 21	11 499
0 02	0 003	0 42	1 385	0 82	5 281	1 22	11 690
0 03	0 007	0 43	1 452	0 83	5 411	1 23	11 882
0 04	0 013	0 44	1 521	0 84	5 542	1 24	12 076
0 05	0 020	0 45	1 590	0 85	5 675	1 25	12 272
0 06	0 028	0 46	1 662	0 86	5 809	1 26	12 469
0 07	0 038	0 47	1 735	0 87	5 945	1 27	12 668
0 08	0 050	0 48	1 810	0 88	6 082	1 28	12 868
0 09	0 064	0 49	1 886	0 89	6 221	1 29	13 070
0 10	0 079	0 50	1 964	0 90	6 362	1 30	13 273
0 11	0 095	0 51	2 043	0 91	6 504	1 31	13 478
0 12	0 113	0 52	2 124	0 92	6 648	1 32	13 685
0 13	0 133	0 53	2 206	0 93	6 793	1 33	13 893
0 14	0 154	0 54	2 290	0 94	6 940	1 34	14 103
0 15	0 177	0 55	2 376	0 95	7 088	1 35	14 314
0 16	0 201	0 56	2 463	0 96	7 238	1 36	14 527
0 17	0 227	0 57	2 552	0 97	7 390	1 37	14 741
0 18	0 254	0 58	2 642	0 98	7 543	1 38	14 957
0 19	0 284	0 59	2 734	0 99	7 698	1 39	15 175
0 20	0 314	0 60	2 827	1 00	7 854	1 40	15 394
0 21	0 346	0 61	2 922	1 01	8 012	1 41	15 615
0 22	0 380	0 62	3 019	1 02	8 171	1 42	15 837
0 23	0 415	0 63	3 117	1 03	8 332	1 43	16 061
0 24	0 452	0 64	3 217	1 04	8 495	1 44	16 286
0 25	0 491	0 65	3 318	1 05	8 659	1 45	16 513
0 26	0 531	0 66	3 421	1 06	8 825	1 46	16 742
0 27	0 573	0 67	3 526	1 07	8 992	1 47	16 972
8 28	0 616	0 68	3 632	1 08	9 161	1 48	17 203
0 29	0 661	0 69	3 739	1 09	9 331	1 49	17 437
0 30	0 707	0 70	3 848	1 10	9 503	1 50	17 671
0 31	0 755	0 71	3 959	1 11	9 677	1 51	17 908
0 32	0 804	0 72	4 072	1 12	9 852	1 52	18 146
0 33	0 855	0 73	4 185	1 13	10 029	1 53	18 385
0 34	0 908	0 74	4 301	1 14	10 207	1 54	18 627
0 35	0 902	0 75	4 418	1 15	10 387	1 55	18 869
0 36	1 018	0 76	4 536	1 16	10 568	1 56	19 113
0 37	1 075	0 77	4 657	1 17	10 751	1 57	19 359
0 38	1 134	0 78	4 778	1 18	10 936	1 58	19 607
0 39	1 195	0 79	4 902	1 19	11 122	1 59	19 856
0 40	1 257	0 80	5 027	1 20	11 310	1 60	20 106

DIAMÈTRES des cylindres.	CONTENANCES.	DIAMÈTR. des cylindres.	CONTENANCES.	DIAMÈTRE des cylindres.	CONTENANCES.	DIAMÈTR. des cylindres.	CONTENANCES.
1m 61c	20l. 358m	2m 11c	34l. 967m	2m 61c.	53l. 502m	3m 11c	75l. 965m
1 62	20 612	2 12	35 299	2 62	53 913	3 12	76 454
1 63	20 867	2 13	35 633	2 63	54 325	3 13	76 945
1 64	21 124	2 14	35 968	2 64	54 739	3 14	77 437
1 65	21 382	2 15	36 305	2 65	55 155	3 15	77 931
1 66	21 642	2 16	36 644	2 66	55 572	3 16	78 427
1 67	21 904	2 17	36 984	2 67	55 990	3 17	78 924
1 68	22 167	2 18	37 325	2 68	56 410	3 18	79 423
1 69	22 432	2 19	37 668	2 69	56 832	3 19	79 923
1 70	22 698	2 20	38 013	2 70	57 256	3 20	80 425
1 71	22 966	2 21	38 360	2 71	57 680	3 21	80 928
1 72	23 235	2 22	38 708	2 72	58 107	3 22	81 433
1 73	23 506	2 23	39 057	2 73	58 535	3 23	81 940
1 74	23 779	2 24	39 408	2 74	58 965	3 24	82 448
1 75	24 053	2 25	39 761	2 75	59 396	3 25	82 958
1 76	24 328	2 26	40 115	2 76	59 828	3 26	83 469
1 77	24 606	2 27	40 471	2 77	60 263	3 27	83 982
1 78	24 885	2 28	40 828	2 78	60 699	3 28	84 496
1 79	25 165	2 29	41 187	2 79	61 136	3 29	85 012
1 80	25 447	2 30	41 548	2 80	61 575	3 30	85 530
1 81	25 730	2 31	41 910	2 81	62 016	3 31	86 049
1 82	26 016	2 32	42 273	2 82	62 458	3 32	86 570
1 83	26 302	2 33	42 638	2 83	62 902	3 33	87 092
1 84	26 590	2 34	43 005	2 84	63 347	3 34	87 616
1 85	26 880	2 35	43 374	2 85	63 794	3 35	88 141
1 86	27 172	2 36	43 744	2 86	64 242	3 36	88 668
1 87	27 465	2 37	44 115	2 87	64 692	3 37	89 197
1 88	27 759	2 38	44 488	2 88	65 144	3 38	89 727
1 89	28 055	2 39	44 863	2 89	65 597	3 39	90 259
1 90	28 353	2 40	45 239	2 90	66 052	3 40	90 792
1 91	28 652	2 41	45 617	2 91	66 508	3 41	91 327
1 92	28 953	2 42	45 996	2 92	66 966	3 42	91 863
1 93	29 255	2 43	46 377	2 93	67 426	3 43	92 401
1 94	29 559	2 44	46 759	2 94	67 887	3 44	92 941
1 95	29 895	2 45	47 144	2 95	68 349	3 45	93 482
1 96	30 172	2 46	47 529	2 96	68 813	4 46	94 025
1 97	30 481	2 47	47 916	2 97	69 279	3 47	94 569
1 98	30 791	2 48	48 305	2 98	69 746	3 48	95 115
1 99	31 103	2 49	48 695	2 99	70 215	3 49	95 662
2 00	31 416	2 50	49 087	3 00	70 686	3 50	96 211
2 01	31 731	2 51	49 481	3 01	71 158	3 51	96 762
2 02	32 047	2 52	49 876	3 02	71 631	3 52	97 314
2 03	32 365	2 53	50 273	3 03	72 107	3 53	97 868
2 04	32 685	2 54	50 671	3 04	72 583	3 54	98 423
2 05	33 006	2 55	51 071	3 05	73 062	3 55	98 980
2 06	33 329	2 56	51 472	3 06	73 542	3 56	99 538
2 07	33 654	2 57	51 875	3 07	74 023	3 57	100 098
2 08	33 979	2 58	52 279	3 08	74 506	3 58	100 660
2 09	34 307	2 59	52 685	3 09	74 991	3 59	101 223
2 10	34 636	2 60	53 093	3 10	75 477	3 60	101 788

DIAMÈTRES des cylindres.	CONTENANCES.	DIAMÈTR. des cylindres.	CONTENANCES.	DIAMÈTRE des cylindres.	CONTENANCES.	DIAMÈTR. des cylindres.	CONTENANCES.
3m 61c.	102l 354m	4m 11c	132l. 670m	4m 61c.	166l. 914m	5m 11c	205l. 084m
3 62	102 922	4 12	133 317	4 62	167 639	5 12	205 887
3 63	103 491	4 13	133 965	4 63	168 365	5 13	206 692
3 64	104 062	4 14	134 614	4 64	169 093	5 14	207 499
3 65	104 635	4 15	135 265	4 65	169 823	5 15	208 307
3 66	105 209	4 16	135 918	4 66	170 554	5 16	209 117
3 67	105 784	4 17	136 572	4 67	171 287	5 17	209 928
3 68	106 362	4 18	137 228	4 68	172 021	5 18	210 741
3 69	106 941	4 19	137 885	4 69	172 757	5 19	211 556
3 70	107 521	4 20	138 544	4 70	173 494	5 20	212 372
3 71	108 103	4 21	139 205	4 71	174 234	5 21	213 189
3 72	108 687	4 22	139 867	4 72	174 974	5 22	214 008
3 73	109 631	4 23	140 531	4 73	175 716	5 23	214 829
3 74	109 858	4 24	141 196	4 74	176 460	5 24	215 651
3 75	110 447	4 25	141 863	4 75	177 205	5 25	216 475
3 76	111 039	4 26	142 531	4 76	177 952	5 26	217 301
3 77	111 628	4 27	143 201	4 77	178 701	5 27	218 128
3 78	112 221	4 28	143 872	4 78	179 451	5 28	218 956
3 79	112 815	4 29	144 545	4 79	180 203	5 29	219 787
3 80	113 411	4 30	145 220	4 80	180 956	5 30	220 618
3 81	114 009	4 31	145 896	4 81	181 711	5 31	221 452
3 82	114 608	4 32	146 574	4 82	182 467	5 32	222 287
3 83	115 209	4 33	147 254	4 83	183 225	5 33	223 123
3 84	115 812	4 34	147 934	4 84	183 984	5 34	223 961
3 85	116 416	4 35	148 617	4 85	184 745	5 35	224 801
3 86	117 021	4 36	149 301	4 86	185 508	5 36	225 642
3 87	117 628	4 37	149 987	4 87	186 272	5 37	226 484
3 88	118 237	4 38	150 674	4 88	187 038	5 38	227 329
3 89	118 847	4 39	151 363	4 89	187 805	5 39	228 175
3 90	119 459	4 40	152 053	4 90	188 574	5 40	229 022
3 91	120 072	4 41	152 745	4 91	189 345	5 41	229 871
3 92	120 687	4 42	153 439	4 92	190 117	5 42	230 722
3 93	121 304	4 43	154 134	4 93	190 890	5 43	231 574
3 94	121 922	4 44	154 830	4 94	191 665	5 44	232 428
3 95	122 542	4 45	155 528	4 95	192 442	5 45	233 283
3 96	123 163	4 46	156 228	4 96	193 221	5 46	234 140
3 97	123 786	4 47	156 930	4 97	194 000	5 47	234 998
3 98	124 410	4 48	157 633	4 98	194 782	5 48	235 858
3 99	125 036	4 49	158 337	4 99	195 565	5 49	236 720
4 00	125 664	4 50	159 043	5 00	196 350	5 50	237 583
4 01	126 293	4 51	159 751	5 01	197 136	5 51	238 448
4 02	126 923	4 52	160 460	5 02	197 923	5 52	239 314
4 03	127 556	4 53	161 171	5 03	198 713	5 53	240 182
4 04	128 190	4 54	161 885	5 04	199 504	5 54	241 051
4 05	128 825	4 55	162 597	5 05	200 296	5 55	241 922
4 06	129 462	4 56	163 313	5 06	201 090	5 56	242 795
4 07	130 100	4 57	164 030	5 07	201 886	5 57	243 669
4 08	130 741	4 58	164 748	5 08	202 683	5 58	244 545
4 09	131 382	4 59	165 468	5 09	203 482	5 59	245 422
4 10	132 025	4 60	166 190	5 10	204 282	5 60	246 301

JAUGEAGE DES FUTAILLES. — 2e §.

M. Dez, dans l'*Encyclopédie méthodique*, donne la formule suivante : Prenez la différence entre le diamètre du bouge et celui des bases, puis les 3/8e de cette différence et retranchez-les du grand diamètre : vous aurez le diamètre d'un cercle qu'il faudra évaluer; puis vous multiplierez par la hauteur du tonneau. C'est encore ramener au cylindre. Simplement on peut opérer par le diamètre réduit qui s'obtient en ajoutant le diamètre des fonds au double de celui du bouge et en divisant par 3. (*V.* Instruments.)

Exemple : Le diamètre du bouge d'une futaille de Champagne de 2 h. 00, d'après la loi doit être de. . 668 millimètres.
Le diamètre des fonds de. 548
Et la longueur intérieure de. 720

Or, 618 — 548 = 70 dont les 3/8e sont 26 : reste donc pour le diamètre moyen 592 millimètres.

Mais en opérant comme au commencement de cet article, ou en prenant dans le carnet 78 la contenance de 592, on obtient pour la surface de la base du tonneau 275,254, ce qui, multiplié par la hauteur 720 = 199 litres 18/100e, résultat très-satisfaisant.

Si pourtant on veut choisir, voici, réduites à leur simple expression, deux autres formules d'auteurs anglais :

Si on exprime par V le volume et que l'on fasse *l* la longueur du tonneau, D le diamètre du bouge, *d* celui du fond, *a* leur différence D d, on aura :

Hulton. . . . $l. \dfrac{39\,D^2 + 25\,d^2 + 26\,d\,D}{114}$

Ougtred . . . $V = 0{,}2618\,l.\,(2\,D^2 + d^2)$

Dez. . . . . . $V = 0{,}7854\,l.\,(D - \frac{3}{8}a)^2$

L'attention des employés doit se fixer sur une manœuvre principalement en usage dans les départements où l'on fabrique des eaux-de-vie. Elle consiste à expédier l'alcool dans des futailles de forme irrégulière, dont la contenance apparente est inférieure à la contenance réelle. Ces futailles, d'une construction frauduleuse, ne sont pas parfaitement rondes, ou bien la douve du fond présente un renflement qui empêche la jauge de pénétrer assez avant pour qu'elle fasse connaître la véritable contenance; ou bien encore, la douve dans laquelle est percé le trou de la bonde est aplatie à dessein, comme dans les pièces dites *vauplattes* que l'on rencontre dans les pays à cidre.

Les envois d'alcool se font assez souvent, ainsi qu'il vient d'être dit, dans ces sortes de futailles, qui contiennent généralement de 620 à 630 litres, mais que leur contenance apparente permet aux expéditeurs de déclarer pour une quantité moins forte.

L'excédant, qui est ordinairement de 20 à 30 litres par pièce, est vendu clandestinement par le destinataire, marchand en gros ou débitant, en franchise de tout droit, ou sert à couvrir les manquants qui peuvent exister aux charges de ces contribuables.

Les expéditeurs emploient aussi des futailles frauduleuses d'une autre forme, et contruites de manière à marquer à la jauge une quantité plus forte que la contenance réelle. Ils s'en servent pour couvrir les manquants qu'ils n'ont pu remplacer par des excédants de fabrication, et ils ont soin alors de déclarer pour destinataires, des bouilleurs ou des marchands en gros qui ont des excédants à faire disparaître.

Ainsi, on saisirait, soit au moment de l'arrivée, soit lors des recensements, les excédants que la fabrication ferait ressortir. C'est surtout lorsqu'il y a débarquement ou déchargement des boissons, qu'on est à portée de réprimer ces abus; il n'arrive guère d'esprits que dans les grandes villes. (Circulaire 74, 1834.) (*V.* Instruments.)

Futailles en fraction.

Il arrive que le dixième de certains vaisseaux étant considérable (jusqu'à cent cinquante hectolitres), on a besoin, surtout pour l'alcool, d'une appréciation plus exacte que la division décimale admise par l'administration. Le tableau ci-après fait connaître le reste très-approximativement, lorsqu'on connaît la contenance du fût, la hauteur du fond ou la longueur du vase, et le mouillé.

On peut opérer par le fond ou par la bonde.

Les vaissaux sont censés construits régulièrement.

TABLEAU N° 1er. — De la contenance des fûts en fractions.

BONDE.

Diamèt.	SEGMENT.	Diamèt.	SEGMENT.	Diamèt.	SEGMENT.	Diamèt.	SEGMENT.	Diamèt.	SEGMENT.
1	» 0002	21	» 1342	41	» 3792	61	» 6472	81	» 8866
2	» 0008	22	» 1449	42	» 3924	62	» 6603	82	» 8966
3	» 0021	23	» 1559	43	» 4057	63	» 6734	83	» 9064
4	» 0041	24	» 1671	44	» 4191	64	» 6863	84	» 9159
5	» 0070	25	» 1784	45	» 4325	65	» 6992	85	» 9251
6	» 0110	26	» 1899	46	» 4460	66	» 7120	86	» 9339
7	» 0158	27	» 2016	47	» 4595	67	» 7247	87	» 9424
8	» 0215	28	» 2136	48	» 4730	68	» 7373	88	» 9505
9	» 0277	29	» 2256	49	» 4865	69	» 7478	89	» 9582
10	» 0345	30	» 2378	50	» 5000	70	» 7622	90	» 9655
11	» 0418	31	» 2502	51	» 5135	71	» 7744	91	» 9723
12	» 0495	32	» 2627	52	» 5270	72	» 7864	92	» 9785
13	» 0576	33	» 2753	53	» 5405	73	» 7984	93	» 9842
14	» 0661	34	» 2880	54	» 5540	74	» 8101	94	» 9890
15	» 0749	35	» 3008	55	» 5675	75	» 8216	95	» 9930
16	» 0841	36	» 3137	56	» 5809	76	» 8329	96	» 9959
17	» 0936	37	» 3266	57	» 5943	77	» 8441	97	» 9979
18	» 1034	38	» 3397	58	» 6076	78	» 8551	98	» 9992
19	» 1134	39	» 3528	59	» 6208	79	» 8658	99	» 9998
20	» 1236	40	» 3660	60	» 6340	80	» 8764	100	1 0000

FOND.

Hauteur.	SEGMENT.	Hauteur.	SEGMENT.	Hauteur.	SEGMENT.	Hauteur.	SEGMENT.	Hauteur.	SEGMENT.
1	» 0088	21	» 1948	41	» 4006	61	» 6209	81	» 8247
2	» 0176	22	» 2046	42	» 4115	62	» 6316	82	» 8344
3	» 0265	23	» 2145	43	» 4224	63	» 6422	83	» 8440
4	» 0354	24	» 2244	44	» 4333	64	» 6527	84	» 8536
5	» 0444	25	» 2344	45	» 4443	65	» 6632	85	» 8631
6	» 0534	26	» 2444	46	» 4554	66	» 6737	86	» 8726
7	» 0625	27	» 2545	47	» 4665	67	» 6841	87	» 8820
8	» 0716	28	» 2646	48	» 4776	68	» 6941	88	» 8914
9	» 0808	29	» 2748	49	» 4888	69	» 7047	86	» 9007
10	» 0900	30	» 2850	50	» 5000	70	» 7150	90	» 9100
11	» 0993	31	» 2953	51	» 5112	71	» 7252	91	» 9192
12	» 1086	32	» 3056	52	» 5224	72	» 7354	92	» 9284
13	» 1180	33	» 3159	53	» 5335	73	» 7455	93	» 9375
14	» 1274	34	» 3263	54	» 5446	74	» 7556	94	» 9466
15	» 1369	35	» 3368	55	» 5557	75	» 7656	95	» 9556
16	» 1464	36	» 3473	56	» 5667	76	» 7756	96	» 9646
17	» 1560	37	» 3578	57	» 5776	77	» 7855	97	» 9735
18	» 1656	38	» 3684	58	» 5885	78	» 7954	98	» 9824
19	» 1753	39	» 3791	59	» 5994	79	» 8052	99	» 9912
20	» 1850	40	» 3898	60	» 6102	80	» 8150	100	1 0000

Exemple :

Sur un vaisseau couché de 9 hect. 00 litre, dont la hauteur du fond est 90 centimètres et le mouillé 44 centimètres : Si le fond avait 100 centimètres, tous les centimètres de la table correspondraient au nombre de litres restants, et on aurait, à 20 centimètres, 1236 litres sur un vaisseau de 10,000 litres ; à 40 centimètres, 3,660 litres, etc., etc. Il faut donc multiplier le mouillé 44 par 100 = 4400, et diviser le produit 4400 par la hauteur totale 90 = 48 88/100 ou 49. Or, 49 répondent dans la table à 4865 qui, multipliés par la contenance totale 9 hect. 00 litre = 4 hect. 38 litres, en forçant de 15/100.

La théorie serait trop longue à expliquer.

Voici pour les employés que le tableau des segments, page 82, embarrasserait, un tarif du vide des vingt jauges de France les plus connues ; la hauteur du bouge est le dernier centimètre de chaque vaisseau. (V. l'ouvrage de M. Colas, contrôleur de ville à Paris.)

TABLEAU n° 2. — Fûts en vidange.

VIDE EN CENTIMÈT.	VIDE (*en litres*) POUR LES CONTENANCES DE																		
	70	106	114	136	200	220	228	236	285	300	325	350	365	460	480	510	530	560	620
1	1/2	1/2	2	2/3	1	1	1	1	1	1	1	1	1	2	2	2	2	2	2
2	1	2	2	2	2	3	3	3	3	3	3	3	4	4	4	4	5	4	5
3	2	3	3	4	4	4	5	4	5	5	5	5	6	7	7	7	8	7	8
4	4	5	5	5	6	7	7	6	7	8	8	8	8	10	11	11	11	11	12
5	5	6	6	7	9	9	9	9	10	11	11	11	11	13	14	14	15	15	16
6	6	8	8	9	11	12	11	11	13	14	14	14	14	17	18	19	20	19	20
7	8	9	10	11	14	14	14	14	16	17	17	18	17	21	23	23	24	24	25
8	9	10	12	14	16	17	17	16	19	20	21	21	21	26	28	28	29	29	30
9	11	12	15	16	19	20	20	19	23	24	24	25	25	30	33	33	35	34	36
10	13	14	17	19	22	24	23	23	26	28	28	29	29	35	38	38	40	39	42
11	15	16	19	21	26	27	26	26	30	32	32	33	38	40	43	44	46	45	47
12	16	18	22	24	29	30	30	29	34	36	36	38	37	45	49	49	52	51	53
13	18	21	24	27	32	34	33	32	38	40	40	42	42	51	54	55	58	57	60
14	20	23	26	29	36	38	37	36	42	44	45	47	46	56	60	61	64	63	67
15	22	25	29	32	39	41	41	40	46	49	50	52	51	62	66	68	71	69	73
16	24	28	32	35	43	45	44	43	51	54	54	56	56	68	73	74	77	76	80
17	26	30	35	38	47	49	48	47	55	59	59	61	61	74	79	80	84	82	87
18	28	33	37	41	51	53	52	51	59	63	64	67	67	80	86	87	91	89	95
19	30	36	40	45	54	57	56	55	64	68	68	72	71	86	92	94	98	96	102
20	32	38	43	48	58	61	60	59	69	73	73	77	76	93	99	101	105	103	109
21	34	41	46	51	62	65	65	63	73	78	78	82	81	99	106	108	113	111	117
22	36	44	48	54	66	69	69	67	78	83	84	88	87	105	113	115	120	118	125
23	38	46	51	57	70	74	73	71	83	88	80	93	92	112	120	122	128	125	133
24	40	49	54	60	74	78	77	75	88	93	94	99	99	119	127	129	135	133	141
25	42	52	57	64	78	82	82	79	93	98	99	104	105	126	135	137	143	140	149
26	44	55	58	67	82	87	86	84	98	104	105	110	112	132	142	144	151	148	157
27	46	58	59	70	87	91	90	88	103	109	110	116	118	139	149	152	159	156	165
28	48	60	62	73	91	95	95	92	108	114	116	121	124	146	157	159	167	164	174
29	50	63	65	76	94	100	99	96	113	120	121	127	130	153	164	167	175	172	188
30	52	66	68	80	99	104	106	101	118	125	127	134	135	160	172	175	183	180	191
31	53	68	70	83	101	109	108	105	123	131	132	139	141	168	179	182	191	188	200
32	55	71	73	86	103	111	111	110	128	137	138	145	147	175	187	190	199	196	208
33	57	74	76	89	107	113	114	114	133	142	143	150	153	182	194	198	207	204	217
34	59	76	79	92	111	118	117	118	138	147	149	156	160	189	202	207	215	212	226
35	60	79	81	95	115	122	120	122	143	150	154	162	166	196	210	214	224	221	234
36	62	81	84	99	120	127	125	126	148	153	160	168	172	204	218	222	232	229	243
37	63	83	87	102	124	131	129	131	153	158	163	174	178	210	225	229	240	237	252
38	64	86	90	105	128	135	133	135	158	163	166	180	184	218	233	237	249	245	261
39	66	88	92	108	132	140	138	140	163	169	172	186	190	226	241	245	257	254	270
40	67	90	94	111	136	144	142	144	168	175	177	192	196	233	249	253	265	262	279
41	68	92	97	113	140	148	146	148	173	180	183	198	202	240	257	261	273	270	288
42	69	94	99	116	144	153	152	152	178	186	188	203	208	248	264	269	281	279	296
43	70	96	101	119	148	157	156	157	183	191	194	209	215	256	272	277	290	288	304
44	»	98	104	121	151	161	160	161	191	196	199	214	221	262	280	284	298	296	310
45	»	99	106	124	155	165	164	165	196	202	205	220	227	270	288	292	306	304	316
46	»	101	108	126	159	169	169	169	201	207	210	226	233	277	297	299	315	313	324
47	»	102	110	129	163	173	173	173	206	212	216	231	238	284	305	308	323	321	332
48	»	103	111	131	166	177	177	177	210	217	221	237	243	291	312	316	331	329	341
49	»	104	113	133	170	181	181	181	215	222	227	243	250	298	320	324	339	337	350

SUITE DU TABLEAU N° 2. — FUTS EN VIDANGE.

VIDE EN CENTIMÈT.	VIDE (*en litres*) POUR LES CONTENANCES DE																		
	70	106	114	136	200	220	228	236	285	300	325	350	365	460	480	510	530	560	620
50	»	»	106	185	173	184	185	185	220	227	232	248	256	306	327	331	347	346	359
51	»	»	»	136	176	188	188	189	224	232	237	254	263	313	335	339	355	354	368
52	»	»	»	»	183	192	192	193	228	237	242	259	269	320	342	347	363	362	377
53	»	»	»	»	186	195	197	196	233	241	248	265	270	327	349	354	371	370	386
54	»	»	»	»	188	198	199	200	237	246	253	270	281	334	357	362	379	378	394
55	»	»	»	»	191	202	203	204	241	251	258	275	287	340	364	369	387	386	403
56	»	»	»	»	193	205	206	207	245	256	262	280	292	347	371	377	395	390	412
57	»	»	»	»	196	208	209	210	249	260	267	286	297	354	378	384	402	404	420
58	»	»	»	»	198	210	212	212	253	264	272	291	301	361	385	391	410	412	429
59	»	»	»	»	200	213	215	217	256	268	276	295	306	367	392	399	417	420	437
60	»	»	»	»	»	215	217	220	260	272	281	300	311	373	398	405	425	427	446
61	»	»	»	»	»	217	219	222	263	276	286	305	316	380	405	412	432	435	455
62	»	»	»	»	»	219	221	225	266	280	290	309	321	392	411	419	439	442	463
63	»	»	»	»	»	220	223	227	269	283	294	314	325	398	418	426	446	449	471
64	»	»	»	»	»	»	225	230	272	286	302	318	330	404	424	432	453	457	479
65	»	»	»	»	»	»	227	232	274	289	305	322	334	410	430	438	459	464	487
66	»	»	»	»	»	»	228	233	275	292	309	326	335	415	435	445	466	471	495
67	»	»	»	»	»	»	»	235	»	295	312	329	342	421	441	451	472	478	503
68	»	»	»	»	»	»	»	236	»	297	315	333	346	426	446	457	478	484	511
69	»	»	»	»	»	»	»	»	»	299	318	336	350	431	451	462	484	491	518
70	»	»	»	»	»	»	»	»	»	300	321	339	353	436	456	468	490	497	525
71	»	»	»	»	»	»	»	»	»	»	323	342	356	440	461	473	495	503	533
72	»	»	»	»	»	»	»	»	»	»	324	344	359	445	466	478	501	509	540
73	»	»	»	»	»	»	»	»	»	»	325	345	361	449	470	483	506	515	547
74	»	»	»	»	»	»	»	»	»	»	»	347	362	453	473	487	510	521	553
75	»	»	»	»	»	»	»	»	»	»	»	349	364	455	476	492	515	526	560
76	»	»	»	»	»	»	»	»	»	»	»	350	365	457	478	495	519	531	567
77	»	»	»	»	»	»	»	»	»	»	»	»	»	459	480	499	522	536	573
78	»	»	»	»	»	»	»	»	»	»	»	»	»	460	»	502	525	541	578
79	»	»	»	»	»	»	»	»	»	»	»	»	»	»	»	505	528	545	584
80	»	»	»	»	»	»	«	»	»	»	»	»	»	»	»	508	530	549	590
81	»	»	»	»	»	»	»	»	»	»	»	»	»	»	»	510	»	553	595
82	»	»	»	»	»	»	»	»	»	»	»	»	»	»	»	»	»	556	600
83	»	»	»	»	»	»	»	»	»	»	»	»	»	»	»	»	»	558	604
84	»	»	»	»	»	»	»	»	»	»	»	»	»	»	»	»	»	560	608
85	»	»	»	»	»	»	»	»	»	»	»	»	»	»	»	»	»	»	612
86	»	»	»	»	»	»	»	»	»	»	»	»	»	»	»	»	»	»	615
87	»	»	»	»	»	»	»	»	»	»	»	»	»	»	»	»	»	»	618
88	»	»	»	»	»	»	»	«	»	»	»	»	»	»	»	»	»	»	620

Interprétation du § 42, de l'Instruction n° 222,

Relative à la décharge des acquits à caution, lorsque ces expéditions présenteront des différences en plus ou en moins avec leurs chargements, et que les boissons y mentionnées auront été expédiées par des assujettis à d'autres assujettis.

Différence en plus ou en moins	Des quantités d'alcool provenant seulement d'erreur des buralistes dans les multiplications de quantités d'eaux-de-vie par leurs degrés.	Faire ressortir la différence en plus ou en moins, dans le cadre étab. au dos de l'acq. Décharg. d. l. quant. recon.
Différence en plus	Pour des petites quantités qui n'auront point motivé la saisie du chargement.	Idem.
Différence en moins	Qui dépasserait la quantité reconnue, réunie à celle allouée pour déchet et coulage de route.	Décharg. du total de la q. recon. réunie à celle allouée pour creux de route. Faire ressortir la différence en moins.
Différence en moins	Sur la quantité reconnue et qui ne dépasserait point celle allouée pour le coulage de route.	Point de différence à établir dans le cadre. Décharg. de la quant. portée de l'acq.

Acquit	100 h.
Reconnu	90
Creux	5
TOTAL . .	95
Différence . . .	5 *

* Qui ne motive pas la saisie du chargement : 6 h. la motiverait, à moins d'autorisation supérieure. Pour les creux extraordinaires qui varient selon les provenances, le séjour en route, les soins donnés durant le transport par eau, et qui s'élèvent sur la Loire jusqu'à 40 p. 0/0, on suit les usages du commerce ; mais la régie prend les précautions et les renseignements convenables afin de s'assurer que ces creux de route sont réels. Du reste, chaque localité à ses usages. A Paris on est convenu d'une base uniforme selon les provenances.

TABLEAU N° 3. — Des dimensions à donner aux futailles.

D'après le système métrique, et qu'on peut vérifier par le procédé de M. Dez.

	Longueur intérieure	Diamètre du bouge	Diamètre des fonds.	Contenance des pièces.	en litres.	Longueur intérieure. (en millimètres)	Diamètre du bouge (en millimètres)	Diamètre des fonds. (en millimètres)	Procédé Dez, en hect.
Les proportions des pièces bordelaises sont comme les nombres.	11	9	7. 7/8	Demi-hect.	50	454	389	345	
					75	520	445	395	
				Hectolitre.	100	572	490	435	
					150	655	561	499	
					200	720	618	548	1.99
Pièces mâcon[ses].	10	9	8 »	Doub.-hect.	250	776	665	591	
					300	825	707	628	
D'après l'instruct. de pluviôse an 7, le rapport des nombres devrait être de					400	908	778	691	
					500	978	838	745	
	21	18	16 «	Demi-kilol.	600	1039	891	791	
					700	1093	938	833	
	V. Jauge brisée.				800	1144	980	871	
					900	1190	1019	906	
				Kilolitre.	1000	1232	1095	938	
C'est d'après ce principe que la table ci-contre a été construite; mais la loi est à faire pour astreindre les fabriques à ces dimensions.									

Tare des futailles.

Ce tableau est emprunté au Manuel très-estimé des employés de l'octroi de Paris, de M. Alluard.

Il devient utile lorsqu'on veut connaître la quantité par le poids du liquide ou sa densité.

	litr.	kilo		litr.	kilo.
Pièce de Beaune.	230	29	Bordeaux, bois fort.	226	61
Pièce d'Anjou, bois mince.	230	37	Pièce frauduleuse, bois aminci sur les flancs.	276	57
Id. bois fort.	230	40	Languedoc, bois mince.	285	50 1/2
Touraine et Orléans, bois mince.	236	37	Id. fort.	274	58
Touraine, bois très-mince.	246	35 1/2	Marseille, fonds ordinaires.	213	46
Orléans, bois fort.	230	46	Id. id. plâtrés.	220	50
Id. pièce neuve.	230	47	Cahors, bois épais.	214	56
Pièce du Cher.	244	43 1/2	Petit muid Montpellier. Eau-de-vie.	313	61
Gâtinaise.	222	40	Pièce de Cognac, eau-de-vie	297	49 1/2
Renaison, bois fort et forts Sommiers.	200	38	Gros muid de Montpellier, vin	380	66.7
Mâcon, fonds plâtrés.	214	46	Id. id. id.	430	72.6
Auvergne, bois mince.	281	35 1/2	Pipe de Cognac, eau-de-vie.	500	87.6
Id. ordinaire.	326	42	Id. Montpellier	615	99
Id. fort.	293	43	Id. Esprit.	613	117
Id. très-fort.	330	49	Id. id.	630	
Bordeaux, bois mince.	218	50 1/2	Id. id.	640	
Id. ordinaire.	221	58 1/2	Id. id.	650	
Id. id.	216	57			
Id. id.	214	56			
Id. fort.	225	61			

INSTRUCTION MINISTERIELLE

sur le jaugeage des bateaux.

1. Le poids d'un bateau et de son chargement est égal à celui du volume d'eau qu'il déplace; en conséquence, la charge d'un bateau est égale au cube de l'eau déplacée par le bateau chargé, moins le cube de l'eau déplacée par le bateau vide.

2. Le tonneau de mer, de 1,000 kil., est le poids d'un mètre cube d'eau, chaque décimètre cube ou litre d'eau pesant 1 kil.

3. Les dimensions pour parvenir au jaugeage, seront mesurées en ligne droite à l'extérieur du bateau, et exprimées en centimètres.

Dans le cas où l'on serait obligé de les mesurer dans l'intérieur, on y ajouterait l'épaisseur du bois.

4. En séparant les six derniers chiffres à droite du produit de la multiplication des trois dimensions, ceux qui resteront à gauche indiqueront le nombre de mètres cubes ou de tonneaux de mer formant le tonnage du bateau.

Si le premier chiffre après la virgule est au-dessous du cinq, la fraction sera négligée, et, dans le cas contraire, on la comptera pour un tonneau.

5. Pour connaître le tonnage total d'un bateau, il faut multiplier la longueur réduite du chargement par sa largeur moyenne, et le produit par la hauteur.

6. La longueur du bateau sera mesurée à la ligne de flottaison à charge complète, et s'il y a élancement, elle sera divisée en trois parties : la longueur entre les quêtes est la longueur de chacun des bouts.

La longueur réduite est égale à la longueur entre les quêtes, plus, pour chaque bout, le tiers de la partie de la longueur appartenant à l'élancement, si le bateau se termine en pyramide; la moitié, s'il se termine en prisme; les deux tiers, si les côtés formant l'élancement sont arrondis; et les trois quarts, si la courbure de l'élancement est circulaire.

7. La largeur moyenne du chargement est égale au huitième de

la somme des largeurs moyennes, correspondant aux flottaisons suivantes :

A vide ;

A charge complète ;

Au quart, au milieu et aux trois-quarts de la hauteur du chargement.

Ces trois dernières dimensions seront doublées dans le calcul.

Pour obtenir la largeur aux diverses lignes de flottaison, on divisera en huit parties égales la longueur entre les quêtes, et par chacun des points d'intersection, on mesurera la largeur, ce qui donnera sept nombres, auxquels on ajoutera la demi-somme des largeurs à la naissance des quêtes. Le huitième du total sera la largeur moyenne de la surface horizontale à chaque ligne de flottaison.

8. La hauteur du plus fort chargement est la différence entre le tirant d'eau à charge complète et le tirant à vide.

Le tirant d'eau à charge complète égale la hauteur totale du bateau jusqu'à la surface supérieure du plat-bord, moins un décimètre.

9. Le tonnage par subdivision sera connu par le même procédé que le tonnage total. On calculera successivement les longueurs et largeurs progressives à 20, 40, 60 centimètres, etc., au-dessus du tirant d'eau à vide, et on en multipliera le produit par la hauteur de la subdivision dont on cherchera le tonnage.

10. La différence entre les divers tonnages progressifs par subdivision, formera le tonnage partiel de chaque tranche de 20 centimètres d'épaisseur.

11. Le tonnage, pour un centimètre dans chaque tranche, sera le vingtième de la capacité de cette tranche.

12. Dans le tonnage par subdivision, par tranche et par centimètre, on tiendra compte des centièmes de tonneau, les fractions ne devant disparaître qu'au dernier résultat pour la perception du droit.

13. Les échelles que l'on incrustera de chaque côté du bateau, seront en cuivre, d'un millimètre d'épaisseur et cinq centimètres de largeur; elles seront graduées par doubles centimètres. Les divisions de cinq en cinq centimètres seront indiquées par un trait;

celles de décimètre en décimètre, par les chiffres 10, 20, 30, 40, etc., qui seront frappés en caractères de onze millimètres de hauteur, sur huit millimètres de largeur.

Ces échelles, mises en place, auront pour longueur la distance qui séparera les lignes de flottaison à charge et à vide, en suivant l'inclinaison ou la courbure du bordage; elles seront fixées au moyen de clous en cuivre, au nombre de deux, en regard de chaque chiffre.

14. Les échelles seront placées de chaque côté du bateau, l'une à l'avant, à babord, l'autre à l'arrière, à tribord, et à égale distance du milieu et du point où commence la quête ou l'élancement.

15. Le cube d'un train s'obtiendra en multipliant sa longueur par sa largeur et par sa profondeur; on déduira sur la longueur les intervalles laissés vides entre coupons.

La largeur sera formée du cinquième de cinq largeurs mesurées aux deux bouts, au centre et à égale distance des bouts et du centre.

La profondeur sera prise aux mêmes endroits, et au besoin dans des points intermédiaires. On divisera le total par le nombre des dimensions qui auront servi à le former.

Le cube des espaces dans lesquels seraient placés des tonneaux pour maintenir les trains à flot, sera déduit du résultat.

16. Pour déterminer le volume extérieur des bascules à poissons, on ne cubera que l'espace occupé par le réservoir.

Pesanteur spécifique des corps.

On le voit, l'opération repose sur deux principes, 1°, un corps qui surnage déplace un volume d'eau égal à son poids; 2°, on ramène au cube.

1°, Si on suppose 4 vaisseaux chacun d'un mètre cube, garnis d'une échelle divisée en millimètres et d'une tare si légère, quoique solide, qu'elle représente juste la différence du poids de l'eau ordinaire des rivières à celle de l'eau distillée (et à la température moyenne) et qu'on remplisse le 1er d'eau, le 2e d'huile d'olive, le

3e d'alcool absolu, le 4e d'un cube de liége, on verra que le 1er s'enfoncera à 1000 millimètres, c'est-à-dire à fleur d'eau, parce que (au moyen de la supposition de la tare) deux corps de même poids se font équilibre; et que les autres corps s'enfonceront de. . . . . .

Chaque milimètre représentant un kilogramme, il en résulte que chaque décimètre cube ou chaque litre pèse. . . . .

Et que la densité est connue. (*V.* Densité.)

CORPS PLUS LÉGERS QUE L'EAU.

1 EAU.	2 HUILE d'olive.	3 ALCOOL.	4 LIÉGE.
1000 mil.	915 mil.	792 mil.	240 mil.
1 kilog.	915 gr.	792 gr.	240 gr.

Mais si on compare à l'eau trois corps plus pesants, il ne leur faudra, pour faire équilibre à l'eau, qu'un volume proportionné à leur pesanteur spécifique. (On suppose que le platine, le plomb et l'ivoire sont sous la forme d'une plaque régulière s'adaptant au vase comme s'ils avaient été coulés).

Il n'en faudra donc, pour faire équilibre à l'eau, qu'une hauteur de . . . .

Donc ils pèsent plus que l'eau à peu près. . . . .

En effet, leur densité est de . .

Ces exemples sont palpables.

CORPS PLUS PESANTS QUE L'EAU.

EAU.	PLATINE.	PLOMB.	IVOIRE.
1000 mil.	0045 mil.	0088 mil.	0521 mil.
1	22 fois.	11 fois.	2 fois.
1	22 069	11 352	1 917

Jaugeage.

2°, On ramène au cube.

Partager le bateau en trois parties, quêtes de l'avant, de l'arrière, partie entre les quêtes; prendre les largeurs moyennes entre les quêtes; prendre les largeurs réduites des quêtes en multipliant par le 1/3, la 1/2, les 2/3 ou les 3/4, selon qu'elles se terminent en pyramide, en prisme, en forme arrondie ou circulaire: tout cela c'est ramener au cube ou plutôt au parallélipipède, car les bateaux sont plus longs que larges.

Cela posé, si tous les bateaux étaient comme certaines sapines de la Loire, qui n'ont ni quêtes ni inclinaison, et qui sont de véritables parallélipipèdes, il suffirait de multiplier, l'une par l'autre, les trois dimensions, longueur, largeur et profondeur, et tout serait connu; et si, déduction faite du poids du bateau et du décimètre de tolérance pour la charge complète, le bateau avait 100 centimètres de hauteur, jaugeant 100 tonneaux, il est clair que chaque centimètre représenterait un tonneau; toute l'opération serait si compréhensible qu'elle pourrait être faite par un enfant. Mais il n'en est pas ainsi, et c'est ici qu'il faut de l'attention.

Les bateaux ont assez généralement la forme d'un carré long entre leurs quêtes; ils n'en diffèrent que par l'inclinaison donnée à leurs parois, et ils peuvent y être ramenés par les additions ou déductions à leurs plus grandes dimensions qui sont ordinairement pour les largeurs, prises à l'avant, au milieu et à l'arrière, bien que les feuilles de calcul soient disposées de maniere à pouvoir le faire à neuf places différentes.

On nomme quêtes d'un bateau les deux parties qui s'élancent, soit à l'avant en se rétrécissant pour laisser moins de résistance à l'eau en remontant les fleuves, soit à l'arrière en s'élargissant pour faciliter leur marche lorsqu'ils les descendent: ces deux parties sont construites selon le besoin du cours des eaux. L'administration a admis quatre formes de quêtes, comme il vient d'être dit; l'employé qui opère doit savoir les distinguer pour établir ses longueurs réduites, quoiqu'elles ne soient jamais en rapport parfait avec les figures géométriques qui les régissent.

La grande affaire pour le jaugeage d'un bateau est de savoir prendre les dimensions et d'en tenir note; cette note se dispose à l'avance sur une feuille en peau d'âne qui n'a plus qu'à recevoir les chiffres au crayon, les autres indications étant à l'encre; elle se trouve à la fin de cet article. La feuille de jaugeage bien étudiée ne laisse rien à désirer pour établir les calculs qui sont très-simples; les notes qui y sont jointes expliquent tous les cas qui pourraient embarrasser celui qui commence à opérer.

Le premier soin du jaugeur est de marquer la naissance des quêtes de l'avant et de l'arrière, s'il en existe des deux côtés, et prendre ses dimensions dans l'ordre ci-après.

Fig. 14.

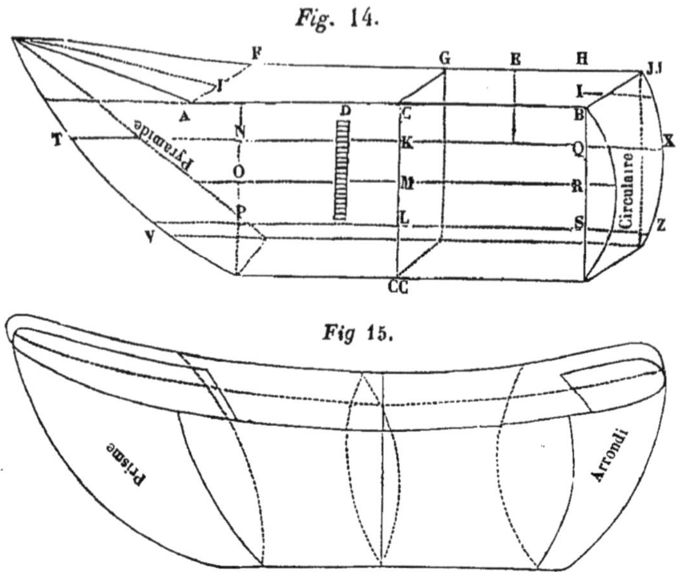

Fig 15.

1°, La longueur entre les quêtes A à B.

Moitié de cette longueur pour connaître le milieu, et le quart pour placer les échelles D et E.

2°, L'élancement total de la quête de l'avant I à J.

3°, L'élancement total de la quête de l'arrière I à JJ.

Ces trois dimensions réunies donnent la longueur la plus grande de l'avant à l'arrière.

4°, La largeur à la naissance des quêtes de l'avant A à F.

5°, La largeur au milieu au-dessus du plat-bort C à G.

6°, La largeur à la naissance des quêtes de l'arrière B à H.

7°, Hauteur totale au milieu des flancs mesurés de chaque côté, du dessous du bateau jusqu'à la surface du plat-bord C à CC et G à CC.

Déduire 10 centimètres à la partie supérieure du bateau pour marquer la charge complète K; placer le tire-fond du régulateur au point K, et chercher au moyen du plomb le tirant d'eau à charge complète K à L; la différence du tirant d'eau à charge complète à la hauteur totale moins 10 centimètres retranchés, fera connaître le tirant d'eau à vide.

Le tirant d'eau à charge complète connu, est marqué en partant de l'eau, à l'avant de P à N et de V à T; à l'arrière de S à Q et de Z à X.

8°, L'élancement à l'avant à charge complète de N à T.

9°, id. à vide de P à V.

10°, l'élancement à l'arrière à charge complète de Q à X.
11°, id. à vide de S à Z.

Toutes ces dimensions prises, il ne reste plus qu'à ramener les largeurs à une moyenne, et pour y parvenir, il faut placer le plomb bien perpendiculairement afin qu'il ne touche que la partie la plus large du bateau; déduire ou ajouter à la largeur C à G les centimètres trouvés de chaque côté à charge complète K, à mi-charge M, et à vide L; en faire tout autant aux largeurs prises à la naissance des quêtes, à l'avant aux points indiqués par N, O et P, à l'arrière à ceux Q, R et S, et de même à toutes les largeurs que l'on pourrait prendre si le bateau était trop irrégulier.

Il est important de remarquer que lorsque les parois des bateaux sont perpendiculaires, les colonnes de la feuille de jaugeage n°s 7, 8 et 9 restent en blanc; elles sont remplies lorsqu'il y a inclinaison. Autrement, lorsqu'on reconnaîtrait le tirant d'eau, on percevrait sur un tonnage erronné; c'est-à-dire, que si un bateau porte 100 tonneaux, que la hauteur perpendiculaire soit de 100 centimètres, et que l'échelle, d'après l'inclinaison, soit de 110, on ne doit percevoir que sur 100 centimètres à charge complète, quoique le 110e centimètre soit mouillé.

<table>
<tr><th colspan="6">DIMENSIONS POUR REMPLIR LA FEUILLE 27. D.</th></tr>
<tr><th>DIMENSIONS
pour calculer le tonnage.</th><th></th><th>DIMENSIONS totales.</th><th>BABORD D.</th><th colspan="2">TRIBORD E.</th></tr>
<tr><td rowspan="4">Hauteur du plus fort chargement, 135
Longueur réduite à charge complète, 3651
Largeur moyenne du chargement, 751
Charge complète, tonneaux, 370</td><td>Hauteur totale. . . .</td><td>176</td><td>175</td><td colspan="2">177</td></tr>
<tr><td>Tirant d'eau à vide. .</td><td>31</td><td>30 L.</td><td colspan="2">32 L.</td></tr>
<tr><td>Long. entre les quêt. AB</td><td>3120</td><td colspan="2">LONGUEUR effective des quêtes</td><td rowspan="2">FORME des quêtes.</td></tr>
<tr><td></td><td></td><td>à charge.</td><td>à vide.</td></tr>
<tr><td rowspan="9">SIGNALEMENT DU BATEAU.
Son espèce : Chaland.
Son nom : Le Victorieux.
Son port : Nantes.
Son départ : Loire-Inférieure.
Nom du propriét. : Vivien Louis.
Nom du conduct. : Vivien fils.</td><td>Long. des quêt. à l'av. I à J</td><td>670</td><td>N à T 475</td><td>P à V 90</td><td>Pyramid.</td></tr>
<tr><td>Id. id. à l'ar. I à JJ</td><td>660</td><td>Q à X 560</td><td>S à Z 560</td><td>Arrondie</td></tr>
<tr><td>TOTAL ou longueur la plus grande de l'avant à l'arrière J à JJ. . . .</td><td>4450</td><td colspan="3">A DÉDUIRE DES LONGUEURS totales</td></tr>
<tr><td></td><td></td><td>à charge.</td><td>à 1/2 char.</td><td>à vide.</td></tr>
<tr><td>Largeur à l'avant à la naissance des quêtes A à F</td><td>804</td><td>N 20</td><td>O 42</td><td>P 62</td></tr>
<tr><td>Largeur à l'arrière à la naissance des quêtes B à H</td><td>796</td><td>K 22</td><td>M 54</td><td>L 86</td></tr>
<tr><td>Largeur au 1/4 de la larg.</td><td>»</td><td>»</td><td>»</td><td>»</td></tr>
<tr><td>Id. au milieu C à G.</td><td>791</td><td>Q 20</td><td>R 41</td><td>S 63</td></tr>
<tr><td>Id. au 3/4 de la largeur</td><td>»</td><td>»</td><td>»</td><td>»</td></tr>
</table>

TABLEAU DES FIGURES.

NOTA: Le Pointillé indique la Découpure des Poinçons du bureau de Paris.

Arthur fecit 1840

Tête de Médecin grec. *8 Pans irréguliers, 1er Titre d'Or, 0,920.* Paris et Départements.	**Tête de Minerve.** *Ovale coupé 2me Titre d'Argent, 0,800.* Paris et Départements.	**Tête de Cheval.** *Garantie Or.* Départements.	**Chimère.** *Horlogerie importée, Or.* Paris et Départements.
Tête de Médecin grec. *Ovale coupé 2me Titre d'Or, 0,840.* Paris et Départements.	**Tête d'Aigle.** *Garantie Or.* Paris.	**Crabe.** *Garantie Argent.* Départements.	**Chimère.** *Horlogerie importée Argent.* Paris et Départements.
Tête de Médecin grec. *6 Pans irréguliers 3me Titre d'Or, 0,750.* Paris et Départements.	**Tête de Rhinocéros.** *Garantie remarque pour les Chaines d'Or.* Paris et Départements.	**Charançon** *Gros Etranger. Or et Argent.* Paris et Départements.	**Tête de Girafe.** *Grosse recense. Or et Argent.* Paris et Départements.
Tête de Minerve. *8 Pans irréguliers 1er Titre d'Argent, 0,950.* Paris et Départements.	**Tête de Sanglier.** *Garantie Argent.* Paris.	**Charançon.** *Petit Etranger. Or et Argent.* Paris et Départements.	**Tête de Dogue.** *Petite recense Or et Argent.* Paris et Départements.

Chez le Concierge du Bureau de Garantie, à Paris.

Lith. de A. Jacob, Orléans.

GARANTIE.

Ce petit tableau suffira aux vérifications ordinaires des employés du service actif.

DÉSIGNATIONS.			POINÇONS DE TITRE et de garantie.
OR.	petite garantie.	Paris.	Tête d'aigle.
		Départements.	Tête de cheval.
	grosse garantie.	Paris et les départements.	Tête de médecin grec.
ARGENT. .	petite garantie.	Paris.	Tête de sanglier.
		Départements.	Crâbe.
	grosse garantie.	Paris et les départements.	Tête de Minerve.
RECENSE, OR ET ARGENT. .		Petite garantie	Tête de dogue.
		Grosse garantie. . . .	Tête de girafe.
HORLOGERIE.		Française.	Poinçon ordinaire de la grosse garantie, or et argent.
		Étrangère.	Chimère.
CHAINE D'OR, de décimètre en décimètre.			Tête de rhinocéros.
CHAINE D'ARGENT id.			Poinçon de petite garantie.
MATIÈRES D'OR ET D'ARGENT provenant de l'étranger. . .			Charançon.
MATIÈRES D'OR ET D'ARGENT provenant des ventes publiques.			Poinçon ordinaire (*).

Observations.

Le poinçon garantit le titre. Le vermeil reçoit le poinçon de l'argent.

Le cuivre doré ne doit rien.

Le plaqué d'argent a un poinçon carré avec un chiffre indicateur du titre.

Le poinçon du fabricant doit être insculpé à la préfecture.

Les objets fabriqués doivent être marqués avant d'être achevés.

Le tableau prescrit par la loi du 19 brumaire an 6, doit être affiché chez tous les assujettis de la garantie; l'administration les fournit.

Toutes les montres déposées doivent être inscrites.

Les montres neuves ou vieilles, appartenant à l'horloger, doivent être poinçonnées; mais celles en racommodage ne sont pas saisissables à défaut du poinçon de garantie.

(*) Si le poinçon de garantie ou de recense existe, rien à faire; dans les autres cas, envoyer au contrôle.

MARCHANDS EN GROS.

Théorie.

Notre système d'impôts indirects ne frappe les boissons qu'au moment de la consommation ; de là, l'entrepôt et les décomptes qui s'y rattachent.

Le mode de décompte adopté par l'administration pour établir la déduction chez les entrepositaires, consiste à convertir les différentes quantités qui ont séjourné plus ou moins long-temps en magasin, en une quantité unique supposée restée un seul jour, afin de n'avoir qu'une seule règle de proportion à faire pour connaître la quantité à allouer pour le déchet. C'est le mode en usage dans le commerce pour établir les comptes courants d'intérêts, avec cette différence que les intérêts se calculant jour par jour, les sommes sont censées entrées au milieu de la journée, et que l'administration, pour simplifier, procède par dixaine et suppose les quantités entrées ou sorties entre le 5e et le 6e jour de cette période. Voilà d'abord ce qui explique pourquoi on multiplie le nouvel inventaire ou la reprise par 5, sauf à négliger ces 5 jours lors du décompte final, afin d'avoir le nombre de jours effectifs dont se compose le trimestre ou l'année (1).

Pour parvenir au calcul de la déduction, il suffirait de multiplier les quantités entrées par le nombre de jours écoulés depuis leur introduction jusqu'à l'arrêté du compte, s'il n'y avait eu aucune sortie dans cet intervalle; mais des ventes ayant lieu tous les jours à peu près, le résultat de cette première opération doit être affaibli en raison du temps pendant lequel les quantités sorties

(1) N'est-il pas évident, en effet, que si 100 h. sont restés en magasin, sans sortie, la déduction sera, au bout de l'année, à 8 p. 0/0, de 8 h. sans calcul ; et que si 50 h. sortaient au milieu de l'année, cette déduction ne serait plus, en définitive, que de 6 h. ; 4 h. pour les 6 premiers mois, et 2 h. pour les 6 autres ? Or, tous les comptes sont loin d'être aussi simples, et c'est pourquoi les commençants ne saisissant pas le rapport au doigt et à l'œil, ne peuvent comprendre un compte de gros qu'avec un peu de réflexion ; mais la complication n'ôte rien à l'évidence des résultats.

n'ont pas séjourné (1). A cet effet, on multiplie également les quantités par le nombre de jours écoulés depuis leur départ jusqu'à l'expiration du recensement d'ordre du trimestre ou de l'année, et l'on retranche le produit de cette dernière multiplication de celui offert par la première.

Le nombre obtenu par cette soustration figurant une quantité qui n'a séjourné *qu'un jour en magasin*, on connaît, au moyen d'une règle de proportion ordinaire, la quantité à allouer pour déchet à raison du taux p. o/o.

On négligera de multiplier le déchet sur les quantités entrées et sorties dans les cinq derniers jours; les mois seront tous comptés pour 30 jours: du 20 au 28 février, 10 jours; du 20 au 31 décembre, 10 jours.

Le compte comprend toujours la journée où il s'arrête, et cette journée, qui doit être aussi celle de l'acte de reprise, ne peut entrer dans les calculs du nouveau compte relativement au temps du séjour. C'est par ce motif qu'il ne se trouve que 10 jours du 25 décembre au 5 janvier inclusivement. Ainsi toutes les quantités entrées ou sorties après le recensement, à quelque moment de la journée qu'il ait lieu, font partie de la période suivante.

Puisque l'on ne tient aucun compte des entrées et des sorties des 5 derniers jours, lorsque le réglement a lieu le 5e jour d'une période, à plus forte raison devra-t-on négliger les quantités relatives au 1er jour, lorsque le compte sera réglé ce même jour; celle des 2 premiers jours, lorsqu'il sera réglé le second jour; des 3 premiers jours, lorsqu'il sera réglé le 3e, et enfin des 4 premiers jours, s'il est réglé le 4e jour.

Dans ces différents cas, le total de la dernière dixaine, au lieu d'être multiplié par 5, comme lorsque le compte comprend un

(1) Pour bien comprendre un compte de gros, il est très-essentiel de ne pas perdre de vue que plus le produit des multiplications des entrées est fort, plus forte est la déduction; et que plus les sorties sont importantes, moins l'entrepositaire a de déduction à prétendre: en terme de banque, l'*avoir* de l'administration serait les sorties, et son *doit* les entrées; les entrées seraient les sommes déposées par le rentier; les sorties, les sommes reçues par le rentier: or, plus on a reçu, moins on a à recevoir; conséquemment les entrées sont à l'avantage du négociant et les sorties à l'avantage de l'administration; or, le nombre de jours des sorties est toujours inférieur de cinq à celui des entrées: on n'a pas voulu que, dans aucun cas, l'entrepositaire se trouvât lésé.

nombre complet de dixaines, sera multiplié par 6, par 7, par 8 ou par 9, suivant que le compte sera arrêté le 1er, le 2e, le 3e ou le 4e jour d'une nouvelle période; et, en effet, puisque le nombre 5 doit multiplier le dernier total, lorsque le compte comprend un nombre exact de périodes de 10 jours, il doit être augmenté d'une, de deux, de trois ou de quatre unités, si le compte comprend un, deux, trois ou quatre jours de plus.

Si on se trouvait dans la nécessité de régler un compte avant qu'il se fût écoulé 5 jours depuis l'arrêté, on changerait le produit de la multiplication; il serait préférable sans doute de ne multiplier la reprise qu'après les 5 jours écoulés, et par la même raison, on ne devrait porter les multiplications des dixaines qu'au 5e jour de la période suivante; mais les exigences des écritures ne permettent pas de suivre cette marche excellente en théorie. (Circulaires 82, 51, 31/6 et 46.)

Quant aux récoltants, la circulaire n° 46 a simplifié le décompte qui les concerne: la déduction s'obtient en soustrayant des charges la moitié des sorties, et en multipliant la différence par 8, taux de la déduction. En cas de nouvelles venues dans l'année, le compte passe, d'après l'instruction annexée au registre 50 B, au portatif des propriétaires entrepositaires en ville, lequel est tenu comme celui des marchands en gros. Mais si, de cette manière large d'opérer, il résultait des réclamations de la part des récoltants, le chef de service en rendrait compte à son supérieur qui aviserait.

Tenue des portatifs.

Prise en charge. — Toute prise en charge porte sa justification. Voici les cas connus: par acquit ou passavant, par procès-verbal; provenant de transit, de pressurage, d'excédant pour rebattage, mixtion, addition d'eau faite en présence des employés. (*V.* p. 24.) Toutes ces inscriptions ont lieu sans acte aux portatifs, car, excepté les excédants réels (lesquels sont constatés purement et simplement par l'acte de recensement motivé s'il n'y a pas fraude, ou par procès-verbal), elles sont garanties par un bulletin d'entrepôt, une soumission ou une déclaration signée au registre n° 17.

Décharges. — Deux espèces : 1°, d'après les expéditions de toute nature, dénaturation, etc., etc.; 2°, pour vins gâtés; elle se constate, dans les villes, par un acte signé du contrôleur et de deux employés; dans les recettes, l'approbation du directeur est nécessaire : cette décharge a lieu sur-le-champ; 3°, pour perte constatée par un accident quelconque: procès-verbal administratif; mais la quantité n'est portée en sortie qu'après l'approbation de l'administration relatée au portatif.

Droits acquittés. — Dans le cas où des quantités sont chargées *pour mémoire*, EN DROITS ACQUITTÉS, la nature du droit sera indiquée en tête du compte avec le numéro, la date de la quittance et le bureau d'où elle émane; cette indication sera reportée de trimestre en trimestre, jusqu'à épuisement du compte. Il serait plus simple et plus sûr de mettre la boisson en transit.

Mentions. — Au-dessous des cinq premières colonnes du portatif 50 A, on mettra l'indication suivante : compte ouvert le...., si c'est par premier inventaire, ou compte réglé le....., si le compte se continue; à la page des sorties, on reportera de trimestre en trimestre, 1°, le total général des manquants bruts; 2°, le total général des manquants extraordinaires.

Complément de période. — Immédiatement après la mutiplication par 5 jours de la reprise, on complète la 1re dixaine, si le jour de l'arrêté n'a pas été fait le 10, le 20 ou le 30. De cette manière les périodes suivantes tomberont toujours à une de ces époques, ce qui facilite beaucoup les opérations, surtout dans les recettes ambulantes, où le temps est si précieux. Mais le complément de période ne dispense pas de reporter de trimestre en trimestre la date du réglement du compte, comme il est dit au paragraphe précédent. Le droit de transvasion étant absolu, le compte des vins en bouteilles est confondu avec les vins en cercles.

Observations générales. — Les écritures de la journée n'étant passées que le lendemain, il en résulte que si, au moment d'un recensement, une quantité est sortie le jour même avant l'opération, elle sera comprise dans les restes; par la même raison, les entrées n'y sont pas comprises, car, ni ces entrées ni ces sorties ne figurent au portatif. Si un transport est simplement retardé, et si la boisson n'a pas été enlevée du magasin, l'expédition reste déposée à la recette buraliste et il n'en est pas passé écriture; mais lorsque le transport est suspendu et la boisson enlevée du magasin, l'expédition est déposée en transit et le compte de l'expéditeur déchargé: s'il reprend la boisson, l'expédition primitive est échangée (en cours de transport) et reprise en charge en vertu de la nouvelle expédition et d'un nouveau bulletin d'entrepôt.

La compensation en fin d'année pour les manquants est de droit: si donc un compte est balancé, on le reporte avec les manquants *pour mémoire* aux portatifs suivants, car, dans la supposition de nouvelles introductions, le compte devrait être continué comme s'il n'y avait pas eu d'interruption.

Manquants extraordinaires. — Les employés doivent bien se pénétrer de la circulaire n° 153, qui recommande de frapper immédiatement des droits toute quantité manquante, après soustraction de la déduction acquise et de la déduction à courir. C'est à cette omission qu'est due l'heureuse idée du relevé 50 *d*. Au fond, le manquant extraordinaire n'est qu'un à-compte sur le manquant final, et c'est le motif qui doit faire reporter aux portatifs, et ce manquant et les manquants bruts, *afin d'éviter toute confusion* et pour connaître au juste la position de chaque négociant au 31 décembre.

Décomptes. — La circulaire n° 229 trace une marche complète à cet égard. Elle simplifie les écritures, ce qui est toujours un bien, les relevés 50 *d* doivent toujours être au courant. Ce redresseur de torts, qu'on me passe l'expression, a fixé, colonne 3, l'incertitude relative au nombre de jours à accorder dans le calcul de la déduction sur les manquants extraordinaires : *c'est toujours jusqu'au* 30 *décembre*, que les quantités sont censées rester en magasin, quelle que soit l'époque du réglement antérieur.

Exercice.

Plusieurs choses à considérer:

1°, *Vins.* — Dans chaque pays, la jauge locale est facile à reconnaître; dans le doute pour les jauges étrangères, on emploie la jauge brisée sans trop compter sur le résultat. On peut ramener les fûts au cylindre ou suivre le procédé indiqué page 104.

2°, La vidange des pièces doit être exactement appréciée et déduite de la totalité des charges : on prend la moyenne sur un certain nombre de fûts ;

3°, Gardons-nous bien de confondre la nature des boissons : selon qu'il est en manquants ou en excédants, le négociant de mauvaise foi (il peut y en avoir) fait passer lies ou vinaigres pour vins et eaux-de-vie, et réciproquement.

4°, *Alcool.* — Règle générale, on fait compter autant qu'on peut au recensement, les pipes d'esprits pour une contenance supérieure à l'introduction. Un employé intelligent doit tout remarquer; il doit savoir pour quelle jauge entrent les fûts, prend des notes en marge du portatif et rectifie les données du marchand en gros. Si avec les moyens dont il dispose et consignés dans cet opuscule, l'employé, sûr de son fait, trouve encore de la résistance, il lui reste la ressource du dépotement. Mais il est présumable que le négociant, connaissant parfaitement son compte aussi, ne s'exposera pas à cette dernière épreuve, car les frais restent à la charge de la partie qui élève mal à propos la contestation (art. 146).

Pour faire le degré, le spiritueux doit être pris au milieu des pièces, et le thermomètre plongé (dans un fût, et non dans le tube), non pas à l'entrée ou au fond du magasin (sous des températures extrêmes les différences seraient trop sensibles), mais au milieu même du magasin.

Excédants. — En cas d'excédants provenant soit de rebattage pour les vins, soit de coupages pour les spiritueux, les employés doivent en référer sur-le-champ au contrôleur de ville qui tranche la difficulté ou en fait son rapport; et si la nature et l'importance de ces excédants ne laissent aucun doute sur la bonne foi du négociant, on les prend purement et simplement en charge par acte motivé. Dans les campagnes cette marche étant impossible la plupart du temps, le chef de service doit suivre ses inspirations, à moins d'ordres supérieurs contraires.

MARCHANDS EN GROS.

Le compte d'un Marchand en gros est simple ou composé : Dans les deux cas il présente une des quatre nuances suivantes, appliquées à un exercice.

COMPTE SIMPLE.

1er TRIMESTRE.

BALANCE.

Manquant brut de l'arrêté . .	10 h.	00
— du 15 février. .	5	00
TOTAL des manquants.	15	00
Déduction acquise	15	00
BALANCE	»	»

Dans ce cas on ne pousse pas le compte plus loin.

Pour obtenir la déduction, on multiplie la différence du produit des multiplications par le taux de la déduction et on en divise le produit par 380, la division étant déjà faite aux colonnes 5 et 25 du portatif 50 A.

On suppose le compte ouvert le 1er janvier ou réglé le 31 décembre.

2e TRIMESTRE.

EXCÉDANT DE DÉDUCTION.

Manquant brut de l'arrêté. .	15 h.	»
— du 10 avril. .	5	»
— du 25 mai . .	10	»
— antérieurs. .	15	»
TOTAL des manquants. .	45	»
déduction. { Acquits sur 180 jours. . . . . . 40 00 ; A courir sur 180 j. et sur 1000 h. reste. . . . . . 35 00 }	75	»
EXCÉDANT de déduction. . . .	30	»

On a la déduction à courir en multipliant la quantité restant en magasin, par le nombre de j. à courir jusqu'au 31 décembre (voir le relevé 50 D, 3e colonne), puis ce produit par le taux de la déduction, (soit 7) divisé par 36000

```
100000
   180
8000000
100000
18000000
       7
126000000 | 36000
180       | 35 00
0000
```

3e TRIMESTRE.

MANQUANT EXTRAORDINAIRE.

Manquant brut de l'arrêté. .	0 h.	00
— du 17 juillet .	10	00
— antérieurs . .	45	00
TOTAL des manquants. .	55	00
déduction. { Acquise sur 270 jours . . . . . 45 » ; A courir s. 90 j. et sur 100 00 reste en mag. 1 75 }	46	75
MANQUANT extraordinaire	8	25

```
100 00
    90
900000
     7
6300000 | 36000
270     | 1 75
180
```

Le manquant extraordin. n'empêche pas la formation de l'état des manquants provisoires à consigner sur le registre n° 52 C, si le lieu est sujet aux entrées, et 52 B, dans les lieux non-sujets.

4e TRIMESTRE.

ACCUMULATION DES MANQUANTS.
COMPTE FINAL.

Manq. brut de l'arrêté final	50 h.	00
— du 25 octobre .	10	00
— antérieurs . . .	55	00
TOTAL des manq. de l'exerc.	115	00
Déduct. acquise p. l'année	65	00
Manquant passible.	50	00
Sur lequel il a été payé au 3e trimestre.	8	25
Manquant net passible. . .	41	75

Ici la déduction s'obtient comme il est dit au premier trimestre.

NOTA. On reporte de trimestre en trimestre, y compris le 3e, le manquant brut avec les manquants extraord. à droite du compte, et la date du réglem. du compte à gauche du portatif 50 A.

En reportant toujours les manquants antérieurs le compte est clair, et on connaît en fin d'année la situation réelle de chaque marchand en gros, sous tous les rapports.

COMPTE A PLUSIEURS MAGASINS.

S'il existe plusieurs magasins, on les réunit non-seulement en fin de trimestre, mais à chaque recensement intermédiaire; car la compensation a lieu pour les manquants extraordinaires à chaque recensement, comme en fin d'année, sur les manquants ordinaires.

En cas d'excédant brut, il est nécessaire de balancer chaque compte partiel; d'un autre côté, moins de reports, moins d'erreurs, et la balance se simplifie : voilà pourquoi on ne reporte ici ni charges, ni sorties, ni produit des multiplications.

BALANCE GÉNÉRALE. — 2e Trimestre.

PRODUIT DES MULTIPLICATIONS.					MANQUANT brut		
Différence représentant une quant. restée un seul jour en magasin dans les comptes n°. .	1	300 f.	00 c.	f° 4	du 1er compte. .	32 f.	00 c.
	2	500	00	f° 9	— du 2e id. . .	5	00
	3	150	00	f° 15	— du 3e id. . .	1	00
	4	50	00	f° 24	— du 4e id. . .	2	00
					— antérieur. . . .	40	00
TOTAL		1000	00		TOTAL.	80	00
Dont la déduct. acq. sur 180 j. est de		19.	44				

Déduction acquise sur 180 jours.			19	44	54	44
Reste en magasin.	1er Compte folio 4.	90 »	1000 h. 00 dont la déduction à courir sur 180 jours est de. . . .			
	2e id. id. 9. . . .	100 »				
	3e id. id. 15. . . .	500 »				
	4e id. id. 24. . . .	310 »		35	00	
MANQUANT extraordinaire à percevoir.					25	56

NOTA. Le compte a été réglé le 31 décembre.

MARCHANDS EN GROS LIQUORISTES.

Tenue des comptes, 1er §.

Les fabricants de liqueurs qui ont plusieurs magasins, ne doivent être considérés comme marchands en gros liquoristes que dans celui où ils se livrent à la fabrication des liqueurs. Dans tous les autres magasins, ils sont marchands en gros ordinaires; les comptes des liquides qu'ils y possèdent sont suivis d'après les principes des circulaires n° 51 et 31/6, et ces comptes doivent demeurer entièrement distincts et séparés de celui du magasin où ils fabriquent leurs liqueurs.

On sait aussi qu'en vertu de l'arrêt de cassation du 24 juin 1830, le produit de la fabrication, chez les marchands en gros liquoristes, ne doit s'arrêter qu'à la fin de l'année, et de manière à compenser les manquants et les excédants. (*V.* page 127.)

Ces bases établies, il s'agit maintenant des écritures à tenir pour les liquides existants dans le magasin de fabrication, et ces écritures se réduisent à deux comptes, ou plus exactement même à un seul compte en deux parties, puisque le premier n'est, à proprement parler, qu'un compte élémentaire dont les résultats, comme on le verra tout-à-l'heure, viennent se résumer dans le second.

Le premier compte, ou cette première partie, comprend, savoir: *les charges;* toutes les quantités d'alcool contenues dans les eaux-de-vie et esprits entrés dans le magasin.

Les sorties; toutes les quantités d'alcool sorties avec des expéditions régulières, et toutes celles constatées manquantes par exercice.

Il n'est, dans ce compte, passé aucune écriture, aucune décharge pour les quantités d'alcool que le fabricant verse sur les aromates ou dans les infusions; ces quantités doivent continuer à figurer dans le compte d'alcool; aucun compte particulier ne doit leur être ouvert; et comme cependant elles n'existent plus sous la forme d'alcool, et que, par conséquent, elles ressortiraient en manquants dans les recensements, on a soin, lors de ces opérations, d'évaluer en alcool pur, *d'après une base de convention,* le contenu des vaisseaux servant aux infusions et aux préparations de liqueurs, et de comprendre cette évaluation dans les restes en alcool, ce qui suffit pour maintenir l'exactitude du compte sans qu'il soit besoin d'aucune écriture. Il est bon toutefois, pour faciliter les exercices, de continuer à relever séparément sur le portatif, le résultat de l'exercice de ces vaisseaux. Mais ce relevé est une simple note de renseignement.

Le décompte d'alcool une fois établi d'après ces bases, on ouvre pour les liqueurs fabriquées un autre compte dont les charges se composent : 1°, de toutes les quantités de liqueurs tant en cercles qu'en bouteilles existant en magasin ; 2°, de toutes celles que le fabricant peut recevoir du dehors, et enfin, ainsi qu'il va être expliqué tout-à-l'heure, de toutes les quantités qui résultent de la conversion en liqueurs des manquants constatés au compte d'alcool.

Ainsi, lorsque les employés procèdent à un recensement, ils commencent par arrêter et balancer le compte d'alcool. Si le résultat de la balance ou le *doit rester*, comparé avec le *reste réel* (dans lequel sont comprises les quantités d'alcool estimées contenues dans les infusions, esprits aromatisés, etc.), fait ressortir un manquant, on émarge ce manquant *brut* dans les sorties, et, après l'avoir converti en liqueurs dans la proportion légale de 40 p. 0/0, on le porte aux charges du compte des liqueurs fabriquées. Il sera question plus tard de la déduction applicable à ce manquant.

Le décompte de l'alcool étant ainsi balancé, on arrête alors le compte des liqueurs, et selon que la balance fait ressortir un manquant ou un excédant, on le passe aux sorties ou on le prend en charge comme un excédant de fabrication.

On aperçoit déjà combien ce mode simplifie les écritures. En effet, plus de comptes séparés pour les infusions, préparations, etc. ; plus de décharges à faire pour cet objet au compte d'alcool ; plus de déduction à appliquer aux manquants en alcool qui, aussitôt qu'ils sont constatés, passent aux sorties et sont transportés en entier aux charges des liqueurs.

Décompte des droits, 2e §.

Pour procéder à cette opération, on récapitule au compte des liqueurs selon le modèle donné pour les marchands en gros ;

1°, Tous les manquants successivement constatés depuis le commencement de l'année (ceux en liqueurs seulement, puisque ceux en alcool ont été convertis et reportés au compte des liqueurs); 2°, les excédants aussi en liqueurs seulement, reconnus dans les recensements antérieurs; et si la différence laisse subsister un manquant, c'est ce manquant qui, affaibli par les déductions légales dont on va indiquer l'emploi, présente la quantité sur laquelle doivent frapper les droits.

On doit, comme on l'a déjà dit, émarger aux sorties et convertir en liqueurs les manquants bruts reconnus au compte d'alcool. Ces manquants cependant peuvent être formés, non-seulement des quantités qui ont servi au fabricant à faire des liqueurs, mais encore de celles qui résultent des déchets naturels pour lesquels la loi accorde une déduction de 7 p. o/o. Au premier aperçu, il semblerait donc plus régulier de ne convertir en liqueurs que le *manquant net.* Mais si l'on appliquait aux manquants bruts en alcool constatés lors des recencements, la déduction qui résulte des écritures à la date de ces recensements, c'est-à-dire, si l'on ne convertissait en liqueurs que le manquant *net*, il pourrait arriver qu'à un recensement subséquent, il ne se trouvât plus au compte d'alcool un manquant brut sur lequel la déduction nouvelle, acquise depuis le dernier recensement, pût être imputée, et, dans ce cas, pour faire emploi de cette déduction, on serait obligé de revenir sur les conversions antérieures, ce qui jetterait de la confusion dans les écritures.

Il fallait donc prendre un autre moyen pour arriver à bonifier le compte de l'assujetti du montant de la déduction que la loi lui accorde. Or, ce moyen se réduit, d'une part, à convertir en liqueurs, ainsi qu'il a été dit, les manquants bruts d'alcool, et de l'autre, à déduire, dans le décompte général des manquants en liqueurs, les quantités produites par la différence qui a dû exister entre les manquants bruts et les manquants nets d'alcool, c'est-à-dire, en un mot, à admettre en déduction au compte de liqueurs, le montant de la déduction du compte d'alcool, après l'avoir convertie en liqueurs.

A cette déduction on joindra encore celle qui résultera des écritures du compte de liqueurs, attendu que l'administration a reconnu que les liqueurs étant, comme les alcools, susceptibles de déchets, il convenait de leur appliquer la même déduction. Au surplus, pour rendre ces explications plus claires, je joins ici un exemple.

COMPTE D'ALCOOL, N° 1er.

Charges	37 h.	30
Sorties	18	90
Doit rester	18	40
Reste { en nature . . 14 30 / dans les infusions et esp. arom. f. (1) 2 00 }	16	30
Manquant brut (1 *bis*)	2	10

Calcul pour obtenir la déduction.

Multiplications des entrées	»	»
id. des sorties	»	»
Différence représentant, etc	»	»
Déduction à allouer	»	40 (2)

COMPTE DES LIQUEURS, N° 2.

Charges anciennes	24 h.	75
Produit de la conversion du manquant constaté par le recensemt de ce jour au compte d'alcool	5	25
Total des charges	30	00
Sorties	15	74
Doit rester	14	26
Restes	10	16
Manquant brut (3)	4	10

Calcul pour obtenir la déduction.

Multiplications des entrées	»	»
id. des sorties	»	»
Différence représentant, etc.	»	»
Déduction à allouer	»	80

BALANCE GÉNÉRALE, N° 3.

	Excédants.		Manquants.	
Résultat du décompte ci-contre	»	»	4	10
Manquant et excédant constatés antérieurement	3	»	2	20
Totaux	3	»	6	30

Manquant définitif			3	30
Déduction au présent compte	» h.	30	1	30
Déduction du compte d'alcool (40 l.), formant en liqueurs	1	»		
Manquant net, passible des droits			2	00

(1) C'est le relevé des vaisseaux servant aux infusions et aux préparations dont il est parlé plus haut.

(1 *bis*) Ce manquant doit être émargé en sorties et converti en liqueurs pour 5 h. 25 l. On le convertit en liqueurs à 40 p. 0/0 en prenant le quart de ce manquant augmenté d'un zéro.

(2) Consigné ici pour mémoire.

(3) A émarger dans les sorties. Si la différence, au contraire, était un excédant, on le prendrait en charge comme excédant de fabrication.

(4) On suppose que des recensements précédents ont fait ressortir tantôt les excédants, tantôt les manquants qui composent ces quantités. Ces excédants et ces manquants, portés dans les charges et sorties, ont concouru à former les totaux 24 75 et 15 74, qui servent de point de départ au présent décompte.

Relativement à la proportion de l'alcool employé dans la fabrication, il ne peut y avoir que trois cas d'opération.

Exemple :

INDICATION.	Alcool employé dans la fabrication d'une période.	Produit total de la fabrication représentée, y compris les excédants de fabrication ou les manquants bruts.	Mais la loi accorde 40 p. 0/0 comme terme moyen dans toutes confections de liqueurs.	Il en résulte que lorsque le produit de la fabrication est égal à 40 p. 0/0, il n'y a ni excédant de fabric., ni manq. à const.; mais si ce prod. n'atteint 40 p. 0/0 il y a excédant de fabrication.	si ce prod. dépasse cette base de 40 p. 0/0, il peut y avoir des manquants à const. (1).	Ces différents résultats modifient donc ainsi le taux pour 100 des fabrications.
	h. l.	h. l.	h. l.	h. l.	h. l.	h. l.
Ou le fabricant a employé 40 p. 0/0, 1er cas.	» 40	1 »	1 »	» »	» »	» 40
Ou moins, 2e cas. . .	» 20	1 »	» 50	» 50	» »	» 20
Ou plus, 3e cas. . .	» 40	» 50	1 »	» »	» 50	» 80
Totaux au 31 décembre, d'où il résulte compensation entre les excédants et les manquants. . . .	1 00	2 50	2 50	» 50	» 50	» 40
				BALANCE.		

(1) Depuis la loi du 20 juillet 1837, la balance générale n° 3 doit présenter et la déduction courue et celle à courir sur les quantités restantes; la différence entre la somme de ces déductions et le manquant brut est tirée comme manquant extraordinaire. (Art. *Marchands en gros.*)

Il est essentiel de remarquer que les quantités sur lesquelles porte la déduction à courir, doivent être converties en liqueurs dans la balance.

Telle est la marche à suivre pour la tenue des comptes des marchands en gros liquoristes. C'est ici le cas de remarquer que, chez ces assujettis, on prend en charge les bouteilles pour leur contenance réelle, ainsi que le prescrit la circulaire n° 8 du 16 décembre 1824. Cette disposition n'a pas été exactement observée partout, à cause des difficultés que l'on croyait trouver à la concilier avec celle de l'art. 145 de la loi du 26 avril 1816; mais ces difficultés sont faciles à lever. Il suffit, lorsque les bouteilles prises en charge pour leur contenance réelle, sont mises en circulation et deviennent ainsi passibles du droit de consommation à raison de la *contenance de convention* déterminée par l'art. 145, de porter sur l'acquit-à-caution la quantité de bouteilles expédiées, en les comptant chacune pour un litre; tandis qu'on ne fait figurer sur le bulletin d'expédition, d'après lequel s'opère la décharge, que la quantité effective de liqueurs contenues dans ces bouteilles : c'est ainsi qu'on doit opérer. (Lettre de l'administration 5809, de 1833.)

Débitants liquoristes.

Les débitants liquoristes restant soumis à toutes les obligations des débitants ordinaires, leurs comptes, bien que longs et compliqués, n'ont pas besoin d'être soumis à des règles spéciales, puisqu'ils présentent toujours l'expression exacte des faits qui se passent sous les yeux des employés.

Mais la loi n'ayant pas fixé de base d'évaluation, comme chez les liquoristes marchands en gros, ni limité la durée des opérations, il en résulte que les déclarations au n° 20 ne sont, pour la régie, que de simples avertissements, et que le résultat de la fabrication dépend essentiellement de l'intelligence et de l'activité des employés.

Ils doivent donc s'attacher (après avoir épalé tous les vases de l'atelier): 1°, à distinguer les liqueurs faites par infusion, distillation ou composition instantanée, procédés qu'on fait quelquefois à dessein marcher simultanément; 2°, à reconnaître à chaque visite la situation nette du laboratoire, en *comparant* la déclaration avec les liqueurs déjà fabriquées, celles en préparation, ce qui existe dans les filtres et l'alambic; 3°, à prendre en charge immédiatement les bouteilles fabriquées après les avoir cachetées.

L'aspect du laboratoire change nécessairement à chaque visite; c'est en usant des mêmes précautions indiquées plus haut superficiellement, en variant les visites, en faisant la situation générale du magasin, qu'on peut, du moins en partie, déjouer certaines manœuvres frauduleuses.

Du reste, il est impossible qu'un employé intelligent ne s'aperçoive pas bientôt de la mauvaise foi d'un liquoriste débitant; car outre les points de comparaison avec d'autres assujettis de même classe, la nature des produits (absinthe ou liqueurs à la vanille, liqueurs fines ou communes, et les employés ont le droit de les déguster) indique la proportion de l'alcool employé et qui varie de 25 à 30 p. o/o, pour les liqueurs communes, et atteint rarement 40 p. o/o pour les liqueurs fines.

Débitants abonnés.

La perception des droits de détail et de consommation par exercice dans les débits, peut être remplacée ainsi qu'il suit:

1°, Par un abonnement individuel, soit à raison d'une somme fixe pour un temps déterminé, soit à raison de tant par hectolitre. (Art. 70, 71 et 72 de la loi du 28 avril 1816, et 4 de celle du 12 décembre 1830.)

2°, Par un abonnement général avec une commune pour le montant des droits de détail et de circulation. (Art. 73, 74, 75 et 76 de la loi du 28 avril 1816.)

3°, Par un abonnement collectif ou par corporation. (Art. 71 à 84 de la même loi.)

4°, Par une taxe unique aux entrées. (Art. 35 à 38 et 41 de la loi du 21 avril 1832.)

5°, Enfin par le paiement du droit de consommation à l'arrivée. (Art. 41 précité.)

Dans tous ces modes de remplacement, les débitants cessent d'être astreints aux visites journalières des employés, sauf le cas d'abonnement à l'hectolitre, et ils ne sont plus soumis qu'à un petit nombre de formalités et à quelques vérifications accidentelles.

Quoique cet ouvrage ne traite point de législation, j'ai cru devoir dire deux mots des abonnés et des rédimés, ainsi que de l'abonnement à l'hectolitre : pour le reste, consulter les circulaires 124 et 170.

Obligations des débitants abonnés.

L'abonnement ne fait que dégager les débitants des exercices journaliers et des formalités qui s'y rattachent.

Ils sont tenus :

1°, De déclarer toutes les boissons qu'ils possèdent chez eux ou ailleurs, de désigner le lieu de la vente, de se munir d'une licence, et d'indiquer, par une enseigne ou bouchon, leur qualité de débitant.

2°, De déclarer à la recette buraliste les boissons qu'ils introduisent dans leur débit, et de les représenter aux employés pour qu'ils puissent délivrer les certificats de décharge.

3°, De justifier, dans les lieux sujets, du paiement des droits d'entrée et d'octroi.

4°, De se soumettre, dans les cas prévus par les articles 40 et 41 de la loi du 28 avril 1816, à l'inventaire et recensement des vins, cidres et poirés provenant de leur récolte.

5°, De déclarer la fabrication des boissons de toute espèce, et si le lieu où ils sont établis est assujetti au droit d'octroi, de laisser suivre cette fabrication par les employés.

6°, D'appeler les employés à l'enlèvement des boissons vendues avec des expéditions de la régie lorsqu'il y a lieu d'en faire décharge à leur compte.

7°, De faire constater en temps utile par les employés la détérioration ou la perte des boissons dont ils veulent obtenir décharge.

Outre ces diverses obligations, les dispositions des art. 61, 62, 63 et 64 de la loi du 28 avril 1816, relatives au recel des boissons, aux baux authentiques, à l'interdiction des communications avec les maisons voisines et à l'exercice dans ces maisons s'il y a impossibilité d'interdire les communications, sont entièrement applicables aux débitants abonnés.

L'abonnement sera substitué à l'exercice en faveur de tous ceux des débitants qui en feront la demande. (Art. 1er, loi du 17 octobre 1830.) On ne peut le refuser à un débitant sous le prétexte qu'il a été pris en contravention ; mais il y a alors un motif pour élever la demande de la régie au-dessus du taux que pourraient offrir les ventes constatées par les portatifs.

Discussion de l'abonnement.

L'abonnement, toujours discuté à la direction, à moins de circonstances extraordinaires, doit être calculé non-seulement d'après les sommes payées dans les années précédentes, mais encore d'après les chances probables d'augmentation ou de diminution; et, à cet égard, on ne doit élever que des prétentions équitables et qui puissent être justifiées au besoin; mais l'expression DEVRA, employée dans la loi, ne doit point être considérée comme une injonction faite à la régie de consentir des abonnements au seul gré des débitants; ce serait, en d'autres termes, mettre les produits de l'impôt à la discrétion des redevables, et telle n'a pas été la volonté du législateur. S'il arrivait donc qu'un débitant portât devant le conseil de préfecture une demande d'abonnement dont les conditions paraîtraient insuffisantes, le directeur devrait éclairer cette autorité sur les causes de son refus; et, dans le cas d'une décision opposée à l'intérêt du trésor, il adresserait une expédition régulière de l'arrêté du conseil de préfecture à la régie, qui déclarerait le recours au conseil d'État.

On comprend dans les abonnements toutes les boissons vendues sans distinction de celles qui sont consommées chez le débitant ou livrées au-dehors du débit au-dessous de l'hectolitre. Il ne sera accordé aucune décharge pour les quantités enlevées par passavants ou congés du registre n° 4; elles seront confondues avec les quantités vendues dans l'établissement pour établir la comparaison en cas d'abonnement ultérieur.

L'abonnement s'applique exclusivement à l'établissement pour lequel il a été consenti; et si le débitant possède d'autres débits dans la même commune, il est tenu d'y acquitter le droit par exercices ou de souscrire des abonnements particuliers pour chacun d'eux, lors même qu'il n'y vendrait que des boissons provenant de ses autres débits abonnés.

En cas de soupçon de fraude ou pour la partie d'ordre du compte, les simples employés peuvent, avec l'autorisation de leur directeur écrite et l'assistance de l'officier de police, se présenter chez les débitants abonnés pour y constater les quantités restantes en magasins, afin d'établir la balance du compte; s'il y a des excédants, ils sont saisis et compris dans les restes, lesquels, constatés par un acte régulier, servent de point de départ lors des visites postérieures.

L'abonnement ne s'applique point aux spiritueux.

Il ne peut être consenti que pour un an au plus.

Si, avant l'expiration de son abonnement, un débitant demande à le renouveler, les employés procèdent à la reconnaissance des boissons afin d'établir le nouveau traité.

Résiliation.

Les abonnements individuels sont résiliés de plein droit en cas de conclusion d'un abonnement par corporation, ou par suite de fraude constatée.

L'acte d'abonnement étant de nature à lier également l'un envers l'autre, le redevable et la régie, cet engagement doit avoir son effet pendant tout le temps convenu, et il ne peut être rompu que du consentement des deux parties. D'après ces principes, si l'abonné fait une déclaration de cesser, cette déclaration ne peut avoir son effet qu'à dater de l'expiration de l'abonnement.

Si néanmoins un débitant se trouve forcé à demander la résiliation de son abonnement, il doit en être rendu compte à l'Administration qui, seule, peut prononcer sur ces sortes de demandes.

Le débitant à qui les employés notifieront, par un acte inscrit au registre annuel n° 115, que le directeur du département ou l'Administration n'a pas approuvé l'abonnement que le débitant avait consenti, a trois partis à prendre : ou de consentir à l'augmentation à dater du 1er du mois qui suit celui dans lequel cette notification est faite, ou de rentrer dans le régime des exercices, ou d'en appeler au préfet. Ce magistrat, en conseil de préfecture, statue sur les dires contradictoires à peu près dans la forme des réclamations sur les prix de vente. En cas de désaccord, la décision du conseil d'Etat est décisive.

Abonnements à l'hectolitre.

Ces abonnements faisant disparaître toute discussion relativement aux prix de vente, doivent être généralisés autant que possible. On doit convenir d'un prix uniforme pour chaque espèce de boisson, ou même de plusieurs prix pour les boissons de même espèce, quand la distinction des qualités n'offre aucune difficulté. Les prix communs convenus entre les directeurs et les débitants, et fixés d'après la nature du commerce de chacun de ces derniers, doivent être arrêtés pour tout le trimestre, ou même pour deux au plus lorsqu'on ne prévoit aucune chance d'augmentation ou de diminution; ils doivent aussi être contresignés dans une convention écrite.

Débitants rédimés.

Est rédimé le contribuable qui, soumis à certaines obligations des débitants ordinaires, s'affranchit des exercices en acquittant le droit de consommation à l'arrivée; mais il perd la déduction de 3 p. o/o, n'obtient point décharge des quantités perdues dans ses magasins, supporte ou fait supporter un second droit sur les quantités expédiées au champ de foire ou au dehors; enfin, la fabrication des liqueurs lui est interdite.

C'est dans ces faits que l'employé intelligent doit puiser ses arguments pour persuader le rédimé du désavantage de sa position; mais l'incurie de certains employés, loin d'éclairer l'assujetti, le pousse quelquefois à se rédimer, et l'expérience prouve, qu'aux exceptions près, un grand nombre de rédimés dans une recette dénote un service faible.

L'expérience prouve aussi, surtout dans les campagnes, que ce qui pousse les débitants à l'affranchissement, est moins la répugnance de l'exercice, puisqu'ils sont la plupart exercés pour le vin, que la crainte de voir embrouiller leur compte: or, un moyen très-simple de lever la difficulté, ne serait-il pas, pour rassurer leur ignorance, de recevoir le droit à l'arrivée, non pas sur le n° 9, mais au 74? Resterait l'inconvénient des avances, inconvénient très-secondaire, car je crois que tous les cas d'avances sont prévus, et que la routine de certains comptables peut être vaincue.

Inutile d'ajouter que l'exercice des spiritueux peut, chez les débitants rédimés et exercés pour le vin, avoir lieu sans formalité à chaque visite ordinaire. Les rédimés sont affranchis des exercices journaliers, mais ils sont tenus de déclarer toutes les boissons qu'ils possèdent chez eux ou ailleurs, de désigner le lieu de la vente, de se munir d'une licence et d'indiquer par une enseigne ou bouchon leur qualité de débitant.

Sont tenus, en outre, de faire à la recette buraliste la déclaration des boissons qu'ils introduisent dans leur débit, d'acquitter immédiatement le droit de consommation, de représenter les boissons pour obtenir la décharge des acquits-à-caution, de justifier, dans les lieux sujets aux droits d'entrée, du paiement du droit d'entrée et d'octroi; enfin, de justifier de baux authentiques pour les locaux où ils déposent leurs boissons et de clore toute communication intérieure entre leurs maisons et les maisons voisines.

A défaut de paiement des droits dans les vingt-quatre heures, l'exercice est repris, et les acquits, tardivement représentés, ne peuvent être déchargés que sur l'autorisation du directeur.

Le recensement à la suite des déclarations d'affranchissement, entraîne le décompte des droits exigibles immédiatement par voie de contrainte et sans déduction de 3 p. o/o; les quantités sont prises en charge au compte d'ordre 176.

Ils ne jouissent pas de la faculté d'entrepôt.

Ils reçoivent leurs eaux-de-vie en toute quantité avec acquit-à-caution. (*Expédition nécessaire pour toutes les quantités qu'ils reçoivent.*) Ne peuvent vendre au dehors que par congé du registre n° 4 *bis* ou par acquit-à-caution : ces quantités sont déchargées au 176, ainsi que celles transportées sur le champ de foire, et qui sont frappées d'un second droit.

Rentrés dans la classe des simples particuliers, ils n'ont droit à aucune décharge pour les pertes dans leurs magasins.

On ne peut visiter les rédimés qu'avec l'officier public; les simples employés ont, en outre, besoin de l'autorisation écrite du directeur.

Les excédants sont saisis et pris en charge; une situation et un acte constatent toujours ces visites.

Dans ces vérifications, les esprits transvasés en bouteilles ne sont comptés que pour l'alcool pur qu'ils contiennent. On verbaliserait contre un rédimé qui fabriquerait des liqueurs; il peut seulement préparer avec l'alcool en sa possession des fruits entiers à l'eau-de-vie. Le cassis est considéré comme liqueur; en effet, le jus peut être séparé du fruit sans inconvénient.

S'il veut rentrer sous le régime de l'exercice, il doit en faire sa déclaration à la recette buraliste; dans ce cas, les quantités inventoriées sont prises et suivies pour mémoire au portatif 53 A, d'après les modèles de la circulaire 170.

On doit être sévère sur les acquits-à-caution tardivement représentés par les rédimés, qui peuvent ainsi, en dissimulant leurs charges, compromettre les expéditeurs. (Analyse de la cir. n° 170.)

Dans les villes rédimées, moins la circulation, les débitants pourront faire, en vertu de passavants, à l'intérieur du lieu rédimé, des ventes de vins ou de cidres en quantités inférieures à 25 litres en bouteilles, et à 100 litres en cercles, et des ventes d'eaux-de-vie, esprits et liqueurs au-dessous de 100 litres.

PARTIE DOUBLE.

—

Observations générales.

—

La partie double a pour objet la sûreté des comptes. Basés sur les mathématiques, ses résultats sont infaillibles. Mais en dehors de son système d'écritures, elle ne garantit rien; car si un inventaire est faux, un manquant faux, un vinaigrage fictif, un avinage incomplet, une rectification d'erreur mal raisonnée, *la contre-partie réfléchit tout*, et son côté vulnérable est l'Agenda. C'est donc là que doivent se porter les forces de la vérification.

Dans le système de Rouen, système sévère, les portatifs sont tenus avec des ampliations, et la contre-partie avec les relevées représentant la souche des ampliations; à Bercy et à Lyon, on s'appuie sur des soumissions et des relevés; à Orléans, on a combiné les deux systèmes en les appropriant à la localité.

Les éléments de la partie double sont dans le système de Bercy: 1°, les expéditions et les soumissions pour les entrées; 2°, les soumissions et la souche des registres pour les sorties; 3°, les registres 49 et les relevés des recettes buralistes; 4°, un agenda pour les quantités qui n'exigent pas d'expéditions.

La partie double dispose, 1°, d'un carnet de dépouillement des expéditions et soumissions, entrées et sorties, vins et alcool; 2°, d'un brouillard ou relevé individuel distinguant les quantités et les expéditions par nature, et résumant les agenda particuliers de chaque portatif; 3°, d'un grand-livre ou comptes-ouverts aux négociants; 4°, d'un registre de contre-partie récapitulatif des brouillards et du grand-livre. Ainsi le carnet présente pêle-mêle les expéditions et les soumissions; les brouillards résument nominativement par nature de boissons et d'expéditions; le grand-livre distribue par négociant, et le registre de la contre-partie est purement récapitulatif; de sorte que, dans une balance, les brouillards, le grand-livre et la contre-partie doivent être en harmonie; de même aussi il doit y avoir concordance entre les totaux du portatif et ceux du total de la colonne n°   du brouillard; et l'addition du registre 49 doit s'accorder avec les colonnes n^os^   du même registre.

L'agenda affecté à chaque portatif des marchands en gros comprend, 1°, pour les vins, vinaigrages, avinages, addition d'eau, excédants, quantités vendues aux bateaux à vapeur, erreurs reconnues soit au portatif, soit à la sortie pour défaut d'identité, etc.; 2°, pour l'alcool; excédants pour différence de jauge, mixtions, transvasions de bouteilles en cercles, avinages, etc., etc.; tous les dix jours, les additions des entrées et des sorties sont faites au grand-livre comme aux portatifs et aux registres 49; le produit des multiplications est émargé en face des dixaines; mais l'addition des produits des multiplications au grand-livre ne se fait que dans deux cas: ou pour une situation quelconque, ou pour l'arrêté du compte final, attendu qu'il suffit que ce produit soit d'accord, dixaine par dixaine, avec les portatifs, pour que la sécurité soit complète.

A la fin du quatrième trimestre, on porte dans les colonnes des agenda les restes en magasin de chaque négociant : ce qui, ajouté aux sorties du grand-livre, doit donner le total des entrées. Pendant les trois premiers trimestres, on se borne à porter comme reprise la différence des charges aux sorties; car dans le système d'écritures de la partie double, tous les comptes sont arrêtés le même jour, et ce jour est le dernier du trimestre.

On suit de point en point les prescriptions de la circulaire n° 218, du 20 décembre 1839, pour la constatation des manquants extraordinaires; mais toutes les opérations sont faites en dehors des colonnes destinées à recevoir le produit des multiplications; de manière que, dans ces colonnes, les entrées et les sorties sont multipliées de dix jours en dix jours, sans *aucune coupure*, depuis le commencement du compte jusqu'à l'arrêté définitif au 30 décembre, ce qui abrège beaucoup les écritures.

Le défaut d'espace m'empêche de développer le système de la contre-partie. Il n'a d'utilité réelle que dans les grands foyers de commerce de gros.

TRANSIT.

Le transit reçoit généralement peu de soin. Les instructions de la Régie sont restées dans le vague à cet égard; on ne trouve de secours que dans la correspondance périodique, dont ce qui suit est extrait en partie, et qu'on observe dans certaines localités.

Le transitaire est un assujéti sans licence, n'ayant droit à aucune déduction pour ouillage et coulage.

Dans un intervalle qui varie de cinq à dix jours, on relève seulement au portatif tous les articles encore subsistants au n° 12, tout ce qui est sorti durant cette période d'un relevé à l'autre, étant considéré comme suffisamment garanti par les annotations du buraliste. En cas de sorties non justifiées, elles se poursuivent comme celles des marchands en gros. Les quantités dont il est ici question ne restent guère déposées que vingt-quatre à trente-six heures. *Chaque transitaire a un compte* DISTINCT : de sorte qu'on peut faire la balance du compte comme chez le marchand en gros; un petit cadre distingue les vins et alcool, cercles et bouteilles. Chaque visite, faite tous les trente à quarante jours, est constatée par une situation et un acte régulier.

Si de la balance il résulte un excédant, on le saisit, pas de difficultés; si c'est un manquant, il faut distinguer : 1°, ou la disparution du liquide a été subite et fait supposer une intention de fraude : *il n'y a pas lieu à saisir.*

Fictivement : on doit *se borner à la constater* par un procès-verbal, car tous les droits sont garantis par la déclaration au registre n° 11, si c'est dans un lieu sujet; et par l'acquit-à-caution qui a accompagné le transport, ou par un congé, si le droit de circulation a été acquitté au départ; 2°, ou au contraire le manquant a été lent, progressif, et provenant de déperditions naturelles : on ne se dispense alors de verbaliser qu'après en avoir référé à son supérieur, lequel, dans cette circonstance, et d'autres encore où la bonne foi est évidente, se borne à faire payer les droits selon les cas.

Les pièces sont marquées à la rouane, *autant que possible*, c'est-à-dire celles qui doivent séjourner assez long-temps chez le transitaire, pour justifier cette précaution; autrement le service ne suffirait pas à la démarque : du reste, tout dépend des lieux et des circonstances. Le transit est renouvelé tous les ans. Les avis de transit sont remis à la direction tous les mois. A l'époque des recensements, outre le portatif, le registre n° 12 est consulté tous les jours, à cause des quantités relatives aux négociants recensés.

VINAIGRERIES.

Notions générales.

Le vinaigre est la transformation de l'alcool en un acide, par la soustraction d'une partie de son carbone.

Toute substance sucrée peut se convertir en vinaigre, car le sucre, par la fermentation, se change en alcool, et celui-ci en acide acétique.

Si leur prix ne s'y opposait pas, les vins les plus généreux donneraient donc le meilleur vinaigre. Le vin blanc contenant plus d'alcool, est préféré au rouge. On en fabrique avec de la bière, de l'hydromel, du cidre, du poiré, de l'amidon, du bois, etc. Celui de vin est supérieur, et remplace avec avantage le pyroligneux dans les produits manufacturés.

La fermentation acide ne peut s'établir :

1°, Que par le CONTACT DE L'AIR. Les courants d'air qui volatiliseraient un peu d'alcool doivent être évités;

2°, Par la CHALEUR, entretenue de 20 à 30°; au-dessous de 20° tout languit; au-dessus de 30, il y aurait déperdition d'alcool;

3°, Par la PRÉSENCE D'UN FERMENT qui détermine le dégagement du gaz acide carbonique. Pendant la fermentation, il se forme une substance membraneuse d'un blanc sale, ferme, translucide: c'est LA MÈRE du vinaigre, ferment excellent pour commencer la dénaturation du vin, lorsqu'on manque de vinaigre, pour monter une vinaigrerie; la levure de bière peut le remplacer.

Locaux.

On commence par monter la vinaigrerie dans un local exposé autant que possible au midi, bien éclairé, bien clos, élevé de 3 mètres au-dessus du sol. Sur des étages solides, ou sur des châssis en menuiserie légère, on place les VAISSEAUX-MÈRES de manière que la première rangée supporte les autres au nombre de 3 à 7, séparés par un intervalle de 10 centimètres. Chaque local contient jusqu'à 500 mères ordinairement de 230 litres. Ces vaisseaux sont percés dans le fond d'un trou nommé œil (5 cent.), pour y introduire et en retirer le liquide, et d'un autre petit trou (2 cent.), à côté de l'œil, pour laisser échapper l'air lors de l'introduction du vin. Si tous les vaisseaux-mères ne peuvent être contenus dans le même local, on établit plusieurs étages qui reçoivent la chaleur du même calorifère placé en dehors de la vinaigrerie, et chauffé autant que possible avec du bois, car le gaz qui s'échappe du charbon de mine, peut communiquer au vinaigre une couleur et une odeur désagréables. On chauffe en tout temps à une température uniforme de 22 à 26° de Réaumur, et même jusqu'à 30 dans les années de récoltes inférieures. Après la qualité du vin soumise à la dénaturalisation, l'uniformité de température est un point capital dans la fabrication.

C'est ordinairement sous la vinaigrerie que sont placés les râpés, vins et vinaigres servant à la clarification. Leur contenance, suivant l'importance de la vinaigrerie, varie de 6 à 160 hecto; de forme ronde ou ovale, et cerclés en fer, on les remplit de sarment et de copeaux de bois de hêtre, par lits placés alternativement jusqu'à 15 centimètres du fond supérieur. Dans les établissements bien montés, des canaux en plomb, au moyen de pompes foulantes, amènent le vin des râpés dans les mères et des mères dans les râpés vinaigres, disposition qui permet de charger et de tirer les vaisseaux sans évaporation ni perte de chaleur.

Fabrication.

La vinaigrerie est montée : on verse dans chaque vaisseau-mère 4/10 de fort vinaigre froid; huit jours après, 10 litres; au bout de huit jours, encore 10 litres; enfin la même quantité dans le même intervalle, jusqu'à 6/10.

Dès que la fermentation est bien établie, la vinaigrerie est en activité : un mois suffit pour qu'elle marche. Alors, on peut retirer par semaine 10 litres de chaque MÈRE, qui reçoit à peu près 11 litres de vin. Chaque mère produit 5 hect. par an. Ces vaisseaux ne doivent pas être chargés plus de 7/10 et jamais moins de 5/10, car autrement, l'air frappant sur un espace trop rétréci, la décomposition est plus lente.

Le point le plus favorable est 5/10 pleins; le plus ordinairement, on les tient aux 6/10.

Sorti des vaisseaux-mères, le vinaigre est reporté sur les râpés où il s'éclaircit et séjourne le plus long-temps possible afin de se bonifier. Quand les demandes sont pressantes, ou si l'établissement exige trop de râpés, on clarifie avec la colle de poisson, procédé qui rend le vinaigre plus vif.

Le vinaigre-marchand doit marquer 22 divisions au pèse-acide. On en fabrique même à 28 à Orléans. Dans certaines années, comme en 1817, on n'obtint que 15 à 18°; au-dessous de 15°, il se corrompt. Pour éviter cet inconvénient, on soutient les vinaigreries avec de l'alcool : mais dans ce cas, la chaleur du laboratoire doit être plus élevée.

Exercice.

Les fabricants sont tenus de faire, vingt-quatre heures à l'avance, une déclaration de vinaigrage au registre n° 17.

C'est dans cet intervalle que, par analogie avec l'intervalle que la loi accorde aux brasseurs et aux distillateurs, les employés doivent se présenter, pour assister à l'opération qui peut avoir lieu de trois manières : ou l'on verse le vin sur les râpés-vinaigre, avec l'addition d'une certaine quantité de vinaigre; ou ce vinaigre est mis sur chaque pièce, ce qu'on appelle vinaigrer sur place; ou, ce qui serait préférable, on verse le vin sur les mères.

Décharge est donnée au dos de l'ampliation qu'on échange ensuite contre un bulletin d'entrepôt, registre d'octroi dans les lieux sujets.

Passé les vingt-quatre heures, le négociant a le droit, implicitement exprimé, d'opérer hors la présence des employés. Telle est l'habitude dans certaines localités. Tout dépend des conventions verbales entre le commerce et la régie. Presque tous les réglements d'octroi sont explicites à cet égard : à Orléans, c'est vingt-quatre heures. En fait de vinaigres, on ne peut trop citer cette ville.

Puisque la chimie n'a trouvé aucun moyen de dénaturer le vin sans en altérer la qualité, et qu'il y a impossibilité d'exiger qu'on le verse sur les mères, opération longue qu'on prolongerait à dessein afin de lasser la surveillance, il ne reste donc, pour que la dénaturation ne soit pas illusoire, qu'à faire ajouter au vin une quantité de vinaigre telle qu'on ne puisse pas présenter plusieurs fois le même vin au vinaigrage, afin de couvrir des manquants. Le moyen le plus simple dans les villes qui ont un droit sur le vinaigre, serait d'élever le droit au taux des autres droits, cumulés sur le vin : on tarirait ainsi une foule d'abus palpables. Mais quoique la loi soit muette à cet égard, il n'en faut pas moins conclure que la décharge ne peut avoir lieu qu'autant que la dénaturation est réelle, et elle ne peut l'être avec le 10e de vinaigre versé sur le vin. Il faudrait, comme à Lyon, le 5e. La loi, il est vrai, ne pouvait généraliser sans tomber dans de graves inconvénients, car la quantité de vinaigre nécessaire pour que le vin cesse d'être potable, dépend de la qualité de l'un et de l'autre de ces liquides. C'est donc au discernement des employés à faire le reste. On peut être vinaigrier sans licence, en acquittant le droit de circulation au fur et à mesure des introductions.

Dans les lieux sujets aux entrées et où les vinaigres sont frappés du droit d'octroi, on tient les comptes des vinaigreries comme ceux des marchands en gros, et les recensements sont faits simultanément par deux services. La déduction est de 10 pour 0/0 à Orléans, et les décomptes trimestriels sont définitifs : 6 pour 0/0 vinaigre d'achat.

A Orléans, on se sert, dans l'appréciation des restes, fort difficiles à évaluer autrement, d'une jauge triangulaire de 20 c. de hauteur, et présentant sur chaque face une des trois contenances les plus usitées. En voici l'usage : au moyen d'une sonde à crochet, qui s'introduit par l'œil du vaisseau-mère, on marque le mouillé à la craie sur chaque pièce. Or, la jauge a été, par empotement, graduée de centim. en centim. jusqu'au centre du tonneau, de manière qu'on connaît immédiatement le reste. Un employé mesure, l'autre récapitule en présence du négociant, et l'opération ne laisse aucune place aux réclamations. La jauge qu'on peut faire avec le tableau de la page 105, ne part que du milieu de l'œil, car rarement les mères sont plus basses que 5/10, et l'œil n'est pas bouché; du reste, à 20 cent. au-dessous, à 20 cent. au-dessus, la contenance est la même.

Falsification.

On peut augmenter l'acidité des vinaigres en y mêlant du sel marin ou de l'acide sulfurique; mais la présence de cet acide, qui donne un poids trompeur et une acidité particulière, se reconnaît en versant quelques gouttes du vinaigre suspect dans du nitrate ou de l'hydrochlorate de barite.

Il se forme aussitôt un précipité blanc, abondant, qui est du sulfate de barite. La réputation méritée des vinaigres d'Orléans met les fabricants à l'abri de tout soupçon sous ce rapport.

Pèse-Acide.

C'est un instrument inexact, car le vinaigre le plus concentré, le vinaigre radical, donne le même poids spécifique que celui qui contient 112 parties d'eau, et lorsque le vinaigre contient moins d'eau, le poids spécifique augmente. V. p. 86.

Le meilleur moyen de connaître la force des vinaigres, c'est la quantité de soude crystalisée qu'ils neutralisent; opération aussi longue que difficile : mais le pèse-acide suffit dans les cas ordinaires; la dégustation fait le reste.

BRASSERIES.

Fabrication, Ier §.

OPÉRATIONS.	LEUR durée.	*Indication des diverses opérations qui concourent à un brassin sur une chaudière de 30 h. 00 lit.*
Mouillage. . .	. . . .	Huit jours suffisent pour le mouillage du grain, sa germination, la torréfaction et la mouture.
Chauffage des eaux. . . .	de 4 à 7 heurs	La durée est subordonnée à la manière dont les chaudières sont montées, et au combustible employé.
Chaudières supplémentaires.	. . . .	L'autorisation de la régie est de rigueur (art. 121 de la loi du 28 avril 1816); ne peuvent servir qu'à chauffer les eaux nécessaires à la confection du brassin déclaré et au lavage des ustensiles. Le feu doit être éteint et l'eau vidée après la deuxième trempe; tant que la drèche n'est pas enlevée de la cuve-matière, les chaudières supplémentaires doivent être surveillées. On les déclare à chaque mise de feu.
Mélange d'eau Premier versement . . .	1/4	Faire couler dans la cuve-matière 3/30 environ de la contenance de la chaudière avec une addition de 4/30 d'eau froide. A Lyon et à Strasbourg, où l'humectation dure au moins huit heures, on n'emploie pas d'eau froide.
Mise de grain dans la cuve matière.	. . . .	C'est jeter le grain moulu, ou malt (730 à 735 kilo pour 30 hecto) sur l'eau qui couvre le faux-fond.
Mouiller le malt, 2e versement.	de 1/2 à 1 h. et 1/2.	C'est délayer la farine avec l'eau versée dans la cuve-matière, en agitant fortement le mélange; on verse ensuite 20/30 de la contenance de la chaudière; arrivée par le faux-fond et chargée de substances céréales, l'eau prend le nom de métiers.
1re trempe.	3/4.	Alors on démêle, on vague, on touille; c'est la première trempe.
Clarification.	. . . .	L'opération essentielle de la clarification est écartée dans les localités où l'on brasse à malt trouble.
Donner avoi.	de 1 à 3 h.	C'est laisser couler le produit de la première trempe dans le reverdoir. Pendant la durée de ces opérations, on fait chasser les eaux destinées à la deuxième trempe et au lavage.
		Un point capital est de bien distinguer les trempes par les signes propres à chacune d'elles, tels que, la couleur, le plus ou moins de substances grasses que contient encore la drèche passée sous les doigts tant qu'elle reste dans la cuve-matière, etc., etc. C'est de l'habitude, c'est de l'expérience qu'il faut pour exercer les brasseries avec fruit. Rien ne supplée l'expérience. On doit veiller à ce qu'il ne soit fait aucune addition de farine à la drèche après la première trempe.
		Dans les brasseries à une seule chaudière, le résultat de la première trempe est mis sur le bac ou dans d'autres vaisseaux jusqu'à ce que l'eau de la deuxième trempe soit versée dans la cuve-matière.
Troisième versement d'eau chaude.	1/4 h.	Cette eau est de 12/30 de la contenance totale; quelques brasseurs prétendent qu'il faut 15/30, les 7/30 versés pour humecter (voyez mélange), étant absorbés par la farine.
1re trempe, entrée. 2e trempe.	. . . . 1/2 h.	Dès que cette eau est versée, on fait couler dans la chaudière de décoction le résultat de la première trempe, puis on démêle et on touille: c'est la deuxième trempe.
Clarification.	1 h.	On laisse clarifier.
Donner avoi de la 2e trempe.	2 h.	On verse la bière dans le reverdoir et de là dans la chaudière de décoction, où elle se réunit à la première trempe. Quand l'usage du brasseur est de ne donner que deux trempes, le produit de la deuxième doit toujours rentrer dans la chaudière principale après le délai de deux heures; passé ce terme, tout ce qui, dans les autres vaisseaux, excède le vingtième, est saisissable.
Réserves ou métiers.	. . . .	L'article 109 de la loi du 28 avril 1816, porte que le produit des trempes ne peut excéder de plus d'un vingtième la capacité de la chaudière déclarée. Ainsi donc, l'administration pouvant à son gré régler l'emploi de ce vingtième, a décidé que lorsque les employés assistaient à la rentrée de la deuxième trempe, on pouvait ne pas saisir, mais faire jeter ou détériorer l'excédant. On verbaliserait en cas de refus de jeter ou détériorer, ou, si le brasseur, usant trop souvent de la tolérance, on devait craindre quelque abus.
Rentrées des réserves.	. . . .	Elle doit être terminée au bout d'un nombre d'heures égal au tiers de l'ébullition.

ORÉRATIONS.	LEUR durée.	
Ébullition totale: bière blanche et brune	1 h.	Une heure suffit pour amener la bière à l'état d'ébullition ; on laisse écouler le même intervalle (temps nécessaire pour amener) avant de mettre le houblon. Rien de fixe dans la durée de la cuite, qui varie de dix à vingt-quatre heures, selon les localités et le degré de la qualité à obtenir.
bière blanc[e]	6 h.	En Flandre, l'ébullition totale, à partir de l'instant où l'on met le houblon, est de vingt-quatre heures pour la bière brune, et de six pour la blanche. La bière reste plus ou moins de temps sur le feu, selon qu'on la veut brune ou blanche.
bière brune	24 h.	
Mise de houblon.	....	La quantité à mettre varie comme la qualité ; c'est ordinairement 3/4 de livre par hectolitre de bière (pour un hecto d'orge, un kilogramme de houblon belge, ou demi-kilo de houblon de Bavière. Un hecto d'orge produit 150 litres de bière forte). Si le houblon est mis aussitôt la première trompe, cette manière de procéder doit éveiller la surveillance. Outre le houblon, on met pendant l'ébullition divers ingrédients pour activer la clarification ; huit pieds de veau suffisent pour 30 hectolitres.
Décharges partielles.	....	Durant l'ébullition, on ôte ordinairement les quantités qu'on veut soustraire à l'impôt ; visiter les bacs et la cuve-guilloire.
Haussés mobiles.	....	L'article 122 autorise les hausses mobiles, qui ne sont point comprises dans l'épalement, pourvu qu'elles n'aient pas plus d'un décimètre de hauteur, qu'elles ne soient placées qu'au moment de l'ébullition, et qu'on ne se serve pas de mortier pour les soutenir et les élever.
Chaudières couvertes.	....	Après deux ou trois heures d'ébullition, la chaudière étant fermée pour que le houblon produise tout son effet, et le feu ralenti, on prétend que les remplacements sont impossibles ; dans cette hypothèse, la bière en métiers qu'on trouverait dans la brasserie serait présumée destinée à des extensions de brassins, ou à faire de la petite bière sans ébullition.
Repos de la bière brune.	2 h.	Jusqu'à la mise au bac (bière sur braise).
Mise au bac.	1/2 h.	On doit exiger que le brassin soit mis au bac refroidissoir en une seule fois.
Paraphe des employés.	....	Doit être apposé à la cuve et le plus bas possible aussitôt la chaudière vidée et sans attendre qu'elle ait été nettoyée. Cette marque, qui a un but d'utilité marqué, se renouvelle après le nettoyage.
Bière au bac.	4 à 10 selon les saisons.	C'est faire couler lentement la bière du bac, de manière qu'elle arrive claire dans la cuve-guilloire ; à défaut de cette cuve, on se sert de la cuve-matière.
Donner avoi à clair.	4 à 8 h. selon les procédés.	Avec un serpentin placé dans une cuve d'eau froide, la bière reste moins de temps au bac et l'évaporation est moindre.
Laisser dans la cuve guilloire.	1/4 h. 1/2 h.	Avant de mettre la levure. Après avoir mis la levure.
Entonnement.	....	Puis on entonne. L'usage de certains brasseurs de laisser la bière au guillage de 12 à 20 heures, masquant souvent une fraude, doit éveiller la surveillance. Généralement on entonne après la mise en levure ; cette opération doit se faire de jour et dans les intervalles fixés par la loi (art. 25), voir page 12. Il est d'autant plus important d'assister aux entonnements, que les excédants reconnus, quoique ne donnant pas toujours ouverture au droit de fabrication (comme ne dépassant pas le dixième de la quantité imposable fixée par l'art. 110), ne sont pas moins passibles du droit d'octroi, puisque ce droit frappe la quantité réellement fabriquée, et qui figure à la colonne 6 du portatif 58. Toutefois, il y a divergence d'opinions à cet égard, et le compte de l'octroi est souvent suivi comme celui de la régie, quant aux charges imposables.

Exercice, 2e §.

Les dispositions préliminaires que nécessite la confection d'un brassin sont tellement multipliées, qu'il est impossible à l'employé, même peu familier avec l'exercice des brasseries, de ne pas prévenir toute tentative de fraude.

Lorsque les employés entrent dans une brasserie, ils ne doivent jamais négliger de s'assurer s'il y a des feux sous les chaudières; de vérifier avec soin le local où elles sont établies, la cuve-matière, les bacs refroidissoirs, la cuve-mouilloire, le germoir, l'étuve ou touraille et le moulin (s'il en existe dans l'établissement). Ces vérifications leur donneront lieu de reconnaître, plusieurs jours à l'avance, les brassins qui doivent être confectionnés, à en fixer l'époque, à juger du nombre et de leur force par la quantité de grain mise en préparation.

L'orge est laissée dans la cuve-mouilloire pendant un espace de deux à trois jours; puis elle est mise au germoir, d'abord en tas, ensuite en couches pendant un ou plusieurs jours; elle est laissée à la touraille pendant vingt-quatre heures environ.

Rarement on la laisse plusieurs jours avant de l'envoyer au moulin; elle est moins torréfiée pour la bière blanche que pour la brune. Le grain touraillé se conserve plusieurs mois.

L'orge moulue est conservée pendant une huitaine de jours; elle est alors plus propre à servir aux trempes. (Il est cependant des brasseurs qui l'emploient au retour du moulin.) Le feu ne peut être allumé sous les chaudières que pour la fabrication de la bière. (Art. 119 de la loi de 1816).

Chaque fois qu'un brasseur veut mettre le feu sous la chaudière, il est tenu d'en faire la déclaration au bureau au moins quatre heures d'avance, dans les villes, et douze heures dans les campagnes (art. 120.) Il est donc du devoir des employés chargés de l'exercice des brasseries, de passer plusieurs fois dans la journée au bureau des déclarations, afin d'être toujours au courant des mises de feu qui peuvent y être faites.

Lorsque les brasseurs ont besoin de repasser sur les houblons qui ont servi à la confection d'un brassin, des bières altérées, connues sous les dominations de BIÈRES TROUBLES OU NÉBULEUSES, AIGRES OU PLATES, on doit exiger que la déclaration en soit faite au bureau au moins quatre heures d'avance dans les villes et douze heures dans les campagnes. Cette déclaration, qui doit faire connaître la quantité exacte de bière à repasser et l'heure précise à laquelle elle sera jetée sur les houblons, doit être inscrite sur le registre des déclarations n° 19, dans le blanc qui se trouve au bas de chaque case et ampliation. Lorsque cette tolérance est accordée à un brasseur, il est de rigueur que les employés soient présents à l'opération et qu'ils reconnaissent la qualité par le jaugeage et la dégustation; autrement la déclaration pourrait servir à masquer un allongement de brassin.

Quand un brasseur déclare être dans la nécessité de changer les heures de ses opérations, on ne doit pas se contenter de faire de simples annotations irrégulières au registre n° 19, sur la déclaration primitive : la régie a établi, comme règle invariable, qu'en pareil cas il serait fait une nouvelle déclaration, que l'ampliation de la première serait rapportée par le brasseur, et qu'elle serait annulée, bâtonnée et rattachée à la souche du registre, avec une mention indicative du numéro de la dernière déclaration et de l'heure de la remise de la première, afin de s'assurer si le brasseur n'en aurait pas déjà fait usage.

Toute brasserie en activité portera une enseigne sur laquelle sera inscrit le mot BRASSERIE (art. 124).

La marque particulière du brasseur doit être empreinte sur les tonneaux (même art.), et l'empreinte déposée au bureau de la régie.

Les particuliers qui ne brassent que pour leur consommation sont assujettis aux mêmes obligations que les brasseurs de profession, excepté au paiement de la licence (art. 128).

Les bières destinées à être converties en vinaigre, sont assujetties au droit de la fabrication (art. 115).

Les employés étant autorisés à vérifier dans les bacs et cuves, ou à l'entonnement, le produit de la fabrication de chaque brassin, ils doivent toujours être porteurs d'un extrait des procès-verbaux d'épalement n° 57, et du mètre.

Tout excédant à la contenance brute de la chaudière doit être saisi; un excédant de plus d'un dixième supposera, en outre, la fabrication d'un brassin non déclaré.

Il n'y a pas lieu à saisir les excédants sur la contenance nette. Seulement on les soumet au droit s'ils dépassent le dixième de cette contenance. La différence est constatée par un acte motivé au portatif, à moins d'autorisation spéciale de la régie.

On ne peut faire usage que de chaudières de 600 litres et au-dessus. L'usage des chaudières qui ne seraient pas fixées à demeure est défendu (art. 116).

Les brasseurs ne peuvent faire aucun changement qui tendrait à modifier ou altérer la contenance des chaudières et bacs, sans en avoir fait la déclaration vingt-quatre heures d'avance (art. 118). — Voir *le Tableau des contraventions*.

Quelques brasseurs déclarent deux brassins à peu de distance l'un de l'autre; ils avancent l'un, ils retardent l'autre, et tentent d'exécuter dans l'intervalle un brassin non déclaré. Le moyen de prévenir cette fraude est d'assister exactement aux opérations préliminaires pour juger si elles sont anticipées, et d'examiner si l'entonnement est déclaré ou fait à l'heure convenable.

Lorsque les brasseurs travaillent en bière brune, il arrive quelquefois qu'ils COULENT un brassin de bière blanche, et ils y parviennent en activant la fabrication. Les trempes données pendant le jour peuvent servir à faire de la bière blanche qui peut être mise au bac le soir et entonnée la nuit. De nouvelles trempes sont alors données si rapidement, immédiatement après que la chaudière est déchargée, que le lendemain matin on trouve la chaudière en ébullition comme la veille au soir. A force de calorique, il est possible de donner à cette bière le degré de cuisson nécessaire; seulement elle est un peu moins brune, la chaudière ne pouvant être couverte assez long-temps. Pour parer à cette fraude, il faut visiter souvent, la nuit, les brasseries en activité, examiner le matin l'état de la chaudière, celui de tous les ustensiles de la brasserie et les bières dans tous les tonneaux parsemés assez ordinairement dans l'atelier; ces différentes vérifications conduisent naturellement à découvrir la fraude, si elle est pratiquée.

Les employés doivent, à chaque visite, indiquer, par un visa mis au dos de l'ampliation de mise de feu, à quel point a été trouvé le brassin, ainsi que l'heure précise de leur exercice; ils doivent visiter ces établissements à diverses époques du brassin et non pas seulement à l'heure déclarée pour la mise de feu et à celle indiquée pour l'entonnement, comme il arrive trop souvent. On doit, autant que possible, assister à la donnée des trempes, régler les métiers, faire des recherches dans les dépendances de la brasserie, pour découvrir les soustractions; mesurer, à l'aide du mètre, la quantité de bière qui se trouve sur les bacs ou dans les cuves, et rapprocher le résultat de cette opération de la contenance de la chaudière déclarée.

Un bon moyen d'assurer le service des brasseries, est la tenue, par les employés, d'un carnet, image fidèle de toutes leurs opérations, et signé à chaque visite, précisée à la *minute*. Le contrôleur signe, quand il accompagne les employés.

L'exercice doit s'attacher à observer les brasseurs qui déclarent des mises de feu pour des heures telles, que les opérations les plus importantes DOIVENT OU PUISSENT S'EFFECTUER PENDANT LA NUIT. Par exemple, et principalement, la mise du grain dans la cuve-matière; la mise de feu pour les trempes; la mise au bac, le guillage et même l'entonnement, quoiqu'il ne puisse avoir lieu que PENDANT LE JOUR. A cet effet, les employés doivent se porter pendant la nuit dans les brasseries en activité, ainsi qu'ils y sont autorisés par l'art. 235.

Les moyens frauduleux dont se servent le plus fréquemment les brasseurs, consistent à devancer de quelques heures le moment de la mise de feu qu'ils déclarent pour la nuit. Par l'abondance du combustible et la manière de diriger son action, ils poussent promptement les eaux au degré de chaleur nécessaire pour donner les trempes; ils peuvent aisément donner la deuxième à l'heure à laquelle ils devraient seulement commencer la première, et, trompant ensuite les employés peu clairvoyants sur la véritable situation de leur brasserie, ils se ménagent le moyen de préparer des extensions de brassin ou de la petite bière.

L'empotement des vaisseaux et chaudières, dans les brasseries, est la seule manière légale d'en constater la capacité.

L'opération métrique doit être consignée sur un registre conforme au n° 16 de la circulaire n° 25, 4e division (voir jaugeage), et ne doit servir que de moyen de vérification.

L'épalement par empotement sera regardé comme bien fait,

quand son résultat ne différera pas de plus de 2 pour o/o de celui du jaugeage métrique.

Lorsque le résultat d'un nouvel épalement surpassera de 5 pour o/o celui de l'ancien, on exigera le rappel des droits pour toutes les fabrications qui ont eu lieu depuis le jour correspondant de l'année précédente à celui où a été fait le réépalement. Si l'excédant de contenance donnée par le réépalement n'était pas de plus de 5 pour o/o, il ne serait rien changé aux comptes des mois précédents, mais *le mois* où il aura été fait sera réglé d'après la nouvelle contenance constatée.

Avant de procéder au jaugeage métrique ou au réépalement, les employés doivent avoir soin de demander aux brasseurs s'ils n'ont rien changé à leurs chaudières, et de constater leurs réponses dans le procès-verbal : précaution importante, car s'il n'y a point eu de changement dans le cas de l'excédant de 5 pour o/o, il y a lieu à rappel d'un an ; et s'il y a eu changement sans déclaration, on doit verbaliser.

Petite Bière.

D'après l'art. 8 de la loi du 1er mai 1822, les brasseurs sont autorisés à faire de la petite bière soumise au droit de 60 centimes par hectolitre, pourvu qu'avec la même drêche il ait été préalablement fabriqué un brassin de bière forte et que la drêche du brassin ait subi au moins deux trempes. L'exercice doit tenir fortement à l'accomplissement de ces conditions, et exiger en outre que les brasseurs déclarent l'heure à laquelle les trempes de chaque brassin seront données. On doit veiller à ce que dans le brassin de petite bière on ne fasse entrer une portion quelconque des matières résultant des trempes données pour le premier brassin, et qu'il ne soit fait aucune addition ni remplacement de drêche. Le second brassin ne peut excéder en contenance le brassin de bière forte.

S'il est fabriqué plus de deux brassins avec la même drêche, le dernier seulement sera considéré comme petite bière.

A défaut d'accomplissement des conditions ci-dessus, tout brassin sera réputé de bière forte et imposé à la taxe de 2 fr. 40 centimes.

La petite bière faite sans ébullition avec de l'eau froide jetée sur les marcs qui ont déjà servi à la fabrication des brassins déclarés, est exempte du droit, pourvu qu'elle n'excède pas le huitième d'un des brassins précédemment fabriqués, et qu'en sortant de la cuve matière elle soit livrée de suite et sans mélange à la consommation (art. 114). Elle serait assujettie aux droits si, quoique faite avec de l'eau froide, on la passait dans les bacs refroidissoirs, sur le houblon et ensuite dans la cuve-guilloire (arrêt du 14 mars 1816).

Prise en charge.

On accorde 20 pour 0/0 dans la fabrication, *sur la contenance brute.*

Sur un brassin de 10 h. reste donc 8 h. 00; si l'entonnement ne dépasse pas le 10e de 8 h. = 0 h. 80 l., le brasseur garde, s'il a entonné, 8 81, on prend en charge 8 81, parce que le 10e est dépassé, et on prend ainsi en charge, sans *verbaliser*, l'excédant jusqu'à la contenance brute de 10 h. 00; mais on verbalise si l'entonnement dépasse 10 h. 00; dans ce cas on charge deux brassins au minimum de 8 h. 00.

Résumé.

L'exercice des brasseries se réduit à peu de chose, si le service saisit l'instant favorable pour rendre ses visites utiles. L'efficacité des moyens mis à la disposition des employés dépend MOINS ENCORE DE L'ACTIVITÉ de la surveillance, QUE DU DISCERNEMENT apporté dans le choix du moment où elle doit s'exercer, ou des parties de fabrication que l'on se propose de suivre. Ainsi, par exemple, l'exactitude de l'épalemement des chaudières, cuves et bacs; la défense d'établir des hausses fixes; l'accomplissement des conditions mises à l'usage d'une chaudière supplémentaire; la vérification du produit total des trempes; l'interdiction absolue de tout excédant supérieur à 5 pour o/o, de la contenance brute de la chaudière, comme de toute réserve dont l'existence se prolongerait au-delà du tiers de la durée de l'ébullition de la bière; l'exacte vérification du produit ostensible de chaque brassin; le soin de constater et de soumettre aux droits les excédants qui s'en trouveraient passibles aux termes de l'art. 111; la recherche et la saisie de toute quantité de bière provenant de décharges anticipées; enfin, et plus particulièrement, l'exécution pleine et entière de l'art. 8 de la loi du premier mai 1822, qui ne reconnaît, comme petite bière, que celle fabriquée avec la drêche qui a déjà servi pour un brassin de bière forte et lorsque deux trempes au moins, ET DEUX TREMPES BIEN DISTINCTES, ont été données pour ce brassin, aux heures indiquées par la déclaration de mise de feu. Tels sont les objets dont il importe le plus de s'occuper dans les visites de jour comme dans celles nocturnes, autorisées par l'art. 235 de la loi de 1816 (circulaires n°s 2, 13 et 14).

Abonnement.

Les brasseurs peuvent être abonnés dans les villes de 30,000 âmes et au-dessus; dans ce cas, ils sont dispensés de la déclaration des mises de feu; mais ils doivent les inscrire au moment où elles ont lieu, sur un registre coté et paraphé (art. 130). L'art. 135 ne donne à la régie que le droit de s'assurer, par la vérification des quantités, de l'exécution de l'obligation ci-dessus imposée aux brasseurs dans la vue d'un point de comparaison, pour les abonnements subséquents.

BIÈRE, 3e §.

Fabrication dans le Bas et le Haut-Rhin.

Bière Blanche.

540 kilogrammes de drêche, 7 kilogrammes 1/2 de houblon,

8 pieds de veau ou 45 grammes de colle de poisson, l'écorce d'un citron, 61 grammes de girofle, 12 décagrammes de coriandre pulvérisée, et 35 hectolitres d'eau, forment le dosage d'un brassin ordinaire.

Voici la diminution moyenne qu'éprouve, dans sa fabrication, la bière qui en provient :

35 hecto d'eau, ci			35 h. 00 l.
Perte par l'imbibition de la drêche dans les trempes	4 h.	00	
Par l'évaporation dans la cuite	3	50	
Idem dans le transport de la chaudière à la cuve	1	00	
Par les houblons	1	90	13 40
Par le marc au rafraîchissoir	1	00	
Par les écumes aux tonneaux de fermentation	1	00	
Idem par le marc	1	00	
Reste en bière			21 h. 60 l.

Bière Brune ou Rouge.

Pour un brassin de bière brune, on emploie ordinairement 510 kilogrammes de drêche, 5 de houblon, 1 tête ou 4 pieds de veau et 35 hectolitres d'eau, ce qui remplit la chaudière. On fait observer que 510 k. de drêche brune, font le même volume que les 540 de blanche, l'une et l'autre provenant de 660 kilogrammes d'orge. C'est la grande dessication de la drêche brune qui cause cette diminution dans le poids. Si la drêche a été bien faite, si surtout sa germination a été heureuse, on peut négliger l'emploi des matières animales.

Voici la perte qu'éprouve le dernier brassin :

35 hecto d'eau, ci			35 h. 00 l.
Par le fluide qui reste dans la drêche après les trempes	5 h.	00	
Par l'évaporation dans la cuite	6	00	
Idem après la cuite	»	50	
Idem dans le transport de la chaudière à la cuve	»	50	17 00
Par les houblons	1	00	
Par le marc au rafraîchissoir	2	00	
Par les écumes aux tonneaux de fermentation	1	00	
Par le marc aux tonneaux de fermentation	1	00	
Reste en bière			18 h. 00 l.

Des deux Bières en général.

On ne fabrique d'ordinaire que ces deux espèces en ce pays. Si l'on veut de la bière forte, il faut la commander. Il ne s'agit, pour cette dernière, que de faire un choix particulier dans les grains, d'employer surtout le froment et de ne donner que deux trempes. Elle reviendrait à un prix trop élevé pour pouvoir la débiter avec bénéfice.

Le choix des eaux influe beaucoup sur la valeur de la bière : une eau douce, limoneuse même, quand elle a bien déposé, convient parfaitement. On emploie peu celle des fontaines, à cause de sa crudité; on peut pourtant la faire servir telle qu'elle est à la première trempe; mais il faut qu'elle bouille plus que les autres pour les deux dernières, c'est-à-dire une heure environ.

Bière Mousseuse.

Pour rendre la bière mousseuse,

1°, On verse à peu près 12 litres de bière non fermentée, dans un hecto de bière faite; on en ajoute même davantage si l'on veut qu'elle mousse plus vite.

Ce sont ordinairement les débitants qui se livrent à cette manipulation, ou pour donner du montant à des bières faibles, ou pour en rendre de bonnes plus susceptibles de supporter l'eau;

2°, On introduit d'abord, dans les bouteilles, de l'eau-de-vie que l'on retire après l'avoir agitée fortement; on y met ensuite, en les mêlant bien ensemble, la liqueur avec un peu de sucre pulvérisé; au bout de huit jours, si la bouteille est hermétiquement bouchée, la bière devient mousseuse.

4e §. Bière au bain-marie, nouveaux procédés.

On cherche, depuis quelque temps, à introduire, dans la fabrication des bières, des procédés qui, *s'ils pouvaient réussir*, détruiraient de fond en comble l'ancienne manière; voici les ingrédiens d'un brassin de 2 h. 00:

6 k° d'orge sortant du marché,
1 k° 1/2 de houblon,
1 k° de caramel presque noir,
Et 12 k° 1/2 de sirop *composé* et clarifié au noir animal et où paraît être le secret, s'il y en a un. (Cette composition laisse une arrière saveur d'amertume qui fait supposer un extrait de houblon.)

Tout cela mis ensemble, et presque à froid, dans une chaudière de 2 hect. et à chapiteaux, donne, après une cuisson de 2 heures, selon le procédé Papin, 1 h. 76 l. de bière très-limpide, mais faible (densité 1,021) et sentant un peu le sirop. On entonne bouillant sur des vases à moitié remplis de bière refroidie. Le double fond, percé dans tous les sens, est destiné à contenir le houblon qui, sans cela, s'attacherait au fond: c'est ce qui constitue le bain-marie.

C'est ainsi qu'avec une seule chaudière et une petite de 100 l. pour laver et chauffer les eaux, on peut, avec un bénéfice relatif du tiers, fabriquer 17 à 18 h. par jour.

Toute la question est dans le goût des amateurs. Jusqu'à présent les essais n'ont pas été heureux.

SUCRES INDIGÈNES.

Observation.

L'été finit, vous parcourez une campagne fertile, des champs immenses de betteraves encore sur pied vous entourent, la fumée d'une usine apparaît et de longs silos se pressent dans les environs: c'est une fabrique de sucre. Les enfants, les femmes, les adultes se partagent une besogne plus ou moins pénible, mais lucrative. Ces belles et puissantes machines, ce progrès de tous les arts, cette découverte si précieuse d'un tubercule transformé en sucre; ce bel établissement, en un mot, communiquant à tous le mouvement et la vie, c'est un enfant de la liberté, car la liberté est mère de l'industrie, comme l'industrie est la source de toute prospérité. Mais il s'agit de fabrication.

Fabrication.

—•○•—

Les betteraves sont conservées dans des silos d'où on les tire au fur et à mesure du besoin. Avant de procéder au râpage, on fait subir à la betterave plusieurs opérations qui ont pour but de la débarrasser entièrement des parties hétérogènes qui y adhèrent. Les betteraves nettoyées et lavées, sont déchirées, râpées par le moyen d'un cylindre tournant rapidement sur lui-même, et armé de lames de scie.

Pressurage. — La pulpe qui en résulte est mise dans des sacs et soumise à l'action de la presse. 100 k. de pulpe donnent ordinairement de 75 à 80 l. de jus; le marc exposé à la vapeur ou à la chaleur, éprouve une deuxième pression par laquelle on extrait de la betterave tout le jus possible. Des presses, le jus coule dans un réservoir.

Macération. — On remplace quelquefois le pressurage et même le râpage par la macération, qui consiste à lessiver les betteraves coupées en rouelles, ou bien à faire passer un filet d'eau sur plusieurs couches de pulpe; l'eau s'empare du jus et se met à sa place.

Déféction. — Quel que soit le mode employé pour l'extraction du jus, on le soumet à la défécation, qui le dépouille en partie des matières hétérogènes, et, lorsqu'il a atteint environ 60 degrés de chaleur, on y ajoute du lait de chaux pour le purifier.

Filtrations, évaporations. — C'est alors que, pour le dégager de toutes ses impuretés, on le fait passer successivement dans diverses espèces de filtres garnis d'une toile et chargés de noir animal en grain; puis, pour le concentrer davantage, on lui fait subir, par une prompte ébullition, une évaporation qui le porte à 12 ou 15 degrés de Beaumé. Ces opérations se répètent jusqu'à ce que le sirop ait acquis le degré de consistance convenable pour être mis dans les chaudières de cuite.

Clarification, cuite. — Mais dans quelques fabriques seulement, à l'avant-dernière évaporation, on clarifie le sirop avec du sang, et, après l'avoir filtré, sa densité n'étant pas encore suffisante pour qu'il puisse cristalliser, on le concentre de nouveau dans des chaudières de cuite. Arrivé au point convenable, le sirop passe au rafraîchissoir et de là dans les formes, où il cristallise. On entretient dans la salle d'empli une chaleur de 15 à 20 degrés.

Lorsque le sucre est cristallisé, on le débarrasse du sirop qu'il contient encore, en faisant égoutter les formes.

Clairçage. — On procède alors au clairçage qui épure le sucre. Après avoir creusé de 4 à 5 c. la surface du sucre cristallisé, on verse, à quelques heures d'intervalle, 2 l. de clairce, qui est du sirop saturé de sucre; la clairce chasse le sirop plus coloré, se loge dans les interstices, égoutte à son tour, et fait éprouver au sucre une décoloration bien prononcée.

Terrage. — On met, sur la base des formes, une bouillie d'argile, dont l'eau se séparant entraîne le sirop.

Le nombre des terrages est en raison inverse de la qualité du sucre.

Raffinage. — Purge le sucre des matières qui nuisent à la qualité et à sa beauté. Le sucre est porté dans une chaudière à moitié remplie d'eau à la température de 50 à 60 degrés. Lorsque la dissolution est terminée, on verse dans la chaudière du noir fin, puis, lorsqu'on a bien mêlé du sang de bœuf ou des blancs d'œufs (qui ont la propriété de précipiter le noir), le sucre est ensuite passé à travers plusieurs filtres. L'évaporation et la cuite s'opèrent de la même manière qu'il a été dit ci-dessus. Lorsque le sirop est cuit, il passe dans le rafraîchissoir, puis on le verse dans les formes, et quand la cristallisation commence, on détache des parois les cristaux qui s'y sont formés et on les ramène au centre. Cette opération, appelée mouvage, a lieu deux ou trois fois. Les formes égouttent alors et on les met à l'étuve pour les faire sécher.

Le plamotage consiste à placer les formes en tous sens, afin de fixer au milieu les sirops non cristallisés.

Sucres de second jet. — Les sirops tombés des premières formes sont soumis à une seconde cuite très-serrée et aux mêmes manipulations que les sirops obtenus par l'évaporation du jus. Le sucre de second jet qui en provient s'élève souvent au 6e de celui déjà obtenu.

Lorsque les mélasses sont à peu près incristallisables, elles sont livrées aux distillateurs ou employées à la nourriture des bestiaux.

2e §. Exercice.

—∞—

Voici le nœud de la question : *aucune quantité n'est sortie de la fabrique* SANS EXPÉDITION. Dans cette hypothèse, qui suppose une entière bonne foi de la part du fabricant, le nombre des défécations et la densité du jus deviennent aussi inutiles que la surveillance extérieure; car, s'il reste des quantités à la fin de la campagne, un inventaire à l'amiable termine tout. Plusieurs fabricants ont donné l'exemple de cette bonne foi; mais le nouveau tarif n'en augmentera pas le nombre.

De la nécessité de certaines précautions qui assurent le droit, résultent deux parties distinctes dans le travail de la régie : l'exercice et la surveillance.

Exercice. — Il n'offre aucune difficulté dans sa partie matérielle. Il s'agit de constater la densité du jus et le nombre des défécations. Le compte du fabricant sera chargé, au minimum, de 12 hectogrammes de sucre brut au premier type, par 100 litres de jus et par chaque degré du densimètre au-dessus de 100 (densité de l'eau) reconnu avant la défécation, à la température de 15° centigrades.

Les fractions au-dessous d'un 10e de degré du densimètre seront négligées. (Art. 5 de l'ordonnance du 28 août 1840.)

Le jus doit être pris dans le réservoir, s'il en existe; si on le prenait au moment où il coule de la presse, il y aurait trop de différence entre le commencement, le milieu et la fin de la *coulée* (qu'on me passe le mot), on prend la moyenne qu'on ramène à la température légale. Mais s'il est important de constater immédiatement, lors des visites, le degré du jus, il ne l'est pas moins de s'assurer que le registre des défécations est à jour; il serait bien de faire ces deux choses simultanément. Le registre des défécations 182, et le registre 183 des opérations journalières, sont tenus par le fabricant; les employés détachent, à chaque exercice, un bulletin du premier registre et visent le second.

Le nouveau tarif rend plus que jamais nécessaire la tenue exacte du registre 182, BASE DES PRODUITS. (*V.* le tableau des sucres).

Le volume du jus déféqué se calcule d'après la contenance des chaudières sous la déduction de 12 1/2 pour 0/0 (ou de la hauteur des chaudières convenue avec le fabricant), et on en retranche les quantités de mélasse qui auraient été ajoutées au jus, soit à la macération, soit à la défécation.

La mélasse, pour être bien mélangée avec le jus, devant être mise dans la chaudière au commencement de la défécation (on pourrait, mais avec beaucoup de difficultés, s'assurer, par la densité comparée, de la réalité de l'addition). Il est très-rare qu'une addition de mélasse soit faite à la macération, et elle a, dans ce cas, peu d'influence sur la densité.

Les employés doivent s'assurer que le jus ne dépasse pas, dans les chaudières de défécation, la limite qui aura été fixée sur la demande du fabricant.

Moins que jamais il faudra se dispenser d'assister aux enlèvements des sucres et de peser les caisses, sacs et colis avec la plus grande exactitude.

Observations générales.

Le fabricant de mauvaise foi ne laisse prendre en charge que les plus petites quantités de jus et aux plus faibles degrés possibles. Que lui importe les résultats? Il ne doit, d'après la législation actuelle, tenir compte que du rendement au minimum, et l'inventaire n'aura lieu qu'à la fin de la campagne! Or, pourvu qu'il n'expédie pas au-delà de la quantité prise en charge, ses calculs sont sûrs; et son talent consiste à donner la meilleure couleur à ses opérations.

Le fabricant de mauvaise foi, afin d'affaiblir le degré du jus, fait jeter de l'eau dans les presses à l'arrivée des employés. Il ajoute des corps étrangers à ses sucres pour en augmenter le volume lors des inventaires (moyen simple de masquer les manquants qui se couvrent par les excédants de fabrication de la campagne suivante). On en a même vu, dans le Nord, qui ont mêlé du sable à leur sucre dans la proportion de 4 et 5 8e; quelques-uns même ont empli leurs formes aussi de sable qui n'était recouvert que d'une très-faible partie de sucre, etc.

Mais l'employé doit se fortifier de tous les renseignements que l'examen attentif des manipulations de la fabrique lui fournira promptement. Les excédants existent principalement au commencement de la fabrication; ils sont d'autant plus forts que le travail s'est fait avec plus de vitesse et que les sucres sont expédiés en qualité inférieure, ce qui arrive souvent pour les sucres de second jet. Avec un peu d'intelligence, on doit savoir ce qu'une défécation donne de sirop, ce qu'une cuite ou certain nombre de cuites donnent de formes, ce que les formes contiennent, le sucre net et la mélasse qu'on en retire, ce que pèsent le sirop et le sucre, etc. On ne peut rien préciser à cet égard. Les plus grandes formes sont, dans certains départements, d'une capacité de 60 l., plus communément de 45 l.; or, 1 litre de sirop pèse à peu près 1 k. 250 g., et chaque forme laissant à la purgerie 10 à 12 pour 0/0 de mélasse, ce serait donc 50 k. de sucre net pour la forme de 45 l.

Visiter souvent le local où l'on dispose les sucres lochés, en estimer approximativement la quantité et examiner s'ils sont disposés pour être facilement enlevés, c'est-à-dire s'ils sont en sacs, caisses ou futailles, ce qui serait un indice de fraude en cas de non-déclaration d'enlèvement, et un avertissement pour la surveillance extérieure; toutes les dépendances de la fabrique doivent être également visitées avec soin.

Les fabriques situées à peu de distance des raffineries doivent être surveillées, et surtout celles où l'on raffine, le sucre pouvant être immédiatement livré à la consommation *par petites quantités*.

Le jus éprouve, relativement au degré, des variations marquées durant la fabrication : faible au commencement des travaux, si la betterave a été récoltée avant sa maturité; fort au milieu de la campagne, et faible encore à la fin, si les betteraves n'ont pas été conservées avec soin ou si la végétation se fait sentir.

Les visites ne doivent être faites que de jour, à moins qu'il ne résulte des déclarations que les fabriques sont en activité la nuit, auquel cas les employés peuvent y entrer à toute heure. Quant aux visites de jour, voir l'article *Droit d'entrée.*

Les visites dans toutes les parties de l'établissement sont de droit rigoureux; mais l'administration et le bon sens recommandent d'en user avec modération, dans les seules circonstances où il y a véritablement nécessité (comme dans le cas cité page 159), et en sachant toujours allier l'accomplissement d'un devoir avec les ménagements et les égards dus à une industrie digne d'intérêt.

Inventaire.

C'est la partie la plus délicate de l'exercice, il faut la connaissance à fond des faits, de la finesse et de l'habileté pour n'accorder ni trop ni trop peu au fabricant, naturellement porté à augmenter ou à diminuer les quantités selon l'occurrence.

Ceux qui voudront approfondir la matière, doivent étudier un ouvrage spécial faisant connaître les machines et les procédés (M. de Mony, par exemple); bien se pénétrer du mémoire de l'administration, et surtout de l'instruction n° 187, qui est à mon sens un petit chef-d'œuvre d'analyse.

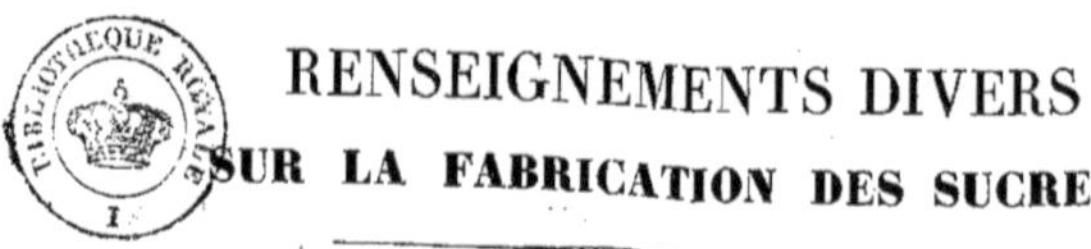

RENSEIGNEMENTS DIVERS SUR LA FABRICATION DES SUCRES.

Les renseignements suivants, puisés dans le Nord, ont été pris avec soin dans une fabrique qui a employé, durant la campagne 1838-39, quatre millions de kilogrammes de betteraves.

Elle occupe, en 123 jours, 55 hommes à 1 fr. 50 c., et 44 femmes à 75 c. — Le prix de revient des quatre millions de betteraves est de 65,159 fr., à 16 fr. 30 c. le millier. — Le charbon consommé est de 10,900 hect. Les ouvriers, pendant cet intervalle, manipulent, en vingt-quatre heures, 37,500 kil., produisant 233 hect. 80 lit. de jus. — Frais généraux........ 61,000 fr.

Recuisson des mélasses........ 4,160

Total........ 65,160

NATURE DES OPÉRATIONS.	QUANTITÉS AVANT L'OPÉRATION en HECTOLITRES de jus.	KILOGRAMM.	PERTE DANS L'OPÉRATION en HECTOLITRES de jus.	KILOGRAMM.	RESTE APRÈS L'OPÉRATION en HECTOLITRES de jus.	KILOGRAMMES.
	H. L.	BETTERAV.	H. L.	PULPE.	H. L.	
Pressurage de 4 millions de kilo de betteraves........	» »	4,000,000	» »	1,000,000	28,758 »	3,000,000
Défécation........	28,758 »	3,000,000	1,697 »	200,000	27,161 »	2,800,000
1re évaporation, y compris la filtration à 15 degrés de Beaumé.	27,161 »	2,800,000	A 62 p. 0/0. 17,111 »	1,711,100	10,050 »	1,087,296 (a)
2e évaporation, à 27 degrés........	10,050 »	1,087,296	A 59 p. 0/0. 5,929 »	592,900	4,121 »	494,396
Cuisson des premiers produits........	4,121 »	494,396	A 43 p. 0/0. 1,772 »	177,200	2,349 »	317,196
Empli des formes de chacune 48 litres........	2,349 » (b)	317,196	Mélasses à s'écouler, y compris les fonds de sucre. 1,353 »	182,618	» »	Produit en sucre, 1er jet. 134,578
Cuisson des deuxièmes produits........	1,353 »	182,618	A 42 p. 0/0. 462 »	16,200	1,191 »	166,418
Empli des formes (deuxièmes produits)........	1,191 » (c)	166,418	Mélasses à s'écouler, y compris les fonds de sucre. 863 »	120,520	» »	Produit net en sucre, 2e jet. 45,898
Cuisson des sirops (troisièmes produits)........	863 »	120,520	A 106 p. 0/0. 86 »	8,600	777 »	111,920
Empli des formes (troisièmes produits)........	777 » (d)	111,920	Mélasses à s'écouler, y compris les fonds de sucre. 45 67 (e)	65,420	» »	Produit net en sucre, 3e jet. 46,500
Clarification des sucres imparfaits........	» »	46,500 (f)	18 66	2,215	720 21	85,749
Cuite de ces sucres........	720 21	85,749	309 69	30,469	410 52	54,750
Mise en forme après clarification........	410 52 (g)	54,750	Mélasses incristallisables à s'écouler, y comp. les f. de sucre. 289 »	38,550	» »	Produit net en sucres imparfaits 16,195

OBSERVATIONS.

(a) Ce chiffre présente une différence légère qu'on a laissé subsister, ne voulant pas pousser plus loin en comptes ronds les renseignements communiqués, et qui présentent 3,997,580 kilog., au lieu de 4 millions.

(b) La forme étant de 48 litres, on emplit 4,893 formes à 27 k. 1/2 chacune.

(c) 2,481 formes à 19 k. chacune.

(d) 1,618 formes à 10 k. environ, à répartir après la clarification.

(e) Sur cette quantité, 194 hect. s'écoulent naturellement : le reste s'obtient par la pression.

(f) Pour opérer cette réfaction à 27° de Beaumé, 413 hect. d'eau sont nécessaires.

(g) 855 formes à chacune 19 k. environ.

RÉSUMÉ.

Perte en écume à la défécation........ 199,625 kil.

— — à l'évaporation à 15 degrés de Beaumé........ 1,711,100

— — — à 27 — 592,900

— à la cuite........ 177,200

— — du 3e produit........ 8,000

— pour la pulpe........ 999,478

Poids des produits, 1er jet........ 134,578

— — 2e jet........ 45,898

— des sucres imparfaits avant la clarification........ 111,920

Total pareil au poids des betteraves employées, environ.. 4,000,000

OBSERVATIONS.

On voit, par le présent compte, qu'il faut environ 140 kil. de betteraves pour un hectol. de jus, pour produire 6 kil. 3/4 à 7 kil. de sucre. Ainsi, en supposant le degré 105 de densité pour pesanteur spécifique pendant toute la campagne, il résulterait que les prises en charge, sur 28,758 hect. de jus, ne s'élèveraient qu'à 143,790 kil., et laisseraient un excédant de 52,881 kil. sur le montant de la quantité de sucre réellement obtenue, et qui s'élève, selon le compte ci-joint, comme il suit :

Sucre du 1er jet........ 134,578 kil.

— du 2e jet........ 45,898

— du 3e jet........ 16,195

Total........ 196,671

DONNÉES POUR FACILITER UN INVENTAIRE.

1 hect. sirop 1er jet, à la sortie de la première cuite, donne en sucre........ 80 kil.

— 2e jet — — .... 45 à 50 kil.

— 3e jet — — .... 18 à 20

1 hect. sirop de claírce (nuance claire comme l'eau, et pesant à l'aréomètre de Beaumé 32°) donne en sucre.. 80 kil.

SUCRES IMPARFAITS.

Sucres imparfaits gros et surnageant dans la mélasse, de 20 à 25 p. 0/0 de leurs poids, au 1er type.

Sucres imparfaits gros-noir, surnageant, de 25 à 35 p. 0/0.

Sucres imparfaits,
1°, offrant à la vue une nuance jaunâtre;
2°, ressemblant déjà un peu à la cassonnade;
3°, presque secs, mais renfermant encore dans leurs poids des matières tant soit peu gluantes, donnent de 50 à 65 p. 0/0.

DISTILLERIES.

Décomposer les substances par le calorique, c'est distiller.

Alambic. C'est un vaisseau de forme ronde, ordinairement en cuivre, étamé à l'intérieur, d'une capacité plus ou moins grande, et divisé en deux parties; l'une inférieure, nommée *cucurbite,* qui reçoit la matière à distiller, et se trouve par conséquent en contact avec le feu; l'autre supérieure, nommée *chapiteau*, s'adaptant parfaitement sur la première, concave, et représentant assez bien la forme d'un cône obtus. Ce chapiteau ou chapeau est destiné à recevoir les vapeurs qui s'élèvent de la matière mise en ébullition. A l'un des côtés du chapiteau est adapté un tube plus ou moins long, et dont la grosseur est proportionnée à la force de l'alambic; ce tube reçoit les vapeurs qui s'échappent de l'appareil, et les conduit dans un prolongement tourné en spirale, et qu'à cause de sa forme, on a nommé *serpentin.* Ce serpentin plonge dans une cuve remplie d'eau froide, qu'on peut renouveler, lorsqu'elle s'échauffe par trop, au moyen d'un robinet placé à la partie intérieure de la cuve. Là se condensent les vapeurs par l'effet du changement de température qu'elles éprouvent; ces vapeurs alors, reprenant l'état liquide, coulent dans un récipient préparé pour cet usage.

L'alambic est disposé et élevé sur un fourneau construit de telle sorte que la cucurbite puisse y pénétrer de toute sa profondeur jusqu'au collet ou renflement qui se trouve à sa partie supérieure; lorsqu'on distille à feu nu, on place au fond de la cucurbite une grille en métal, élevée de quelques pouces et garnissant tout l'intérieur; cette grille est destinée à préserver les substances à distiller du contact trop immédiat avec le feu; un exemple fera mieux comprendre l'usage de cet appareil, et en même temps donnera une idée de la distillation simple à feu nu.

Distillation.

Je suppose qu'on veuille distiller de la fleur d'oranger; la distillation des fleurs est celle qui est le plus à la portée de tout le monde, et *le procédé est le même pour toutes.* On place une quantité déterminée de fleurs dans la cucurbite, et c'est ici le cas de se servir de la grille dont nous venons de parler; on verse sur la fleur une quantité d'eau proportionnée à celle de l'eau parfumée qu'on veut obtenir; les proportions pour une bonne eau de fleur d'oranger sont d'une pinte d'eau pour chaque livre de fleurs, et quelques pintes que l'on ajoute en plus pour ne pas tirer à sec sur la fin de l'opération; on retire autant de pintes de liquide qu'on a mis de livres de fleurs, et le marc se trouve encore assez bon pour en obtenir de petite eau de fleur d'oranger, en remettant de l'eau dessus : c'est ce qui se pratique assez communément dans le commerce; les parfumeurs ne mettent souvent qu'une livre de fleurs pour deux pintes d'eau, et retirent les deux pintes en eau de fleurs d'oranger.

Les dispositions faites, on allume au fourneau, on pose le chapiteau sur la cucurbite, ayant soin de fermer exactement la jointure des deux pièces de l'appareil par une bande de toile, ou simplement de papier enduit d'un léger mastic fait de farine et d'eau ou de toute autre matière glutineuse; cela s'appelle *luter* l'alambic.

On conçoit aisément ce qui doit se passer pendant cette opération, quoique décrite très-brièvement, et abstraction faite des différentes méthodes ou modifications qu'ont adoptées les praticiens, et qui, d'ailleurs, ne font rien à l'objet principal: la chaleur pénètre peu à peu le liquide contenu dans la cucurbite, et le porte bientôt à l'ébullition; alors les vapeurs s'élèvent et entraînent, en se combinant intimement avec elles, les vapeurs odorantes de la fleur dont l'huile essentielle se dégage; ces vapeurs circulant autour du chapiteau où elles commencent à se condenser, passent bientôt par l'ouverture qui y est pratiquée, et de là dans le serpentin, où elles achèvent de reprendre l'état liquide en conservant la saturation d'odeur qu'elles ont contractée; telle est la distillation simple *à feu nu.* Il en est une autre qui s'opère par la vapeur d'eau chaude, et qu'on désigne, à cause de cela, par distillation à vapeur d'eau ou au *bain-marie.* Voici en quoi consiste la différence de ces deux méthodes: On ajoute aux deux pièces que nous avons décrites une troisième de forme cylindrique comme la cucurbite, et disposée de manière à entrer dans celle-ci, mais de telle sorte qu'une certaine quantité d'eau qu'on y a auparavant placée, comprime et environne les parois de ce vase au bain-marie; on place dans l'intérieur de cette pièce les matières qu'on veut distiller; on le recouvre ensuite du chapiteau, et l'opération se passe comme pour la distillation à feu nu; on distille au bain-marie les matières spiritueuses, et en général toutes les substances qui exigent une préparation plus soignée ou qui craignent le contact trop immédiat du feu. Il faut que la chaleur soit conduite et entretenue avec une grande attention; le feu, assez soutenu d'abord, jusqu'à ce que l'ébullition commence, doit être modéré ensuite et bien réglé, pour qu'il ne soit ni trop actif ni trop lent durant l'opération.

L'opération qu'on vient de décrire s'applique à toutes les substances qu'on peut distiller, quels que soient l'appareil qu'on emploie et la matière dont on veut obtenir l'alcool, la théorie est la même et le procédé peu différent, *dans les circonstances essentielles* de celui qu'on vient de faire connaître pour extraire l'eau de fleurs d'oranger. Si on veut approfondir la matière, on peut consulter Chaptal, pour la description des appareils, et l'excellent ouvrage de M. Dubrunfaut, traité complet de l'Art de la Distillation, 2 vol., Paris, 1822.

Les substances qui donnent des produits capables de faire l'objet d'une grande exploitation et de former une branche considérable d'industrie, sont les vins, les pommes de terre, les betteraves, les grains, et, dans les colonies, les mélasses qui découlent de la purgation des sucres dont on obtient la liqueur-forte, connue sous les noms de Tafia et de Rhum.

Le vin est de tous les produits celui dont on obtient *le plus aisément et en plus grande quantité* de l'Ew., d'un goût agréable, et celle aussi qui est la plus recherchée. Les vins du midi de la France et de l'Espagne sont fort riches en alcool; il en est qui donnent 1/6, tandis que, dans d'autres contrées, ils ne donnent que 1/15; le vin d'Issa donne plus de 23 p. 0/0 (V. richesse des vins). Cette proportion varie encore suivant les années, et les phénomènes qui ont accompagné la végétation, en favorisant ou en retardant la maturité des fruits.

C'est sur la propriété que possède l'alcool d'être plus volatil que l'eau et que toutes les substances qui entrent dans la composition du vin, qu'est fondé l'art de l'extraire; mais si la distillation du vin offre peu de difficultés, il n'en est pas de même des autres substances, qui exigent des préparations préliminaires; dans celles-ci, le principe alcoolique ne se développant que par une *fermentation,* qu'il faut savoir provoquer à propos, et cette fermentation ne se manifestant pas aussi naturellement, et presque à toutes les températures, comme pour le raisin, l'art du distillateur consiste à *la favoriser* et à y faire participer toutes les parties des substances dont il veut extraire l'alcool. En première ligne il faut placer la pomme de terre.

Mais (dit la circulaire n° 2, 1823), dans l'état actuel de la législation sur les distilleries, le sort des produits dépend trop souvent du plus ou moins de sincérité dans les déclarations approximatives des distillateurs. On ne saurait donc trop multiplier les vérifications et les recherches qui, en mettant les employés à même de connaître le poids des matières pour chacune des cuves de macération, le nombre de ces cuves, celui des bouillées, la durée du travail, la quantité et le degré des flegmes; enfin le produit réel des rectifications en quantité et en degrés, leur donneront également les moyens d'obtenir des déclarations conformes à la vérité, ou d'assurer la prise en charge des excédants que les distillateurs auraient eu l'intention de soustraire aux droits. (Voir, pour la distillation des grains, le Manuel de Dagard.)

Distilleries de Grains.

Si multipliées que soient les circonstances qui influent sur les résultats de la distillation, on sait néanmoins qu'il y a, dans le même procédé, et dans un temps donné, un rapport à peu près constant entre les Ew. fabriquées et les substances mises en œuvre, entre la quantité de ces substances, le nombre et la contenance des cuves de macérations et des chaudières.

Ainsi, connaissant le moment précis où le feu doit être mis sous les chaudières d'un distillateur, la quantité de grains qu'il doit employer, le nombre et la capacité de ces chaudières et de ces cuves de macération, ainsi que la durée de son travail, *on doit savoir,* du moins très-approximativement, *quelle est la quantité d'esprit que ce fabricant doit obtenir;* et comme ce n'est que par la connaissance des procédés de fabrication que l'on peut obtenir les notions nécessaires, l'employé destiné à exercer les distilleries ne saurait consacrer trop de temps à l'étude de ces procédés. (V. Dagard.)

Base de conversion ou d'évaluation avec les Bouilleurs et Distillateurs.

La base de l'évaluation à l'amiable du produit journalier, est ce qu'il y a de plus essentiel à établir.

La convention aurorisée par l'art. 142 de la loi du 28 avril n'est pas obligatoire pour les bouilleurs, mais seulement facultative, et doit être convenue de gré à gré. Elle a pour objet de faciliter la tenue des comptes; elle est donc dans l'intérêt des bouilleurs aussi bien que dans les convenances de la régie, et ceux qui s'y refusent, ou qui ne proposent que des bases inacceptables, se mettent dans le cas, par cela seul, de faire suspecter leurs intentions, et doivent être l'objet d'une surveillance particulière. Si la quantité approximative déclarée s'écarte d'une manière sensible des résultats ordinaires et connus, on doit la constater, signifier le refus de la déclaration, protester contre sa validité, déclarer que si, nonobstant cette protestation, le bouilleur passe outre à la distillation, il sera verbalisé comme pour défaut de déclaration, et enfin le citer devant le tribunal, pour voir déclarer, *à dire d'experts*, que l'approximation est inexacte et doit être rectifiée. (D. 550, M. 10, 419.)

Cette décision ajoute que s'il arrivait que, par la comparaison des quantités mises en distillation avec les Ew. représentées, il y eût disproportion telle qu'une soustraction fût incontestable, on devrait verbaliser comme pour enlèvement sans déclaration; mais il est à observer que ces enlèvements ne constituent pas une contravention, et qu'il n'y a plus lieu qu'à exiger les droits pour les quantités qui seraient considérées comme manquantes. (V. le tableau ci-contre.)

Il peut arriver que le bouilleur n'emploie, pendant la durée de sa première déclaration, qu'une partie des flegmes fabriqués, et qu'il se réserve d'employer l'autre partie pendant la durée de la deuxième déclaration; dans ce cas, comme ci-dessus, la quantité à porter dans les 9e et 10e colonnes, en regard de la première déclaration, est plus faible que celle inscrite dans la 8e d'après le traité; mais ce reste de flegme tourne au bénéfice du deuxième travail, et en rend le produit supérieur (colonnes 9 et 10) à la quantité convenue pour cette seconde déclaration (colonne 8). Ainsi, l'un compense l'autre, sauf les réserves de flegmes qui pourraient être faites sur le deuxième travail, pour être employées pendant la durée des déclarations suivantes; mais en fin de compte, quand le bouilleur cesse définitivement de travailler, et que conséquemment tous les flegmes sont convertis en Ew., l'addition des 6e, 8e, 9e et 10e colonnes rétablit, sur les totaux, les proportions réelles et définitives du compte. Si la quantité totale représentée est inférieure à la quantité totale résultant de la base convenue (colonne 8), il faut, avant de clore le compte et l'état, prendre en charge la quantité manquante par un acte motivé sur le traité consenti de gré à gré; car on doit présumer que cette quantité non représentée a été consommée ou livrée par le bouilleur. Si, au contraire, la quantité représentée est, au total, plus forte que celle de la 8e colonne, il faut la prendre en charge en entier, puisqu'elle existe réellement, et qu'il ne peut être permis d'en soustraire la moindre partie aux droits.

Compte en cas d'arrangement. Le Sr SIMPLET, de Dijon.

Nos des alambics.	Date de chaque mise de feu.	Date de la cessation du feu.	Durée du travail.	Contenance de chaque alambic.	Résultat du Produit. La multiplication de la contenance par la durée.	Résultat du Produit. En alcool de la fabrication par suite d'exercice.	Résultat des Traités. Quantités d'alcool résultant de la base convenue.	Résultat des Traités. Quantités d'alcool représentées.	Résultat des Traités. Quantités d'alcool prises en charge.	Quotité p. 0/0 des produits. D'après la quantité convenue.	Quotité p. 0/0 des produits. D'après la quantité représentée.	Quotité p. 0/0 des produits. D'après la quantité chargée.	Observations.
1	2	3	4	5	6	7	8	9	10	11	12	13	14
1	20 oct. à 6 h. m.	1er nov. à midi.	11 3/4	3 50	41 h. 13 d.	.....	2 06	1 01	1 01	5 »	.....	.....	Si le bouilleur a consenti à une base d'évaluation, on supprime, à son compte, la 7e col.; si, au contraire, il est suivi par exerc., on suppr. les col. 8, 9, 11, 12. La 13e col., qui devient la 8e, s'intitule quotité p. 0/0 du produit.
2	25 oct. à midi.	idem.	7 »	2 20	15 h. 40 d.	.....	» 77	1 80	1 80	5 »	.....	.....	
1	5 nov. 4 h. soir.	30 déc. à 8 h. m.	54 1/3	3 50	190 h. 16 d.	.....	9 51	9 10	9 10	5 »	.....	.....	
2	5 nov. 4 h. soir.	idem.	54 1/3	2 20	119 h. 53 d.	.....	5 97	6 50	6 50	5 »	.....	.....	
		TOTAUX.........			366 h. 22 d.	.....	18 31	18 41	18 41	5 »	5 03	5 03	

Les calculs sur lesquels repose le compte ci-dessus sont très-simples : multiplier la contenance de l'alambic par la durée du travail, qui se compte par le nombre de jours, c'est obtenir, au produit de la multiplication, un nombre d'hecto représentant un alambic qui n'a travaillé qu'un jour (24 heures). Ainsi, en prenant pour exemple le compte ci-dessus, un alambic de 3 h. 50 l., travaillant 11 jours 3/4, est la même chose qu'un alambic de 41 h. 13 qui travaille un jour consécutivement. Si l'on additionne les 4 alambics ainsi agrandis proportionnellement à la durée du travail de chacun d'eux, on obtient un total de 366 h. 22, représentant un alambic qui n'a travaillé qu'un jour, et dont le produit est nécessairement le même que celui des deux alambics de 2 h. 20 l. et de 3 h. 50 l., dont le premier a travaillé une fois 7 jours, et une fois 54 jours 1/3, et dont le second a travaillé une fois 11 jours 3/4, et une fois 54 jours 1 /3.

Cet alambic, agrandi par la multiplication du nombre de jours de travail, et que je nomme alambic composé, étant une fois obtenu, soit pour chaque déclaration, soit pour le total du compte, les autres calculs deviennent extrêmement simples, puisqu'il ne s'agit plus que d'opérer sur un jour de travail.

Exemple. — *Première déclaration :* La base d'évaluation convenue avec le bouilleur est de 5 p. 0/0. Veut-on savoir ce que cette déclaration doit produire d'après le traité (colonne 8) ?

Il faut multiplier l'alambic composé........................ 41 13
par la base convenue.. 2 06

20 56

Et supprimer les deux derniers chiffres du produit, ce qui est le diviser par 100, et l'on obtient 2 h. 06 d. à inscrire dans la 8ᵉ colonne. Veut-on opérer sur les totaux du compte deuxième ? L'alambic composé est de 366 h. 22 ; en le multipliant par 5, base convenue, on obtient 183110, nombre qui, réduit de ses deux chiffres finals, ou divisé par 100, donne pour résultat 18 h. 31 d. ; c'est bien la quantité inscrite dans la 8ᵉ colonne, par addition des 4 produits partiels. Quant à la quantité représentée et prise en charge, elle est supérieure aux 5 p. 0/0 convenus par le traité. Quelle est donc sa quotité pour 100, par rapport à l'alambic composé 2 ? Il faut nécessairement la chercher pour remplir les 12ᵉ et 13ᵉ colonnes, en regard des totaux. Voici l'opération à faire :

Prenez la quantité représentée ; elle est de 18 h. 41 d. ; multipliez-la par 100, en y ajoutant simplement deux zéros ; vous obtiendrez 184100 ; divisez ce nombre par l'alambic composé comme ci-après :

184100 (36622
9850 (———
25254 (5. 03 p. 0/0

dans les 12 et 13ᵉ colonnes.

Si la quantité inscrite dans la 8ᵉ colonne n'était pas la même que celle de la 9ᵉ, il faudrait faire une opération pour chacune de ces quantités, afin de connaître les quotités p. 0/0 à inscrire dans les colonnes 12 et 13.

On opérerait de la même manière, si on voulait connaître la quotité p. 0/0 d'une quantité portée dans la 7e colonne (V. 14e col.) en cas d'exercice.

Mais la déclaration bien discutée n'empêche pas l'emploi des moyens de fraude : un travail de nuit, lorsqu'il n'en est pas déclaré, l'emploi des macérations placées dans un lieu séparé de l'atelier, le chargement plus fort des cuves, le mélange, dans ces cuves, d'une farine dont le produit en Ew. est supérieur à celui de l'espèce du grain déclaré, l'anticipation dans la mise du feu, la prolongation du travail après l'heure convenue, tels sont en partie les moyens qui restent au distillateur, et que des visites fréquentes peuvent seules déjouer. Il est donc dans l'intérêt de l'administration d'obtenir QUE LE TRAVAIL SOIT CONTINUEL, car alors les chances de fraude sont presque nulles, *la précipitation dans les travaux nuisant à la qualité de l'Ew.*

Produit des Substances.

Noms des substances.	Quantités	Produit en eau-de-vie à 50 d.	Poids des substances l'hectolitre.	Nombre de litres qui contiennent 100 kilogr.	Observations.
Froment.	100 kil.	48 à 54	75 à 80 k.	133	A. y compris 1/4 d'orge que l'on y mélange pour opérer la fermentation.
Seigle.	100 »	40 à 45	72	138	B. Pour distiller les marcs de raisin, on y ajoute environ 1/3 d'eau, en sorte que l'alambic ne contient que les 2/3 de matières productives ; le produit varie comme la qualité des récoltes : 1819, 5 p. 0/0 ; 1822, 6 p. 0/0 ; 1823, 4 p. 0/0 ; 1824, 3 1/2 p. 0/0 ; 1825, 6 à 6 1/2 p. 0/0 ; 1826, 4 1/2 p. 0/0 ; 1827, 6 à 7 p. 0/0 ; 1828, 5 p. 0/0 ; 1829, 3 à 4 p. 0/0.
Orge.	100 »	30 à 35	70	142	
Avoine.	100 »	26 à 30	38 à 42 k.	260	
Pommes de terre.	100 »	15 à 20 A.	65	156	
Cerises.	100 lit.	12 à 15	»	»	
Prunes Kouetsch. .	100 »	9 à 19	»	»	
Prunes rondes. . .	100 »	8 à 10	»	»	
Marc de raisin. . .	100 »	5 à 6 B.	»	»	C. Beaucoup de variations.
Résidus de bière. .	100 »	3 à 4 C.	»	»	

OBSERVATIONS GÉNÉRALES

Relatives aux Bouilleurs et aux Distillateurs assujettis, qu'il ne faut pas confondre.

BOUILLEURS DE PROFESSION.	DISTILLATEURS.
Ceux-ci distillent les vins, cidres, poirés, marcs, lies, fruits ou mélasse. Est bouilleur de profession qui achète les matières ou partie des matières à distiller. (Arrêt, 24 septembre 1829.)	Ceux-là opèrent sur des grains, pommes de terre, et autres substances farineuses, soit qu'ils les achètent, soit qu'ils les récoltent, car la loi ne connaît pas de distillateurs de cru.

Suite des Observations générales.

BOUILLEURS DE PROFESSION.	DISTILLATEURS.
Avant la loi du 20 juillet 1837, ils ne faisaient pas de déclaration d'établissement, mais ils étaient soumis à celle prescrite par l'art. 138, avant chaque mise de feu. L'art. 8 de la loi précitée les astreint aux mêmes obligations que les distillateurs.	Sont tenus à l'une et à l'autre déclaration comme les brasseurs.
Ne doivent la licence de marchand en gros qu'autant qu'ils vendent des vins ou qu'ils achètent des ew. (Cir. n° 11.)	Doivent l'une et l'autre licence.
Les obligations des bouilleurs de profession étaient plus restreintes ; mais l'art. 8 cité plus haut les range, à quelques exceptions près, dans la catégorie des distillateurs.	Soumis par l'art. 140 aux mêmes obligations que les brasseurs pour la déclaration des vaisseaux, l'épalement et les vérifications imposées à ces derniers.

Obligations Communes.

On peut visiter l'intérieur de leur domicile sans l'officier public.

Sont soumis aux obligations imposées au marchand en gros et jouissent des mêmes avantages : comptes tenus de même, pour la déduction; les manquants peuvent user de la même tolérance accordée par l'art. 101 sur la consommation personnelle.

Sont tenus de déclarer par approximation les quantités et le degré des eaux-de-vie qu'ils doivent fabriquer. (Art. 139 et 141.)

Si les boissons recélées proviennent de la fabrication, la saisie est faite pour soustraction à la prise en charge, en contravention à l'art. 138, et on applique les peines portées par l'art. 143. Lorsque les boissons sont introduites sans expédition, on opère en vertu des art. 100 et 106.

Les exercices de nuit sont autorisées lorsque les usines sont en activité (art. 235).

BOUILLEURS DE CRU.

Les propriétaires ou fermiers qui, dans l'intérieur des lieux sujets, distillent les marcs provenant de leur récolte (conséquemment leur récolte, art. 8 de la loi du 20 juillet 1837), ne sont pas tenus à faire les déclarations prescrites par l'art. 138; mais ils doivent acquitter le droit d'entrée sur les eaux-de-vie provenant de leur distillation. (Arrêt, novembre 1818.)

Néanmoins l'art 36 de l'ordonnance du 9 décembre 1814, porte que : « Toute personne qui récolte, prépare ou fabrique, dans l'intérieur d'un lieu sujet, des objets compris au tarif, est tenue, sous peine d'une amende de 100 à 200 fr., d'en faire la déclaration, et d'acquitter immédiatement le droit, si elle ne réclame la faculté de l'entrepôt. Les préposés de l'octroi peuvent reconnaître à domicile les quantités récoltées, préparées ou fabriquées, et faire toutes les vérifications nécessaires pour prévenir la fraude. »

Les employés de la régie, en vertu de l'art. 92 de cette ordonnance, peuvent, pour défaut de déclaration, verbaliser et constater les fraudes qu'ils découvrent; toutefois, dans les villes ou le tarif de l'octroi ne porte pas sur les eaux-de-vie, on ne peut constater le produit de la fabrication qu'avec l'assistance d'un officier public.

S'ils font transporter les produits de leur distillation dans les caves ou magasins séparés de la brûlerie, ne sont exempts du droit de consommation qu'en se soumettant à la prise en charge (article 90); mais ils ne doivent pas la licence. (Circulaire n° 6.)

SYSTÈME MÉTRIQUE.

Il repose sur deux bases, 1°, l'unité fondamentale est la distance du pôle à l'équateur : on en a pris la dix millionnième partie ; 2°, le nombre dix est le diviseur unique. Douze mots comprennent tout ce système d'une admirable simplicité.

Cinq racines	Mètre, unité de longueur.	7 ajoutés	Myria, dix mille.	tirés du grec.
	Litre, unité de capacité.		Kilo, mille.	
	Gramme, unité de poids.		Hecto, cent.	
	Are, unité de superficie.		Déca, dix.	tirés du latin.
	Stère, unité des solides.		Déci, dixième.	
			Centi, centième.	
			Milli, millième.	

En employant les noms de ces unités de mesures comme racines et les faisant précéder des ajoutés, on forme successivement toutes les autres mesures usuelles qui sont des multiples ou des sous-multiples décimaux des unités primitives et dont voici le tableau.

NOMS systématiques.	RAPPORT avec le mètre.	NOMS systématiques.	RAPPORT avec le mètre.
MESURES ITINÉRAIRES et de longueur.	MÈTRES.	POIDS.	
Myriamètre......	10000 m.	Millier........	1000 kilogrammes (tonneau de mer.)
Kilomètre.......	1000		
Hectomètre......	100	Quintal.......	100 kilogrammes
Décamètre.......	10	Kilogramme...	Poids d'un décimèt. cube d'eau prise à 4 d. au-dessus de la glace fond^{e}
Mètre..........	1		
Décimètre.......	0 1		
Centimètre.......	0 01	Hectogramme..	100 grammes.
Millimètre.......	0 001	Décagramme...	10 grammes.
MESURES AGRAIRES.		Gramme.......	1 g. poids d'un cent^{e} cube d'eau.
Hectare.........	10000 car.	Décigramme...	0 1 gramme.
Are............	100	MONNAIES.	
Centiare.........	1		
MESURES DE CAPACITÉ		Franc........	5 grammes d'argent au titre de 9/10 de fin (9 d'argent et 1 de cuivre.)
Kilolitre........	1 cub.		
Hectolitre.......	0 1	Décime.......	1/10 du franc.
Décalitre........	0 01	Centime.......	1/100 du franc.
Litre, 1^{d} cube d'eau	0 001	Pour les usages ordinaires, on peut composer le mètre avec....	20 pièces de 2 f. ou de 5 c. et 20 p. de 1 f. 16 p. de 5 f. et 15 de 2 f (*). 34 p. de 20 f. et 11 de 40. 32 p. de 40 f. et 8 de 20.
Décilitre........	0 0001		
MESURES DE SOLIDITÉ			
Décastère.......	10 stères.		
Stère...........	mètre cube.	On forme le pied avec....	8 p. de 5 f. et 1 de 2 f. mises en ligne droite.
Décistère.......	1/10 d. m. c.		

(*) D'après la théorie il ne faut que 16 pièces de 5 francs à 38 millimètres = 608 } = 1000 millimètres.
14 pièces de 2 francs à 28 millimètres = 392 }
Mais dans la pratique, il faut 15 pièces de 2 francs ; la loi ne garantit que le poids.
Quarante pièces de 5 francs ou cinquante pièces de cuivre d'un décime pèsent un kilogramme.

Conversion de toutes les anciennes Mesures Agraires en nouvelles.

TABLE DE CONVERSION EN CENTIARES ou mètres carrés de toutes les perches locales, ayant depuis 4 pieds de longueur jusqu'à 30, en croissant de pouce en pouce ; en sorte qu'on pourra y trouver toutes les mesures en usage dans les différentes provinces et cantons, et l'opération pour convertir, par exemple, le journal de Bourgogne en ares et hectares, se réduira à ceci :

Le journal contient 360 perches et la perche a 9 pieds 6 pouces de longueur ; d'après la table suivante, la perche carrée de 9 pieds 6 pouces de côté fait 9 cent. 523 ; en multipliant par 360, le produit est de 3,428, 280 ; le journal contient ainsi 3,428 centiares ou 34 ares 28 centiares, en négligeant les trois derniers chiffres.

Cette opération s'applique à toutes les mesures, et devient plus simple encore, si le nombre de perches contenues dans l'arpent, acre, journal, etc., est de 100; dans ce cas, la table suivante sert telle qu'elle est, à la seule différence qu'elle exprime des ares au lieu de centiares; ainsi la perche carrée de 22 pieds, répondant, suivant notre table, à 51 centiares 072, l'arpent d'ordonnance qui contient 100 de ces perches, équivaut à 51 ares 072.

Les décimales sont des millièmes de centiare ou mètre carré.

La perche linéaire étant de		La perch. car. est de	Lo perche linéaire étant de		La perch. car. est de	La perche linéaire étant de		La perch. car. est de	La perche linéaire étant de		La perch. car. est de	La perche linéaire étant de		La perch. car. est de
PIEDS	POUCE	CENT.	P.	P.	CENT.	P.	P.	CENT.	P	P.	CENT.	P.	P.	CENT.
4	»	1.688	9	3	9.029	14	6	22.186	19	9	41.157	25	»	65.950
4	1	1.760	9	4	9.193	14	7	22.433	19	10	41.510	25	1	66.395
4	2	1.832	9	5	9.358	14	8	22.700	19	11	41.859	25	2	66.840
4	3	1.906	9	6	9.523	14	9	22.957	20	»	42.208	25	3	67.284
4	4	1.981	9	7	9.691	14	10	23.220	20	1	42.558	25	4	67.728
4	5	2.058	9	8	9.860	14	11	23.481	20	2	42.908	25	5	68.172
4	6	2.137	9	9	10.031	15	»	23.742	20	3	43.258	25	6	68.616
4	7	2.217	9	10	10.203	15	1	24.008	20	4	43.608	25	7	69.068
4	8	2.298	9	11	10.377	15	2	24.274	20	5	43.975	25	8	69.520
4	9	2.381	10	«	10.552	15	3	24.529	20	6	44.345	25	9	69.975
4	10	2.465	10	1	10.727	15	4	24.808	20	7	44.708	25	10	70.425
4	11	2.551	10	2	10.902	15	5	25.079	20	8	45.072	25	11	70.878
5	»	2.638	10	3	11.086	15	6	25.351	20	9	45.435	26	»	71.331
5	1	2.725	10	4	11.268	15	7	25.625	20	10	45.802	26	1	71.786
5	2	2.817	10	5	11.451	15	8	25.900	20	11	46.168	26	2	72.243
5	3	2.908	10	6	11.634	15	9	26.178	21	»	46.535	26	3	72.704
5	4	3.001	10	7	11.819	15	10	26.456	21	1	46.905	26	4	73.177
5	5	3.095	10	8	12.004	15	11	26.734	21	2	47.276	26	5	73.633
5	6	3.192	10	9	12.194	16	»	27.013	21	3	47.650	26	6	74.102
5	7	3.288	10	10	12.381	16	1	27.297	21	4	48.016	26	7	74.569
5	8	3.387	10	11	12.574	16	2	27.582	21	5	48.396	26	8	75.036
5	9	3.489	11	»	12.768	16	3	27.867	21	6	48.777	26	9	75.514
5	10	3.591	11	1	12.962	16	4	28.152	21	7	49.151	26	10	75.980
5	11	3.695	11	2	13.131	16	5	28.440	21	8	49.525	26	11	76.452
6	»	3.799	11	3	13.355	16	6	28.728	21	9	49.911	27	»	76.925
6	1	3.903	11	4	13.552	16	7	29.020	21	10	50.298	27	1	77.401
6	2	4.013	11	5	13.753	16	8	29.312	21	11	50.685	27	2	77.878
6	3	4.122	11	6	13.955	16	9	29.590	22	»	51.072	27	3	78.363
6	4	4.233	11	7	14.159	16	10	29.904	22	1	51.450	27	4	78.832
6	5	4.345	11	8	14.364	16	11	30.200	22	2	51.798	27	5	79.316
6	6	4.458	11	9	14.568	17	»	30.495	22	3	52.245	27	6	79.800
6	7	4.773	11	10	14.778	17	1	30.798	22	4	52.524	27	7	80.288
6	8	4.690	11	11	14.986	17	2	31.100	22	5	52.971	27	8	80.777
6	9	4.808	12	»	15.195	17	3	31.402	22	6	53.419	27	9	81.266
6	10	4.927	12	1	15.407	17	4	31.704	22	7	53.813	27	10	81.756
6	11	5.048	12	2	15.620	17	5	32.010	22	8	54.208	27	11	82.246
7	«	5.171	12	3	15.835	17	6	32.316	22	9	54.611	28	»	82.728
7	1	5.295	12	4	16.052	17	7	32.625	22	10	55.014	28	1	83.231
7	2	5.420	12	5	16.270	17	8	32.935	22	11	55.425	28	2	83.726
7	3	5.546	12	6	16.488	17	9	33.251	23	»	55.820	28	3	84.222
7	4	5.675	12	7	16.710	17	10	33.562	23	1	56.229	28	4	84.717
7	5	5.805	12	8	16.932	17	11	33.875	23	2	56.638	28	5	85.213
7	6	5.936	12	9	17.154	18	»	34.189	23	3	57.047	28	6	85.709
7	7	6.068	12	10	17.380	18	1	34.508	23	4	57.456	28	7	86.212
7	8	6.202	12	11	17.606	18	2	34.828	23	5	57.865	28	8	86.716
7	7	6.338	13	»	17.833	18	3	35.145	23	6	58.274	28	9	87.223
7	10	6.475	13	1	18.063	18	4	35.467	23	7	58.693	28	10	87.730
7	11	6.614	13	2	18.294	18	5	35.791	23	8	59.113	28	11	88.236
8	«	6.753	13	3	18.525	18	6	36.115	23	9	59.526	29	»	88.743
8	1	6.895	13	4	18.759	18	7	36.445	23	10	59.946	29	1	89.257
8	2	7.038	13	5	18.995	18	8	36.772	23	11	60.363	29	2	89.772
8	3	7.182	13	6	19.231	18	9	37.102	24	»	60.780	20	3	90.286
8	4	7.328	13	7	19.469	18	10	37.432	24	1	61.204	29	4	90.800
8	5	7.476	13	8	19.708	18	11	37.762	24	2	61.628	29	5	91.314
8	6	7.624	13	9	19.950	19	»	38.093	24	3	62.054	29	6	91.829
8	7	7.775	13	10	20.194	19	1	38.316	24	4	62.480	29	7	92.351
8	8	7.926	13	11	20.439	19	2	38.764	24	5	62.909	29	8	92.880
8	9	8.079	14	»	20.682	19	3	39.105	24	6	63.339	29	9	93.403
8	10	8.234	14	1	20.931	19	4	39.440	24	7	63.775	29	10	93.924
8	11	8.390	14	2	21.179	19	5	39.782	24	8	64.208	29	11	94.446
9	»	8.547	14	3	21.427	19	6	40.124	24	9	64.643	30	»	94.969
9	1	8.707	14	4	21.679	19	7	40.468	24	10	65.079	30	1	95.497
9	2	8.867	14	5	21.932	19	8	40.812	24	11	65.515	30	2	96.027

BOIS DE CHAUFFAGE.

Différentes hauteurs à donner à la membrure, d'après la longueur de la bûche.

Le stère est un mètre cube ou une quantité de bois ayant un mètre de couche et un mètre de hauteur, en supposant que les bûches aient un mètre de longueur; mais la longueur des bûches variant en plus ou en moins, on conçoit qu'il faut varier l'une des deux autres dimensions, pour retrouver exactement le mètre cube.

La table suivante mettra à portée de mesurer exactement le bois, de quelque longueur qu'il soit. La première colonne indiquant la longueur de la bûche, la seconde indique la hauteur qu'il faut donner au bois dans la membrure.

Cette table, qui s'applique au stère, au double stère, au décastère et au demi-décastère, suivant que la membrure a 1, 2, 10 ou 5 mètres de longueur de sole entre les montants, peut également servir à évaluer la quantité de stères contenus dans une pile considérable sur le port ou sur le chantier.

La longueur des bûches sera énoncée : 1°, en pieds et pouces anciens ; 2° en mètres et cent. ; la hauteur de la membrure l'est en cent.

1°, EN PIEDS ET POUCES ANCIENS.											
Longueur de la bûche.		Hauteur dans la membrure.		Longueur de la bûche.		Hauteur dans la membrure.		Longueur de la bûche.		Hauteur dans la membrure.	
pieds.	pouces.	mètres.		pieds.	pouces.	mètres.		pieds.	pouces.	mètres.	
4	2	0	74	3	4	0	92	2	6	1	23
4	1	0	75	3	3	0	94	2	5	1	27
4	»	0	77	3	2	0	97	2	4	1	32
3	11	0	78	3	1	1	00	2	3	1	37
3	10	0	80	3	»	1	03	2	2	1	42
3	9	0	82	2	11	1	06	2	1	1	48
3	8	0	84	2	10	1	09	2	»	1	54
3	7	0	86	2	9	1	12	1	11	1	61
3	6	0	88	2	8	1	15	1	10	1	68
3	5	0	90	2	7	1	19	1	9	1	76

2°, EN MÈTRES ET CENTIMÈTRES.							
Longueur de la bûche.	Hauteur dans la membrure.	Longueur de la bûche.	Hauteur dans la membrure.	Longueur de la bûche.	Hauteur dans la membrane.	Longueur de la bûche.	Hauteur dans la membrure.
mètres.	mètres.	mètres.	mètres.	mètres.	mètres.	mètres.	mètres.
1 42	0 70	1 20	0 83	0 98	1 02	0 76	1 32
1 40	0 72	1 18	0 85	0 96	1 04	0 74	1 36
1 38	0 73	1 16	0 86	0 94	1 06	0 72	1 40
1 36	0 74	1 14	0 88	0 92	1 09	0 70	1 43
1 34	0 75	1 12	0 89	0 90	1 11	0 68	1 47
1 32	0 76	1 10	0 91	0 88	1 14	0 66	1 52
1 30	0 77	1 08	0 93	0 86	1 16	0 64	1 56
1 28	0 78	1 06	0 94	0 84	1 19	0 62	1 61
1 26	0 79	1 04	0 96	0 82	1 22	0 60	1 67
1 24	0 81	1 02	0 98	0 80	1 25		
1 22	0 82	1 00	1 00	0 78	1 28		

Table de Réduction des anciennes Mesures en nouvelles, et réciproquement.

Cette table officielle est des plus précieuses. Elle rend inutile une foule de tableaux, au moyen d'une simple opération d'arithmétique, car toutes les mesures et poids dérivent du mètre.

Je l'ai complétée par divers renseignements sur les monnaies, sur le rapport des anciennes perches avec l'are et sur l'aunage, fort utile aux dames auxquelles il n'est pas déplacé, je crois, d'avoir pensé, même dans un travail aussi sérieux.

Le rapport entre l'aune et le mètre est de 1/6; 10 aunes valent donc 12 mètres, et une 1/2 aune vaut 60 centim. Il en est de même pour le prix : l'aune du prix de 6 fr. ne doit coûter au mètre que 5 fr. : tous les détails sont complets pour les prix de 1 à 2 fr.

Si, ayant acheté au mètre, on veut retrouver l'aune, il faut ajouter 1/5 au mètre : 1 mètre coûte 5 fr.; le cinquième de 5 fr. est 1 fr.; donc 6 fr. l'aune. Pour un mètre à 1 fr. 50 dont le cinquième est de 30 c., ce serait à l'aune 1 fr. 80 c. On ne parle plus de sous; le mot est prohibé.

VOICI LA TABLE :

Mètre vaut en..........	Lignes...........	443 296=3 pieds 11 p. 1/4
	Pouces..........	36 941333333
	Pieds............	3 078444444
	Toises...........	0 513074074074
Ligne vaut en..........	Millimètres.......	2 255829
Pouce id.............	Centimètres......	2 706995
Pied id.............	Décimètres.......	3 248393849
Toise id.............	Mètres...........	1 9490363095
Mètre carré vaut en.....	Lignes carrées.....	196511 343616
	Pouces carrés.....	1364 66210844
	Pieds carrés.......	9 47682019753
	Toises carrées.....	0 263245005487
Ligne carrée vaut en....	Millimètres carrés..	5 08879
Pouce carré id........	Centimètres carrés.	7 3278213
Pied carré id........	Décimètres carrés..	10 552062603
Toise carrée id........	Mètres carrés.....	3 798742537
Mètre cube vaut en......	Lignes cubes......	87112692 5796
	Pouces cubes......	50412 43783536
	Pieds cubes.......	29 17386448805
	Toises cubes......	0 135064187445
Ligne cube vaut en.....	Millimètres cubes..	11 479383433
Pouce cube id.........	Centimètres cubes..	19 83637457
Pied cube id.........	Décimètres cubes..	34 27725526
Toise cube id.........	Mètres cubes......	7 403887136
Kilogramme vaut en....	Grains...........	18827 15
	Gros............	261 4881944
	Onces...........	32 6860243
	Livres...........	2 0428765191
Grain, poids de m., vaut en	Grammes 18 3/4...	0 053114784
Gros id........	Décagrammes.....	0 3827264427
Once id........	Hectogrammes....	0 305941154
Livre id........	Kilogrammes.....	0 4895058466

La perche linéaire étant de	la perche carrée est de	
18 pieds	34 ares	189 milliem.
19	38	093
20	42	208
21	46	535
22	51	072

En multipliant le prix du kilogramme par 0 4895, on a celui de la livre.

En multipliant le prix de la liv. par 2 0429 on a celui du kilogramme.

MONNAIES.

La pièce d'or de 20 fr. pèse 6 gr. 45161.

Diamètre des pièces d'or : de 100 fr., 34 mil. ; 40 fr., 26 mil.; 20 fr., 21 mil.; 10 fr., 18 mil.

Valeur de l'or, le kil....				de l'argent.	
	pur......	3,444 f.	44 c.		222 f. 22 c.
	1er titre, 9/10 de fin.....	3,100 f.	00		201 80

Rapport en poids des Métaux (relativement à la valeur intrinsèque).

Le cuivre : billon :: 1 : 10; à l'argent :: 1 : 40; à l'or :: 1 : 620.
Le billon : l'argent :: 1 : 4; à l'or :: 1 : 62.
L'argent : l'or :: 1 : 15 1/2.

AUNAGE.

RAPPORT DE L'AUNE AU MÈTRE.			RAPPORT DE L'AUNE AU MÈTRE.		
Aunes et fractions.		Mètre.	Fractions.		Mètre.
1	vaut	1 20	» 5/12	valent	0 50
10	valent	12 00	» 1/2	—	0 60
» 1/32	—	0 04	» 7/12	—	0 70
» 1/24	—	0 05	» 5/8	—	0 75
» 1/16	—	0 08	» 2/3	—	0 80
» 1/12	—	0 10	» 3/4	—	0 90
» 1/8	—	0 15	» 5/6	—	1 00
» 1/6	—	0 20	» 7/8	—	1 05
» 1/4	—	0 30	» 11/12	—	1 10
» 1/3	—	0 40	» 15/16	—	1 13
» 3/8	—	0 45			

Rapport du prix de l'aune au prix du mètre.

PRIX de l'aune	PRIX du mètr.	PRIX de l'aune	PRIX du mètr.	PRIX de l'aune	PRIX du mètr.	PRIX de l'aune	PRIX du mètr.
f. c.	f. c.	f. c.	f. c.	f. c.	f. c.	f. c.	f. c.
1 00	« 83	1 30	1 08	1 60	1 33	1 90	1 58
1 05	« 88	1 35	1 13	1 65	1 38	1 95	1 63
1 10	« 92	1 40	1 17	1 70	1 42	2 00	1 66
1 15	« 96	1 45	1 21	1 75	1 46	3 00	2 49
1 20	1 00	1 50	1 25	1 80	1 50	4 00	3 32
1 25	1 04	1 55	1 29	1 85	1 54	5 00	4 15
						6 00	5 00

PERSONNEL, § Ier.

Composition numérique de l'Administration.

Service	Emploi	Détail	Nombre	Total	Total du service
Service actif.	Surnuméraires.	Ordinaires	499	717	7,044
		Appointés.	218		
	Commis à pied.	. . . .	. . .	2,487	
	Commis adjoints.	A pied.	171	1,466	
		A cheval.	1,295		
	Receveurs ambulants.	A pied.	118	1,425	
		A cheval.	1,068		
	Contrôleurs-receveurs.	A pied.	13		
		A cheval.	226		
	Contrôleurs de ville	1re classe.	50	280	
		2e »	97		
		3e »	130		
		Pour les sucres.	3		
	Contrôleurs ambulants.	. . . .	. . .	139	
	Garantie.	Contrôleurs de garantie.	46	74	
		Sous-contrôleurs	3		
		Commis aux exercices, Marqueurs, Présenteurs et Peseurs.	25		
	Tabacs	Service de surveillance.	. . .	204	
	Octrois	Préposés en chef.	. . .	167	
	Navigation.	Inspecteurs, Vérificateurs et Surveillants.	. . .	59	
	Salines.	Contrôleurs et Vérificateurs.	. . .	24	
	Papier filigrané.	1 Contrôleur et 1 Vérificatr.	. . .	2	
Service sédentaire.	Receveurs buralistes commissionnés.	. . . .	3	3	1,803
	Receveurs particuliers.	Sédentaires.	88	149	
		Entreposeurs.	61		
	Receveurs principaux.	Entreposeurs	261	294	
		Non entreposeurs.	33		
	Receveurs de navigation.	. . . .	. . .	110	
	Receveurs de la garantie.	. . . .	. . .	3	
	Entrepôseurs de tabacs sans recette principale.		. . .	35	
	Entrepôseurs et Gardes-magasins des poudres.		. . .	7	
	Surnuméraires de direction.	. . . .	. . .	230	
	Commis de direction ayant rang de.	Commis à pied.	137	405	
		Commis adjoints.	106		
		Receveurs.	97		
		Contrôleurs de ville.	63		
		Contrôleurs ambulants.	2		
	Contrôleurs de comptabilité.	1re classe.	14	50	
		2e »	26		
		3e »	10		
	Directeurs d'arrondissement.	1re classe.	40	209	
		2e »	62		
		3e »	107		
	Directeurs de département.	1re classe.	14	85	
		2e »	28		
		3e »	43		
	Administration centrale.	Surnuméraires.	19	223	
		Gard.-mag, Gard. de bur. etc.	32		
		Expéditionnaires.	52		
		Vérificateurs.	47		
		Rédacteurs.	40		
		Sous-chefs.	17		
		Chefs.	16		

Les appointements étant d'environ 20,000,000 fr., la moyenne est celle des émoluments du 3e grade, y compris les 500 fr. relatifs au cheval.

Les 13 régisseurs des manufactures font parties de l'administration des tabacs.

Total général 8,847

PERSONNEL, 2e §.

Extrait des instructions sur les Intérim.

Dispositions générales.

Désignation des intérimaires par les Directeurs.

1°, Le directeur qui ferait remplir les intérim autrement que le prescrivent les instructions, serait personnellement responsable des indemnités auxquelles ces mesures pourraient donner lieu. (Circ. 145.)

2°, L'employé arrivé à sa nouvelle destination, a droit à être installé, et doit l'être le jour qui suit celui de son arrivée. (*Ibid.*)

Absence sans congé.

3°, L'employé qui ne sera pas rendu à son poste à l'expiration de son congé, ou qui s'absentera sans congé, sera privé de son traitement pendant un temps *double* de celui de son absence. (Cir. n° 26/2.)

Avis de départ.

4°, Le directeur doit annoncer le jour du départ d'un employé qui sort de son arrondissement à celui de ses collègues pour la direction duquel il est destiné, en ayant soin d'indiquer, de plus, le nombre de jours accordés pour la route. (Cir. 145.)

Certificat de maladie.

5°, Les attestations données par les médecins doivent être visées et certifiées par un chef de service, *sous sa responsabilité;* savoir : pour les commis à pied et surnuméraires, par le contrôleur de ville ou le contrôleur receveur; — pour les commis adjoints, par le receveur ambulant; — pour les receveurs ambulants, par le contrôleur ambulant, quand il est en tournée dans la recette; — pour les employés des services spéciaux et les employés malades hors leur résidence, par le chef de service de la résidence; — pour les commis de direction, par le contrôleur de comptabilité; — pour les employés supérieurs, par le directeur ou le contrôleur de comptabilité. (Cir. 145, 215, 26/2.)

6°, La situation des employés malades doit être constatée tous les 15 jours par un certificat de médecin. (*Ibid.*)

Installation fictive des employés malades.

7°, L'employé qui, au moment où arrive l'ordre de son changement, n'est pas encore en interruption de service pour cause de maladie, et qui se déclare malade lors de son départ, doit être installé *fictivement* dans la direction pour laquelle il est destiné; mais il n'a droit au traitement qu'à dater de son installation réelle. (Cir. 173.)

8°, Les appointements sont retenus au profit des intérimaires. (Cir. 215.)

9°, L'administration se réserve toutefois de prononcer, s'il y a lieu, la conservation du traitement à l'employé. (Cir. 173.) — Pour le succès de cette mesure, les directeurs, en transmettant les certificats de maladie, doivent avoir le soin de faire connaître au personnel, si les employés malades sont ou non dans le cas de la retenue ordonnée. Les directeurs les installeront d'après l'avis de leurs collègues, qui les informeront des renseignements adressés à l'administration sur les circonstances de la maladie. (Cir. 215.)

Paiement des frais d'intérim.

10°, Les titulaires qui devront payer des indemnités aux intérimaires de leurs emplois, ne peuvent recevoir leurs émoluments *qu'après le prélèvement* de ces indemnités. (Cir. 145.)

11°, Le directeur et le receveur principal sont responsables du paiement des indemnités envers ceux qui y ont droit. (*Ibid.*)

De la Succession des Intérim.

Commis de direction.

12°, Les intérim de commis de direction sont remplis successivement par les autres commis *de grade en grade.* — Le dernier commis est remplacé par le surnuméraire de la direction, — et celui-ci par un surnuméraire pris dans la résidence (cir. 26/2), ou par tout autre individu étranger à la régie qui émargerait le tableau 93 et toucherait l'indemnité. (Lettre du 29 mars 1836, pers. 2e bureau.)

Contrôleur de ville.

13°, Lorsque le contrôleur d'une ville, chef-lieu d'arrondissement, est le seul dans ce chef-lieu (ayant une direction), l'intérim de cet emploi est rempli par *le directeur*, quant à l'ordre de travail à donner aux commis; et, quant à la surveillance de l'exécution, par celui des commis aux exercices qu'il désigne. (Cir. 145.)

14°, Dans une résidence où il y a deux contrôles de ville, l'intérim qui peut résulter d'un de ces contrôles est fait par le contrôleur présent. (*Ibid.*)

15°, S'il y a plus de deux contrôles dans la résidence, l'intérim qui peut résulter d'un de ces contrôles est rempli par *les contrôleurs présents* au moyen du partage qu'ils font entre eux de l'arrondissement de surveillance qui est sans contrôleur. (*Ibid.*)

16°, L'intérim du contrôle unique d'une ville où il n'y a pas de directeur, est fait *par le receveur particulier sédentaire*, quant à l'ordre à donner aux commis; et pour la surveillance de l'exécution, par celui de ces commis qu'il désigne. (*Ibid.*)

Contrôleur-Receveur et Receveur-ambulant. 17°, L'intérim d'une recette ambulante est toujours confié *au commis adjoint* de la même recette; commis adjoint dont le receveur est responsable, si l'intérim de la recette est la suite d'un congé. (Cir. 145, 29/2.)

Commis de tous grades. 18°, Le commis adjoint est remplacé par *un simple commis à pied*, — et celui-ci par un surnuméraire. (*Ibid.*)

19°, L'intérim d'un emploi *de simple commis à pied* sera toujours confié au surnuméraire le plus ancien de la direction, à moins qu'il n'ait démérité. (Cir. 145.)

20°, Lorsqu'il y a vacance d'un emploi d'entreposeur, l'intérim est confié au receveur principal de la résidence. (Cir. 88, c^te^ 26/2, 23 pers.)

21°, L'entreposeur de son côté est chargé de faire l'intérim de la recette principale, hors le cas où l'entrepôt serait géré par une dame, et celui où le titulaire de ce dernier emploi n'aurait pas été à même d'acquérir les connaissances nécessaires pour diriger la recette principale. — Dans ces deux hypothèses, l'intérim est rempli par un *receveur ambulant*, — par un *commis adjoint commissionné*, — et, à défaut, par *un contrôleur de ville* qui n'en doit pas moins continuer à surveiller le service. (*Ibid.*)

22°, En cas de congé ou de maladie, le titulaire d'une recette principale, d'un entrepôt, d'une recette principale entrepôt, d'une recette particulière sédentaire et autres comptables sédentaires, doivent *se faire remplacer à leurs frais* par un fondé de pouvoir spécial, étranger à la régie, agréé par le directeur d'arrondissement, et de la gestion duquel ils sont responsables. Ils doivent fournir à cet effet la soumission prescrite par la circulaire du 4 prairial an 13, n° 36, personnel. (*Ibid.*)

Autres emplois. 23°, Les intérim des autres emplois du service actif et des services spéciaux, sont remplis par les employés des grades immédiatement inférieurs. Quand il n'y a point d'employé du même service ou lorsque l'intérim est relatif à un emploi comptable, l'intérimaire est désigné par le directeur. (Cir. 145, 26/2.)

Frais d'Intérim.

Vacances, Maladies et Congés.

24°, Les appointements attribués aux places vacantes appartiennent en totalité aux intérimaires. (Cir. 145, 26/2, 23.)

25°, (Pour le cas d'installation fictive, voir les n°s 7 à 9 dispositions générales).

Intérim d'un contrôl. de ville. 26°, L'intérim d'un contrôleur de ville ne donne jamais lieu à une indemnité, augmentation ni cumulation de traitement au profit de l'intérimaire. (Cir. 145.)

Droits de l'intérimaire sur son propre traitement. 27°, L'employé qui fait l'intérim d'un emploi supérieur au sien, conserve la totalité de son traitement ordinaire et les indemnités lui sont payées en sus de son traitement. (Cir. 145, 26/2.) (Voir les n°s 34 et 44.) Le receveur à cheval remplissant l'intérim d'un contrôleur ambulant, touche ordinairement une indemnité de 6 fr. par jour. Rien de bien positif à cet égard.

Surnuméraire déplacé. 28°, Tout surnuméraire déplacé a droit à une indemnité de 1 fr. 50 c. par jour. (Cir. 26/2, voir les n°s 42, 43, 44, 48, 49.)

Surnuméraires appointés ou de direction. 29°, Les surnuméraires appointés, malades ou en congé, ne peuvent conserver l'indemnité attribuée à leur emploi lorsqu'elle est nécessaire pour rétribuer l'intérimaire; mais, si ce dernier n'a pas été déplacé, il n'a droit à aucun dédommagement, et rien ne s'oppose à ce que l'indemnité soit payée au titulaire, qu'il soit absent ou non. Dans aucun cas cette indemnité ne saurait être versée à la caisse des retraites ou retourner au trésor, les dispositions de l'arrêté ministériel du 10 avril 1829 n'étant applicables qu'aux employés en pied. (Lettre du 29 mars 1836, pers., 2e bureau.)

30°, Si l'employé absent, *pour quelque cause que ce soit*, est dans la classe de ceux qui font le service à cheval, le remplaçant doit avoir la libre disposition du cheval et de l'équipement. (Cir. 107, voir les n°s 33, 34, 41, 46 à 49.)

31°, L'intérimaire à qui l'employé à cheval laisse l'usage de sa monture et paye l'indemnité de 1 fr. 50 c. par jour, est tenu *de nourrir*, tant à la résidence qu'en tournée, *le cheval qui a été mis à sa disposition*. (Lettre du 29 septembre 1831, pers., 2e bureau.)

32°, L'indemnité de 1 fr. 50 c. est destinée à couvrir l'intérimaire des frais de nourriture et d'entretien du cheval, et s'il a d'autres dépenses à supporter, elles doivent être considérées comme *des charges* de l'emploi, pour lesquelles, à moins de *circonstances extraordinaires*, l'administration n'a aucune indemnité à allouer. (*Ibid.*)

Maladies.

3 premiers mois. 33°, Tout employé malade jouit, pendant 3 mois, de la totalité de son traitement. (Cir. 215.)

Après 3 mois. 34°, Si la maladie se prolonge au-delà de ce terme, l'employé malade partage son traitement avec l'intérimaire qui partage aussi le sien avec son remplaçant, et ainsi jusqu'au surnuméraire; celui-ci reçoit la moitié du traitement du commis à pied qu'il remplace. (*Ibid.*)

Après 6 mois. 35°, Après 6 mois de maladie, l'employé *perd son traitement* qui passe en entier à l'intérimaire. L'emploi est pourvu d'un nouveau titulaire. (*Ibid.*)

36°, Pour l'installation fictive pour cause de maladie, voir les dispositions générales, n° 7 à 9.

Frais de bureau. 37°, Les frais de bureau que l'intérimaire d'une direction est dans le cas de faire, sont remboursés par le titulaire. (Cir. 8/1er.) Cette règle s'applique à tous les employés ayant des frais de bureau.

Receveurs, commis adj. à pied. 38°, Les receveurs et commis adjoints à pied doivent une indemnité de 0 fr. 75 c. par jour. (Cir. 145.)

Receveurs et commis adjoints à cheval. 39°, Les receveurs et commis adjoints à cheval doivent une indemnité de 3 fr. s'ils ne laissent pas leur cheval, et de 1 fr. 50 seulement quand ils le laissent. (Cir. 145.)

40°, Par lettre du 14 mars 1833, personnel, bureau central, l'administration interprétant la cir. 26/2 dit que celle-ci n'a abrogé la cir. n° 145 qu'en ce qui concerne les congés, et lui laisse toute sa force pour les questions relatives aux maladies.

Employés de la surveillance. 41°, Les employés de surveillance à cheval ne sont point rangés dans une catégorie particulière, et restent soumis aux mêmes règles que les employés à cheval du service général. (Lettre du 6 janvier 1838, pers., 2e bureau.)

Surnuméraires déplacés. 42°, C'est seulement quand un surnuméraire est déplacé pour aller remplir l'intérim d'un commis à pied malade ou intérimaire pour cause de maladie, que l'administration lui doit un dédommagement. (Lettre du 20 mars 1832, personnel, 2e bureau, 14 mars et 9 août 1833, pers., bureau central.)

43°, Les états de propositions d'indemnité, pour les cas ci-dessus prévus, doivent être adressés chaque trimestre. (Lettre commune du 14 mars 1833, pers., bureau central.)

Complément d'indemnité. 44°, Lorsque les deux portions de traitement, attribuées à chaque intérimaire, d'après la règle établie sous le n° 34, n'atteignent pas l'indemnité à laquelle il a droit, le complément est demandé à l'administration, mais seulement après que l'intérim a cessé. (Lettre des 8 janvier, 7 avril et 19 mai 1838, pers. 2e bureau.)

CONGÉS. § 3e.

Congé avec demi-traitement. 45°, Tout employé qui n'a pas de frais d'intérim à supporter pendant son absence, perd la moitié de son traitement, laquelle est attribuée à la caisse des retraites. (Cir. 26/2, 23, 63.)

Congé avec appointements. 46°, L'employé conserve la totalité de son traitement toutes les fois que les frais d'intérim sont à sa charge. (*Ibid.*)

47°, L'employé obtient un congé *sans retenue* si l'absence a pour cause l'accomplissement d'un devoir imposé par la loi. (Cir. 63, voir le n° 30.)

Règlement des frais. Surnuméraire déplacé. 48°, Sauf les exceptions portées aux nos 49 et 50 ci-après, les frais d'intérim pour congés, sont les mêmes que ceux des intérim pour cause de maladie; mais ils sont supportés antérieurement par le titulaire, par conséquent celui-ci doit l'indemnité allouée au surnuméraire en cas de déplacement. (Cir. 26/2.)

Receveurs et commis adjoints à pied. 49°, Les receveurs et commis adjoints à pied doivent une indemnité d'un franc par jour au commis à pied qui remplit leur intérim, et 1 fr. 50 au surnuméraire qui viendrait à être déplacé. (*Ibid.*)

Intérim sans indemnité. 50°, Les directeurs d'arrondissement, — les receveurs principaux, — les entreposeurs, — les contrôleurs de ville, — les commis de direction, — les employés attachés aux magasins de feuilles de tabac, ne doivent aucune indemnité à leurs intérimaires. La retenue du demi-traitement est attribuée à la caisse des retraites. (Cir. 26/2.)

Employés des servic. spéciaux. 51°, Les employés des services de surveillance, de la navigation et de la garantie, doivent être traités comme ceux des grades correspondants du service général.

Commis à pied chef de service. 52°, L'intérim d'un commis à pied chef de service, ne saurait être rempli que par un simple commis à pied et non par un surnuméraire. — Si le second employé attaché au poste, est un commis à pied, l'intérim doit lui être confié de préférence à tout autre. (Voir le n° 17.)

État de maladie non justifié. 53°, Les employés malades qui ne produiraient pas les justifications prescrites, doivent être considérés comme absents sans congé et placés sous le régime de la cir. 26/2, et non sous celui de la cir. 145 qui les répute démissionnaires. (Voir le n° 3.)

Dates des Circulaires citées.

Circulaire n°	107	personnel en date du	1er	décembre	1806
	145	d°.	22	février	1808
	173	d°.	19	avril	1809
	215	d°.	14	octobre	1812
	88	comptabilité.	8	avril	1823
	8/1er	personnel.	14	septembre	1827
	26/2.	d°.	1er	juillet	1829
	23	d°.	12	octobre	1831
	63	d°.	3	juin	1833

La circulaire n° 12 personnel, en date du 1er juillet 1816, confirme les dispositions de la cir. n° 145.

VICES RÉDHIBITOIRES.

Note pour les Employés à cheval. Loi du 28 *mai* 1838.

CHEVAL, ANE ET MULET.

La fluxion périodique des yeux,
L'épilepsie,
La morve,
Le farcin,
Les maladies anciennes de poitrine ou vieilles courbatures,
L'immobilité,
La pousse,
Le cornage chronique,
Le tic sans usure des dents,
Les hernies inguinales intermittentes,
La boiterie intermittente pour cause de vieux mal.

ESPÈCE OVINE.

La clavelée,
Le sang de rate.

ESPÈCE BOVINE.

Phthisie pulmonaire ou pommelière,
L'épilepsie,
Les suites de la non-délivrance. } Après le part chez le vendeur.
Le renversement du vagin ou de l'utérus. } Après le part chez le vendeur.

Il faut exercer le recours dans les 30 jours pour le cas de fluxion périodique des yeux; dans les 9 jours pour tous les autres cas; les délais seront augmentés d'un jour par 5 myriamètres de distance du domicile du vendeur au lieu où l'animal se trouve. C'est au juge de paix que s'adresse la requête, lequel nomme les experts et leur fait prêter serment.

SERVICE DES POSTES.

Les lettres confiées au service des postes ne doivent contenir ni or, ni argent monnayé, ni bijoux ou marchandises précieuses.

L'adresse doit contenir le nom du destinaire, sa profession; le nom de la commune s'il ne demeure pas dans une ville, et la rue et le numéro s'il y demeure; le nom du bureau de poste et celui du département.

Si on désire corriger l'adresse d'une lettre mise dans la boîte, il suffit de représenter le cachet et l'écriture de l'adresse; si on veut retirer cette lettre du service, il faut, qu'accompagné de deux témoins, le réclamant déclare, dans une note, être l'auteur de la lettre, et se rende responsable de tous les effets de la suppression ou du retard de cette lettre.

Taxe des Lettres.

Est établie en raison composée de la distance et du poids. Elle est fixée, quant à la distance, dans les proportions suivantes :

Jusqu'à	40 kil.	inclusivement	2 d.
Au-dessus de 40	jusqu'à	80	3
80	—	150	4
150	—	220	5
220	—	300	6
300	—	400	7
400	—	500	8
500	—	600	9
600	—	750	10
750	—	900	11
900 et au-dessus			12

Le poids se compte par grammes et demi-grammes. Les lettres pesant moins de 7 grammes et demi sont simples. Au-dessus de ce poids, le port simple est dû,

Savoir :

à 7 gr. et demi	jusq. 10 gr.	excl.	1 fois 1/2
à 10	»	» 15	»	2 fois
à 15	»	» 20	»	2 fois 1/2
à 20	»	» 25	»	3 fois

Et ainsi de suite, en ajoutant la moitié du port de la lettre simple de 5 grammes en 5 grammes.

Toute lettre destinée pour une commune où il n'existe ni bureau ni distribution de poste, est surtaxée d'un décime.

Les lettres simples présentées à l'affranchissement pour les sous-officiers, soldats et marins, ne paient que 25 centimes.

Le port des avis de naissance, mariage ou décès, sous forme de lettres non écrites, est de 10 centimes pour toute l'étendue du royaume.

Les autres imprimés paient 05 cent. par feuille d'impression de 25 décimètres carrés, quant aux ouvrages d'imprimerie brochés.

Affranchissement.

Est obligatoire pour les lettres destinées pour l'Angleterre, l'Autriche, les colonies, tous les pays d'outre-mer, l'Espagne, la Grèce, le Portugal, la Suède, la Turquie, et les duchés de Modène, de Parme et de Plaisance.

Lettres chargées.

Ce sont celles dont on paie d'avance le double port et qui ne sont remises à l'arrivée qu'au destinataire lui-même ou à son fondé de pouvoir, sur récépissé; elles doivent être sous-enveloppe et fermées au moins de 2 cachets en cire avec empreinte. Les directeurs des postes en délivrent un reçu. En cas de perte de la lettre, on a droit à une indemnité de 50 fr.

On peut aussi envoyer dans une boîte des objets précieux dont la valeur ne dépasse pas 1,000 fr. On paie 5 p. cent de la valeur; en cas de perte, on est remboursé du prix d'estimation.

Des articles d'argent.

Jusqu'à 10 fr., on ne paie pas de timbre; passé 10 fr., le droit est de 35 c. pour timbre, et de 5 p. 0/0 de la somme versée, qui, si elle ne dépasse pas 100 fr., est toujours payable à vue dans tous les bureaux; si elle excède 100 fr., on ne peut la toucher que sur un avis de l'administration.

On ne peut rien recevoir à la poste sans être muni de la lettre d'avis qui renfermait le mandat; on donne quittance, ou, si on ne sait pas signer, on se fait accompagner de deux témoins qui remplissent cette formalité.

Si par méprise on décachetait une lettre, on doit en faire mention au dos, et le port est restitué.

Les lettres refusées sont renvoyées aux personnes qui les ont écrites, ou, à défaut de renseignements, mises au rebut. Au bout de 6 mois on peut encore les retrouver à l'administration centrale à Paris.

NOMENCLATURE

DES IMPRESSIONS TIMBRÉES ET NON TIMBRÉES DE LA RÉGIE.

ÉTAT 151 B.

NUMÉROS ET DÉSIGNATION
DES IMPRESSIONS.

1 Congés (Circulation).
2 A. Acquits à caution, Vins.
B. Idem. Ew.
3 A. Passavants, récoltants.
B. Idem divers.
4 A. Congés, détail à l'enlèvement, vins.
B. Id. consommation au départ, Ew.
5 Congé pour le colport., vins, cidre.
6 A. Bulletins de circulation.
B. Carnet Id.
C. Bulletins des boissons en cours de transp.
D. Avis de saisie et de transit.
7 Relevé des acq. à caution.
8 Déclaration d'arrivée, boiss. acc. d'acq.
9 Droits de consommation à l'arrivée.

DROIT D'ENTRÉE.

10 Déclaration et perception.
11 Passe-debout.
12 Transit.
13 Entrepôt.
15 Sortie.
16 Droits de licence autres que les voit. publ.
17 Déclaration de cesser.
18 Déclaration de vaisseaux.

MISE DE FEU.

19 Brasseurs.
20 A. Bouilleurs de vin.

VOITURES PUBLIQUES.

21 Déclarations et licences.
22 Cessations ou changements.
23 Apposition d'estampille.
23 bis Relevé des déclarations (ancien 230).
24 A. Service extraordinaire.
B. Id. accidentel et journalier.
25 Permis pour l'exportation des cartes.

NAVIGATION.

26 Laissez-passer sans quittance.
A. Laissez-passer et perception.
B. Relevé des articles.
C. Relevé des articles.
D. Acquits à caution.
E. Feuilles annexes.
F. Rel. des lais.-p. sans quittance.
G. Rel. des acquits-à-caution.
27 A. Bordereaux des droits.
C. Feuille de calcul du jaugeage.
D. P. V. de jaugeage.
28 Bordereau des ouvrages d'or et d'argent.
29 Reg. d'enreg. pour les essais, garantie.
30 A. Reg. de recettes, garantie.
B. Registre de recette (produits de l'arg.).
31 Registre de contrôle (garantie).
32 Extrait des registres d'essais (garantie.)
33 A. Recettes et dépenses, consignations.
B. Recettes et dépenses, id., buralistes.
34 Taxations des buralistes.

SELS.

35 Registre de certific. de ventes à l'intérieur.
36 A. Registre d'inscription des congés.
B. Congés pour transport à l'intérieur.
37 Registre de certific. de ventes à l'extérieur.
38 A. Registre d'inscription des acquits-à-caution.
B. Acquits-à-caution pour l'exportation.
39 Relevé mensuel des acquits délivrés.
40 Id. déchargés.
43 Feuille d'opérations des vérificateurs.
45 Situation mensuelle du contrôle.
46 Bordereau des ventes par quinzaine.
47 Etat de produit trimestriel des ventes.
48 Permis de puiser (font. de salies).
49 Registre de décharge des acq.-à-caution.
50 A. Portatif de gros.
B. Inventaires, propriétaires récoltants.
C. Ampliations d'inventaires.
51 A. Etat de produits (licences).
B. Id. (circulation).
C. Id. sur les manquants (dét. et consomm.).
52 A. Etat de produits manquants (entrée).
B. Registre d'actes de cautionnement.
C. Reg. de déclarat. d'entrep. et de cautionn.
53 A. Portatif de détail.
54 Registre des avertissements.
55 Etat de produits (détail).
56 Etat récapitulatif par recette (détail).
57 Procès-verbaux d'épalement.
58 Portatif des brasseries.
59 Etat de produits, bières.
60 A. Portatif, service régulier, voitures publiq.
B. Portatif, service d'occasion, id.
61 Etat de produits, id.
62 Portatif des cartes.
63 Etat de produits, cartes.
64 Etat de situation des entrep. de sel.
65 Idem (grand format).
66 A. Etat trimestriel du salpêtre brut fabriqué.
B. Idem et du sel marin en résultant.
68 Permis pour l'enlèvement des soudes.
69 Laisser-passer (propriétaires récoltants).
70 A. Recettes ambulantes, registre d'ordres.
C. Reg. d'ord. annuel pour les postes de surv.
D. Registre mensuel dito.
71 A. Contrôleur de ville dito.
72 A. Journal des contrôleurs de ville.
B. Rapports mensuels des brigad. de surveill.
C. Id. trimestr. des contr. de garantie.
73 Signalement des employés par les contr.
74 A. Journal général des recettes (grand format).
B. Id. (petit format).
C. Livre de caisse des entreposeurs.
D. Id. des receveurs particuliers.
75 Comptes ouverts, receveurs particuliers.
76 Sommier des mêmes.
77 Avertissement avant contraintes.

NUMÉROS ET DÉSIGNATION
DES IMPRESSIONS.

78 Contraintes.
79 A. Etat de prod. des 10 p. 0/0 des octrois.
B. Etat de remboursement des imp. d'octrois.
80 A. Bordereau mensuel des recev. particuliers.
ter. Relevé de consignat. reç. par les buralistes.
quat. Bordereaux mensuels desdites consignat.
81 Etats des produits constatés (par recette).
82 Relevé des dr. au compt. id.
83 Registre de recette et dépense des timbres.
84 Acquit-à-caution pour le matériel.
85 Etat annuel des reprises
A. Etat des reprises au 30 septembre.
B. Etat récapitulatif par recette principale.
C. Bordereau par département.
86 A. Journal de travail des contrôl. ambulants.
B. Relevé des opérations desdits contrôleurs.
C. Registre de visa des employés.
87 A. Livre-journal de caisses des recev. princip.
B. Registre de quittances pour les comptables.
88 Sommier général des receveurs principaux (composé des cahiers A, B, C, D, E, F.)
Feuille supplément. de dépense (cahier F).
Idem de recette (cahier C).
89 Reg. auxiliaire ou développ. des consignat.
Bis id. frais judiciaires.
90 Relevé des bordereaux des recev. particul.
91 A. Bordereau de mois par recette principale.
B. Idem par département.
92 Récépissé à talon pour virement de fonds.
93 A. Tabl. des appoint. et fr. de bur. des empl.
C. Certificat de modification aux appointem.
94 Décompte des remises des entreposeurs.
95 A. Etat réc. des pièces de dép. par rec. princ.
B. Idem par département.
96 Etat des coup. d'acq.-à-c. adr. à la compt.
97 Etat des récépiss. de tabac liv. par les plant.
98 Etat des frais judiciaires.
99 Etat de répartition du produit des amendes.
100 A. Etat récapitulatif des consignations.
B. Idem en matière d'acq.-à-caution.
101 Relevé général annuel des produits.
102 A. Reg. de dépouill. des prod. (dir. d'arrond.).
B. Idem (direction de département).
103 Etat trimest. des prod. par départ
104 Relevé trimest. des produits.
105 Rapports des direct. par trimestre.
106 A. Reg. de recettes et de dépenses des timbres.
B. Id. pour les impressions.
107 Relevé des remises et taxat. des recev. bur.
108 A. Compte rendu à la cour par rec. princ.
B. Id. par département.
C. Pr.-ver. de situation de caisse.
D. Comptereau de consignations.
E. Id. des avances pour frais judic., etc.
109 Demande de rens. sur l'arriv. des boissons.
110 Etat des acq.-à-caut. en retard.
111 Lettres d'env. et bord. des acq. déchargés.
112 Etat de situation du service des acq.
113 A. Soumis. d'abonnem., boissons.
B. Autor. ann. d'intr. des Ew.
114 Etat de propos. d'abonn., boissons.
115 A. Compt. d'ord. des abonn.
B. Etat de prod. des abonn.
116 Reg. d'abonn. individ. (Boissons.)
117 A. Soum. d'abonn. par corporat.
B. Déc. des sommes dues par les comm.
118 Soum. d'abonn. (Voit. publ.)
119 Etat de renseig. sur les abonn. (Voit.)
121 A. Reg. d'abonn. (Voit. publ.)
B. Soumiss. d'abonn. (Navigation.)
122 A. Reg. mém. des affaires content.
B. Etat de prod. des amendes et confisc.
123 Avertiss. avant assign.
124 Transactions sur contravention.
125 Etat trimest. de situat. du contentieux.
127 Extrait des reg. du greffe.
128 Etat mens. des détenus { A Positif. / B Négatif.
129 Comm. de buraliste.
130 Com. de débitant et de débitante de poudre.
131 A. Commission de débitant de tabac.
B. Idem débitante de tabac.
132 Avis de versem. de cautionn. (Déb. de tab.)
133 Reg. mat. des buralistes et des débitants de tabac et de poudre.
134 Etat des nominations et mutations des débitants de tabac par département.
135 Avis de continuat. de maladie.
136 Reg. matric. du personnel.
137 Tabl. de signal. des emp., par direct.
138 Relevé annuel du reg. matr., par départ.
139 De départ.
140 D'installation.
141 De départ en vertu de congé.
142 Avis d'interruption pour maladie.
142 nouv. Relevé du résultat des comptes des fabricants de sucre.
143 Avis d'intérim.
144 de retour d'un empl.
145 de rétabliss. id.
146 Autorisat. de vendre des cartes.
147 Obligat. souscrit. par les redevables.
148 Affiches des prix de ventes. (Boissons.)
149 Table des prix moyens { A Par direct. / B Par bureau.
150 Demandes accidentelles.
151 A. Etat de situat. par direct. (Timbr. et ust.)
B. Id. (Impressions.)
C. Id. annuel pour la cour. (Timbr. et ust.)
152 A. Invent. ann. des timb. et ustens.
B. Idem pour la Cour des comptes.
153 Journal des recev. princip. pour les impr.
154 A. Extrait du border. nº 91 A. (Matériel.)
B. Id. nº 91 B. (Objets génér.)
155 Lettre d'avis du bordereau nº 91, A.
156 Feuille de renseig. pour les directeurs.
157 Etat des visites (Garantie).
158 Etat récapitul. des dépenses. (Garantie.)
159 et 160 Tabl. des expédit. à délivrer.
161 Registre des bons de vendange.
162 Bons de vendange.
164 Etat des débit. de tabac à nommer.
165 Tabl. ann. des ventes et bénéfices des débitants de tabac.

NUMÉROS ET DÉSIGNATION
DES IMPRESSIONS.

166 A. Reg. de dépouil. des acq.-à-caution non-rentrés. (Direction.)
B. Etat de produit des acquits-à-caution.
167 Reg. de dépouillement des acquits-à-caut. non-rentrés. (Recettes particul.)
168 Déclaration de loyer.
169 Tabl. des prod. par direct. pour les taxat.
170 Etat des appointements par circonscription.
171 Tabl. de répart. des taxations.

NAVIGATION.

172 Bulletin de vérific. des bateaux, trains, etc.
173 Reg. de dépouillement des laissez-passer et acquits non-rentrés. (Directions.)
174 Etat de prod. des laissez-passer et acquits.
175 Registre de dépouillem. des laissez-passer et acquits non rentrés. (Recettes.)
176 Compte d'ord. des débitants rédimés.
177 Tabl. de consist. par direction.
178 Tabl. des communes soumises à des perceptions locales.
179 Tabl. de consist. par département.
180 A. Tableau des recettes buralistes.
B. Idem export. des boissons.

SUCRES.

181 Déclaration concernant la fabrication.
182 Reg. de bull. de défécation.
183 Reg. des opérations journalières.
184 Laissez-passer. (Buralistes.)
185 Bordereau de liquidation d'escompte.
186 Acquit-à-caution.
187 Registre de décharge des acquits.
188 Portatif pour l'exercice des fabriques.
189 Etat de produit.
190 Relevé des bulletins de défécation.

TABACS ET POUDRES.

9 Reg. de lais. pas. (plant. de tab.).
21 Reg. d'acq.-à-caut. { A. Tabacs. / B. Poudres.
23 Etat des acquits délivrés sur les poudres.
24 B. Reg. d'acq.-à-caut. (Tab. exp.).
AA. Id. de factures (Poudres exp.).
BB. Id. d'acq. (Id.).
25 B. Lettre d'envoi des acq. (Id.).
26 Reg. de décharge des acq. (Tabacs).
27 Extrait de l'acte de décharge (Id.).
28 Bull. de vente et de destination (Id.).
31 Formule de demande. { A. Tabacs. / B. Poudres.
32 B. Avis des comm. de poudrières.
35 Reg. des comptes récap. pour tous les cas de charge et de décharge (Tab. et Poud.).
61 Etat de sit. des fourn. (Tabacs et Poudres).
62 Jour. des entrées et des sorties (Id.).
63 A. Reg. des pesées journalières.
B. Reg. des comptes ouverts aux tab. et poud. à feu, entr. et sorties par espèce et qual.
64 A. Reg. des ventes (Tabacs).
B. Id. des factures (Id.).
C. Id. des ventes (Poudres).
D. Id. des factures (Id.).
65 A. Etat mens. des ventes (Tabacs).
B. Id. (Poudres).
66 A. Reg. récap. des ventes (Tabacs).
B. Id. (Poudres).
67 A. Tab. trimest. des ventes (Tabacs).
B. Id. (Poudres).
69 Reg. de classement des tabacs saisis.
70 Relevé du registre de classement.
71 A. Extrait du reg. de classement.
72 A. Procès-verbal d'inv. dans les entrep. (Tab.).
B. Id. (Poud.).
73 Compte ann. des entrep. de tab. et poud.
75 A. Livret des débitants de tabacs.
B. Id. poudres.
C. Carnet pour les factures.
76 Tab. des prix de vente. { A Tabacs. / B Poudres. / D Tab. à prix réd.
77 B. Bord. ann. des entrep. (Tabacs).
C. Id. (Poudres).
78 Réquisition d'escorte pour les poudres.
79 Rég. de lais.-pass. pour les tab. importés.

OCTROIS.

A. { (1re part.) Déclarations et perceptions. / (2e part.) Dépouill. du reg. de percept.
B. Passe-debout,
BB. Recette et dépense, consign. sur pass.
C. Transit.
D. Entrepôt.
DD. Déclar. d'enlev. des entrep.
E. Sortie.
F { Relevé des entrées journalières. / bis. Certificat négatif.
G. { Bull. de versem. à la caisse centrale. / Bis. Id. municipale. / Ter. Relevé des recettes et dép. (Consig.). / Quater. Bordereau des consignations.
H. Bordereau des receveurs particuliers.
I. Feuille de contrôle.
K. { Journal de recette et de dépense. / Bis. Journal de recettes accessoires.
L. Sommier des comptes récapitul.
M. Reg. des avances pour frais judiciaires.
N. Reg. des classificat. des recettes.
O. Transact. sur contravent.
P. { Etat de répartition des saisies. / Bis. Etat récapitulatif des consignations.
Q. Bordereau mens. des recettes et dépenses.
R. Id. des dép. à titre de frais de percep.
S. Etat des reg. et comp. d'oct. des comm.
T. Rég. de petit comptant.
U. Grand réglement d'octroi.
V. Petit id.
X. Cahier du contentieux.
X. Bis. Procès-verbal d'adjudication.
Y. Relevé ann. de rec., op. par les buralistes.
Z. Tableau des appointements, etc.

TABLE DES MATIÈRES.

Fin de la Table des matières.

ERRATA.

Page 4, *ligne* 6, idromèles, *lisez* hydromels.
Page 5, *ligne* 3, décimes, *lisez* décime.
Même page, ligne 23, égal, *lisez* égale.
Page 6, *ligne* 30, décimes, *lisez* décime.
Page 56, *dernière col. du tableau,* monde, terres et eaux, *lisez* terres.
Page 64, *ligne* 18, à 25 c., *lisez* a 25 c.
Page 96, *ligne* 9, égale, *lisez* égal.
Page 105, *ligne* 10, *au lieu du chiffre* 82, *mettez* 104.
Page, 127, *ligne* 1, alcools, *ôtez* l's.

www.ingramcontent.com/pod-product-compliance
Ingram Content Group UK Ltd.
Pitfield, Milton Keynes, MK11 3LW, UK
UKHW022056190726
13855UKWH00002B/521